21世纪人力资源与劳动关系精品教材

LABOR Dispute Settlement

2nd Edition

劳动争议处理

第二版

刘兰　唐镛　编著

东北财经大学出版社
Dongbei University of Finance & Economics Press
大连

图书在版编目（CIP）数据

劳动争议处理 / 刘兰，唐鑛编著. —2版. —大连 ：东北财经大学出版社，2020.3

（21世纪人力资源管理与劳动关系精品教材）

ISBN 978-7-5654-3783-0

Ⅰ. 劳… Ⅱ. ①刘… ②唐… Ⅲ. 劳动争议-处理-中国-教材 Ⅳ. D922.591

中国版本图书馆CIP数据核字（2020）第022501号

东北财经大学出版社出版

（大连市黑石礁尖山街217号　邮政编码　116025）

网　　址：http：//www.dufep.cn

读者信箱：dufep@dufe.edu.cn

大连东泰彩印技术开发有限公司印刷　东北财经大学出版社发行

幅面尺寸：185mm×260mm　字数：302千字　印张：15.5　插页：1

2020年3月第2版　2020年3月第1次印刷

责任编辑：石真珍　周　晗　责任校对：周小焕

封面设计：冀贵收　版式设计：钟福建

定价：39.00元

教学支持　售后服务　联系电话：（0411）84710309

如有印装质量问题，请联系营销部：（0411）84710711

总序

劳动关系是劳资双方在工作场所形成的用工关系，它是一种既包括权利关系又包括利益关系的社会关系。劳动关系学就是对这一特定关系进行研究的学科，其核心是雇佣关系和劳动问题的研究。在国际上，早期这一学科被称为劳资关系（industrial relations，国内也译为产业关系），也有雇佣关系（employment relations）的说法。近年来，随着工会密度下降，集体劳动关系让位于个体劳动关系，劳资关系研究的范围已经扩大到与工作相关的全部领域和问题，诸如绩效与报酬的对等承诺与对等实现、工作与生活的平衡、职业安全和健康、就业歧视、雇员满意度、工作安全以及国际劳资关系比较研究等。由于劳资关系与人力资源管理学科的研究领域如此相似，有人认为"劳资关系"的概念已经过时。但也有许多人认为应保留"劳资关系"这一称谓，因为它表达了分析一个被广泛认可的领域的研究方法。作为一种妥协，一些机构采用了比较中立的说法——雇佣关系。2006 年，美国雇佣和劳动关系学会由过去的 LIRA（Labor and Industrial Relations Association）更名为 LERA（Labor and Employment Relations Association）即反映了这一发展趋势和变化。

比起人力资源管理、劳动经济学等相关学科，劳动关系作为一门学科有着无法替代的优势。人力资源管理的基本假设是员工与管理者的合作，劳动经济学的基本假设是各生产要素之间的竞争。假如员工与管理者是完全合作的，人力资源管理的解释框架是最合理的；假如各生产要素是完全竞争的，劳动经济学的解释框架则是最优的。但事实上，既不存在完全的合作，亦不存在完全的竞争，正是真实世界的不完美赋予了劳动关系学科无限的生命力。

劳动关系学科的发展也有赖于劳动关系专业人才的培养。目前，美国康奈尔大学、罗格斯大学、俄亥俄州立大学、明尼苏达大学等在不同院系中都设立了劳动关系专业；英国的剑桥大学、伦敦政治经济学院、华威大学等，加拿大的多伦多大学、蒙特利尔大学等也设立了劳动关系专业。劳动关系学科以及劳动关系人才培养在中国也愈来愈受到重视。在教育部颁布的《普通高等学校本科专业目录（2012 年）》中，劳动关系专业被正式列入管理学门类的工商管理类，全国已有 50 多所大学开始教授劳动关系专业的课程，部分院校开始设立劳动关系本科专业。近年来，中国人民大学劳动人事学院启动了包括学士、硕士和博士的劳动关系人才培养模式，并招收劳动关系方向的博士后研究人员。

正是在这样的背景下，我们精心策划和组织了本套反映中国劳动关系理论研究和实践操作的“21 世纪人力资源与劳动关系精品教材”。概括起来，本丛书与以往的同类教材相比有三个较为显著的特点：第一，整体编排的系统性；第二，教材内容的管理导向；第三，适应学科特色的跨学科融合。正因为此，我们期望本套教材的出版不仅能够反映国内劳动关系学科的发展状况，更能够推动未来我国劳动科学理论研究和实践的不断发展。

最后，我要在这里感谢各位作者投入的辛勤汗水和智慧，感谢东北财经大学出版社的大力支持，感谢他们为中国劳动关系学科的基础性建设工作作出不懈的努力！

唐鑛

第二版前言

自《中华人民共和国劳动争议调解仲裁法》颁布与施行至今，已逾十年。在该法的指导下，劳动争议处理工作取得显著成效，国家通过构建完善有效的劳动法制体系，解决劳动关系双方的冲突问题，从而构建和谐劳动关系。与《中华人民共和国劳动争议调解仲裁法》颁布、施行之初相比，最近几年来，大家关注的重点已经不再是劳动争议处理体制“先裁后审”的合理性之争，而是在现有法律框架下，如何探索一条多层次、系统化、高效率的劳动争议解决路径。在此背景下，劳动争议调解的作用日益凸显，企业、社区组织、工会组织、司法行政部门、劳动行政部门以及人民法院等多元主体构建的“大调解”体系，以较高的调解率化解了大量劳动争议案件，这也反映了国家对于日益复杂的劳动争议的社会治理能力的提升。

但也不得不承认，在过去的十余年里，劳动争议处理的压力从未减轻。尤其是最近几年来，随着我国社会整体进入移动互联网时代，以及人工智能、大数据、云计算、共享经济等新技术、新业态的产生，工作行为发生深刻变革，用工方式更加灵活多样，劳动争议仍然大量出现。劳动关系双方的法律意识尚在不断增强阶段，单纯依靠事后处理来解决劳动争议问题远远不够，应当在企业组织内部加强冲突管理系统建设，建立冲突预防、监测和控制系统，力图以最小的成本防范并控制用工风险与冲突发生，这是未来的发展趋势。

有鉴于此，本书第二版重点进行了如下修订：第一，更加重视劳动争议调解的作用，引入调解的多元主体，通过案例再现调解过程，强调调解在劳动争议处理中的重要作用；第二，将原有的劳动争议预防相关内容升级为企业冲突管理系统相关内容，使之成为广义的劳动争议处理的有机组成部分；第三，除电子课件以外，还配备了“案例分析习题集”和“教学项目设计示例”两份电子文档，为任课教师提供实用的教学资源。另外，全书对所有案例、拓展阅读材料（在章末以二维码呈现）、相关法律法规进行了更新，使内容紧扣社会热点问题，也使读者能够获取最新资讯。

劳动争议处理的理论与实践结合紧密，作为一本教材，本书试图在理论与实践之间找到一种平衡，使之既不完全是理论赘述，也不完全是实务操作指南，但实际效果有待于读者的检验。由于编著者研究水平有限，疏漏之处在所难免，敬请读者批评指正。

编著者

2019 年 10 月

第一版前言

改革开放以来，我国经历着最为深刻的经济和社会转型，劳动关系随着经济体制、产业结构、生产方式和企业管理模式的变化，面临前所未有的挑战。随着经济体制改革的深化和民众权利意识的提升，我国劳动争议呈现出多样性和复杂性的特征。在多种因素的共同影响下，劳资冲突加剧，劳动争议案件的数量呈现持续上升的势头，尤其是2008年以来劳动争议案件的强劲增长，对我国现行的劳动争议处理制度产生了巨大冲击。与此同时，劳动争议产生的社会影响也是巨大的，一些劳动争议案件还演化为社会公共事件，劳动争议处理不仅是劳动关系领域的重要事项，也已经成为经济发展过程中不可回避的重大课题和敏感的社会问题。

一、劳动争议处理体系

所谓劳动争议处理，是一个复杂的有机整体，包括解决劳动争议的途径、处理劳动争议的机构以及这些机构在处理劳动争议过程中的地位和相互关系。劳动争议处理是一个需要付出时间、精力和费用的过程，《中华人民共和国劳动争议调解仲裁法》确立了四种处理劳动争议的基本方式：协商、调解、仲裁和诉讼。其中，协商和调解是选择性程序，仲裁是诉讼阶段的必经程序。需要说明的是，劳动争议仲裁不同于商事仲裁，不需要争议当事人达成仲裁合意才能进行，也不排除司法管辖，仲裁机构也由国家设置，呈现出明显的公权力特征。因此，不少人认为，劳动争议处理就是对一个劳动争议案件进行居中判断，分清是非曲直；还有人认为，在劳动争议处理进程中，仲裁占据当之无愧的“霸主”地位，一些对劳动争议处理方式的阐释，也呈现出仲裁“一家独大”情形。

针对这种情形，本书认为：首先，劳动争议处理并非仅仅是对演化成“案件”的劳动争议进行是非对错的判断，更要注重化解矛盾和纠纷，最大限度地保护争议当事人的合法权益。因此，协商、调解、仲裁和诉讼这几种方式，作为立法设计的处理劳动争议环节，都能在法律许可的范围内发挥各自的作用，不应简单地贴上是否“有用”的标签。因此，本书力图平等地“对待”不同的劳动争议处理方式。当然，这四种处理方式有的有国家公权力作为坚强后盾，有的却没有，导致后者的处理结果受到公信力缺失的质疑。如何更有效地优化这四种劳动争议处理方式，使其达到更好的配合效果，仍是一个需要深入研究的课题。

其次，劳动争议带来的破坏性不言而喻，仅仅关注有效率的处理争议方式是不够的，“防患于未然”的重要性日益显露。从劳动争议处理经验中衍生出的劳动争议预防策略，又可以置于劳动争议各种处理方式的前端，有效地避免劳动争议发生，从而避免当事人因争议引发的损失，也避免浪费社会公共资源来解决纠纷。有鉴于此，本书将劳动争议预防纳入广义的劳动争议处理体系中。

二、劳动争议处理的一般对象和特殊对象

《中华人民共和国劳动争议调解仲裁法》已经明确劳动争议的范围，实践中“劳动争议”这一术语也得到了非常广泛的应用。因此，劳动争议处理的一般对象即为普通劳动争议。然而，实践中还有两类特殊的争议，其处理方式与普通劳动争议处理制度有重合，也有例外，本书将其作为劳动争议处理的特殊对象，专章论述。

一是集体争议。集体争议的外延十分广泛，包括诉求相同的多人权利争议，包括集体协商争议，还包括因争议引发的集体行动。目前，我国普通劳动争议处理制度基本只涵盖诉求相同的多人权利争议，对于集体协商争议以及因争议引发的集体行动，都有不同于普通劳动争议的解决途径。

二是人事争议。我国历史上长期将劳动管理体制与人事管理体制分割，如今开始走向融合，但完全一体化的目标还未实现。人事争议与劳动争议在受案范围、法律适用等诸多方面仍存在区别。因此，本书并未采用“劳动人事争议处理”的说法，而是将人事争议处理作为一种特殊制度进行专门论述。

三、劳动争议处理的视角

劳动争议处理涉及多方主体，从哪一个角度对劳动争议进行阐释非常重要。本书力图对劳动争议处理的整个过程进行全方位剖析：既有劳动者和用人单位参与劳动争议处理的流程和策略等内容，也有劳动争议处理机构的运作方式和判断标准等内容。对劳动争议处理进行多重透视，可以满足读者的多元化需求。

四、编写说明

作为教材，本书非常注重通用性、实用性和时效性。本书涉及的理论知识均采用“经典之通说”，并以适用为度，避免过多地陷入理论争鸣。劳动争议处理实践性很强，本书在知识阐释过程中大量使用辅助材料：相关知识的延伸阅读（“知识链接”）、精选案例的分析解读（“精选案例”）、典型任务的示范操作（“操作示例”）、常用法规的快捷查询（“附录”）等。与此同时，在每章最后的拓展阅读材料的选择上也以努力拓展读者视野为出发点，有代表理论前沿的期刊论文，有指导实务的规范性文件，也有疑难案例的深刻解读，还有行业发展的最新报告等。

我国的劳动争议处理制度仍处在不断发展变化之中，本书与当前最新政策法规严格保持一致，立足现实、反映前沿、力求创新。全书在理论体系、结构框架、编写体例和写作手法上都呈现出独特的风格。尽管我们付出了很大努力，但由于研究水平有限，疏漏之处在所难免，敬请读者批评指正。

编著者

2015 年 5 月

目录

第1章　劳动争议处理基础知识　1

学习目标　1

引例　1

1.1　工作场所冲突相关概念　2

1.2　劳动争议概述　3

1.3　劳动争议的特点和处理原则　8

1.4　我国劳动争议处理方式　13

1.5　国外劳动争议处理制度简介　17

本章小结　23

案例分析　24

第2章　劳动争议协商　26

学习目标　26

引例　26

2.1　劳动争议协商概述　27

2.2　劳动争议协商的实施　31

本章小结　38

案例分析　39

第3章　劳动争议调解　41

学习目标　41

引例　41

3.1 劳动争议调解概述 42
3.2 劳动争议调解组织 45
3.3 劳动争议调解的程序 49
3.4 调解与仲裁、诉讼的衔接 59
本章小结 64
案例分析 64

第4章 劳动争议仲裁 67
学习目标 67
引例 67
4.1 劳动争议仲裁概述 68
4.2 劳动争议仲裁组织 72
4.3 劳动争议仲裁程序 80
本章小结 105
案例分析 106

第5章 劳动争议诉讼 108
学习目标 108
引例 108
5.1 劳动争议诉讼概述 109
5.2 劳动争议诉讼一审程序 117
5.3 劳动争议诉讼中的其他制度 122
本章小结 126
案例分析 126

第6章 集体劳动争议处理 128
学习目标 128
引例 128
6.1 集体劳动争议概述 130
6.2 普通集体劳动争议处理 132
6.3 集体合同争议与集体行动争议处理 136
本章小结 138
案例分析 139

第7章 人事争议处理特别规定 140
学习目标 140

引例　140
7.1　人事争议概述　141
7.2　人事争议处理特别规定　143
7.3　人事争议处理的法律适用　146
本章小结　151
案例分析　151

第8章　劳动争议类型分析　153
学习目标　153
引例　153
8.1　确认劳动关系的争议　155
8.2　解除和终止劳动合同的争议　158
8.3　劳动报酬争议　164
8.4　社会保险待遇争议　168
8.5　用人单位向劳动者主张权益的争议　171
本章小结　173
案例分析　173

第9章　工作场所冲突管理　175
学习目标　175
引例　175
9.1　劳动争议产生的原因　176
9.2　劳动争议的预防　177
9.3　协调劳动关系三方机制　181
9.4　中国情境下的和谐劳动关系治理体制　183
本章小结　184
案例分析　185

附录　常用法律法规　187
中华人民共和国劳动争议调解仲裁法　187
劳动人事争议仲裁办案规则　194
劳动人事争议仲裁组织规则　206
企业劳动争议协商调解规定　211
事业单位工作人员申诉规定　216
最高人民法院关于审理劳动争议案件适用法律若干问题的解释　222
最高人民法院关于审理劳动争议案件适用法律若干问题的解释（二）　225

最高人民法院关于审理劳动争议案件适用法律若干问题的解释（三） 228
最高人民法院关于审理劳动争议案件适用法律若干问题的解释（四） 231

主要参考文献 234

第1章　劳动争议处理基础知识

学习目标

✓了解工作场所冲突相关概念；
✓掌握劳动争议概念和分类；
✓掌握劳动争议的范围；
✓了解劳动争议的特点和处理原则；
✓掌握劳动争议的处理方式及其相互关系；
✓了解其他一些国家的劳动争议处理制度。

引例

网络平台用工是否存在劳动关系？

刘某经营了一家宠物门店。为了拓展业务，她在某网络公司经营的宠物服务APP上注册，通过APP接单，为客户提供宠物美容上门服务。网络公司从刘某通过APP接单的每笔业务费用中收取20%作为信息费。

2017年11月，刘某提起劳动争议仲裁，要求确认其与某网络公司间存在劳动关系，同时要求网络公司支付未续签劳动合同2倍工资差额、加班工资等款项。

网络公司认为，网络平台只是向刘某提供宠物美容需求订单，双方属于商务合作关系。网络公司还出具了与刘某签订的《合作协议》。

仲裁机构审理后查明，刘某系以宠物门店经营者的身份与网络公司签订《合作协议》，刘某的大部分时间均在自有门店内对到店客户提供宠物美容服务；仅店内客户较少时，刘某接受网络公司订单，自备工具、用品，根据订单信息从事宠物美容上门服务，双方间没有彼此制约、管理，合作关系相对松散。最终，仲裁机构认定双方并非存在劳动关系，裁决驳回了刘某的全部仲裁申请请求。

劳动关系是用人单位与劳动者在接受与提供劳动过程中产生的特殊民事法律关系，因此双方有无建立劳动关系的合意，亦是双方间是否存在劳动关系的审查要素。本案中，虽然网络公司向刘某提供订单信息，刘某据订单信息提供宠物美容上门服务，但：其一，刘某系基于宠物门店店主的特定身份与网络公司经平等协商签订书面的《合作协议》，对于合作方式、利润分成等进行了明确约定；其二，刘某主要自营宠物门店，仅偶尔从网络公司接受APP订单；其三，在月度接单量等各个方面，网络公司对刘某并无要求。综合以上三点，本案中，刘某没有与网络公司建立劳动关系，持续、稳定地接受网络公司的劳动管理，成为网络公司管理下的一名劳动者，因此双方并非劳动关系。

资料来源　劳动争议庭. 北京海淀区涉互联网企业劳动争议典型案例. [EB/OL] [2018-05-28]. https: //mp.weixin.qq.com/s? src=11&timestamp=1575858810&ver=2023&signature=lqtChcnIINjfD2thcDorZO1bg3a1gPtnujZFrhBw-pBjReszQYAbNnrv1VRXDh2YacikNrOfx0b0r1hDnmc3AI3cXKvVF7MZKmBARm4HZCUxekRt8CmfBNIyzWcYbjze&new=1.

劳动关系是现代社会一种常见的社会关系，工作场所是劳动关系运行的环境。在工作场所，不可避免地会发生各种冲突，其中包括劳动争议。为了避免各种冲突带来的消极影响，制定合理的冲突解决办法，也是社会发展的客观需要。

1.1 工作场所冲突相关概念

1.1.1 申诉

在西方市场经济国家，申诉是由雇员正式发起的抱怨程序，该程序由雇佣合同、集体合同或者其他由雇主主导建立的机制来提供。工会或者雇员发起申诉，是由于其认为雇主违反了雇佣合同条款、集体合同条款、工作场所规章制度或者法律条款。

在我国，非诉讼上的申诉，是指公民或者企事业等单位，因本身的合法权益问题不服行政部门的处理、处罚或纪律处分，而向该部门或其上级机关提出要求重新处理，予以纠正的行为。对于工作场所的申诉，通常是指员工认为自己在工作中遭到不平等待遇或发现用人单位内部的不法行为时，提出要求解决的行为。员工申诉制度在我国并没有相关法律规定，不过在管理实践中是存在的。

1.1.2 冲突

冲突是广泛存在的，在工作场所也是如此。在西方社会，经常使用工作场所冲突（workplace conflict）的概念。工作场所冲突可能起源于以下某一个或者多个因素综合的作用：资源的稀缺性（如时间、责任、地位和预算等）、价值取向（如政治偏好、宗教信仰和道德观念等）、世界观（如何理解世界）、对事实的争议等。

从不同理论视角出发，对于冲突的定义是不同的。博弈论将冲突视为决策过程中断，冲突的主体无法选择其他选项；组织理论将冲突宽泛地视为一种组织过程；人际交往理论将冲突视为一种交互状态，行为主体的行为或者目标是彼此不一致的。Baron对零和冲突的内涵做过总结：①零和条件下个人或群体利益对立；②对立的利益被视为冲突；③一方相信其他方将会损害自身利益；④当前的管理过程体现了过去的交互行为；⑤一方行为事实上对其他方目标造成了损害。

从分类情况看，工作场所冲突可以大致分为两个类型：任务型冲突和关系型冲突。任务型冲突是指因为工作方式、任务利弊等意见不一致产生的冲突；关系型冲突是指因为人的价值取向、幽默感等性格观念因素产生的冲突。工作场所冲突也可以细化为五种主要类型：事实冲突、专业/技术冲突、人际冲突、法律冲突（属于雇佣关系）和意见冲突。其中绝大多数的工作场所冲突源于组织文化和结构，比如员工自我管理的权利、工作纪律、工作强度、沟通方式等。

1.1.3 争议

在合同法上，争议（disputes）是指交易的一方认为另一方未能全部或部分履行合同规定的责任而引起的业务纠纷。工作场所的争议通常是指劳动争议。从研究的视角来看，劳动争议的概念应该有广义和狭义之分。广义的劳动争议是指用人单位和劳动者在工作场所因劳动关系所发生的一切纠纷；狭义的劳动争议是指用人单位与劳动者因实现劳动权利和履行劳动义务而发生的争议。

1.2 劳动争议概述

1.2.1 劳动争议的界定

从我国立法的实践来看，对劳动争议的界定范围是狭义的，即：劳动争议，又称劳动纠纷、劳资纠纷、劳资争议，是指劳动者与用人单位之间基于劳动关系，因实现劳动权利和履行劳动义务而发生的纠纷。

在生产领域中，劳动者追求报酬，用人单位追求绩效，报酬和绩效的对等承诺和对等实现是劳动关系建立的前提，同时也是工作场所用工管理的主要矛盾和主要问题。在分配领域，劳动者和用人单位要对生产领域共同取得的成果进行合理分配，才能维持双方的继续合作。然而，虽然相关法律法规划定了劳动者和用人单位各自应当坚守的行为空间，指引劳动关系规范运行，但在利益驱动下，一些劳动关系当事人仍会逾越边界，双方利益的对立进一步演化为激烈对抗，劳动争议由此产生。

根据《中华人民共和国劳动法》（以下简称《劳动法》）的规定，劳动者享有平等就业和选择职业的权利、取得劳动报酬的权利、休息休假的权利、获得劳动安全卫生保护的权利、接受职业技能培训的权利、享受社会保险和福利的权利、提请劳动争议处理的权利以及法律规定的其他劳动权利。同时，劳动者负有完成劳动任务、提高职业技能、执行劳动安全卫生规程、遵守劳动纪律和职业道德等义务。与之相对应，劳动者的权利即为用人单位的义务，劳动者的义务即为用人单位的权利。当一方不履行义务时，另一方权利受损，其结果表现为劳动争议。

在我国，人事争议是与劳动争议并行的概念，有时并称为劳动人事争议。人事争议，是指人事关系双方因劳动权利、义务产生的争议。其中，人事关系包括我国实施公务员法的机关和聘任制公务员之间、参照公务员法管理的机关（单位）与聘任工作人员之间、事业单位与编制内工作人员之间、社会团体与工作人员之间，以及军队文职人员聘用单位与文职人员之间的关系。

重点提示1-1

区别劳动争议和人事争议的关键在于职工一方的身份。事业单位只有与编制内的工作人员在劳动权利与义务方面产生纠纷才能被视为人事争议。如果事业单位与编制外人员或劳务派遣人员发生了相关纠纷，仍属于劳动争议。

我国曾经运行不同的劳动争议处理制度和人事争议处理制度，随着社会的发展，劳动争议和人事争议处理制度走向一体化，但是，实践中劳动争议案件的数量远远高于人事争议案件的数量。在某些劳动人事争议仲裁机构，人事争议案件的数量仅占劳动人事争议案件总量的千分之一，可见实践中劳动争议的数量占绝对主导地位。因此，本书主要围绕劳动争议的处理实务展开讨论，人事争议处理的特殊规定将设专章阐述。

1.2.2 劳动争议的分类

1.按劳动争议主体划分

（1）个别劳动争议

个别劳动争议又称个体劳动争议，是指劳动者一方当事人数量在规定人数限额以下，与用人单位发生的纠纷。根据我国法律规定，劳动者一方的人数在一至九人时，为个别劳动争议。在现阶段劳动争议处理机构受理的劳动争议案件中，绝大多数劳动争议案件为个别劳动争议。

（2）集体劳动争议

集体劳动争议的概念有狭义和广义之分。

狭义的集体劳动争议是指劳动者一方当事人数量在规定限额以上，且因共同理由与用人单位发生的纠纷。根据《中华人民共和国劳动争议调解仲裁法》（以下简称《劳动争议调解仲裁法》）第七条的规定，发生劳动争议的劳动者一方在十人以上，并有共同请求的，可以推举代表参加调解、仲裁或者诉讼活动。因此，狭义的集体劳动争议所涉及的劳动者一方当事人的人数至少为十人，且这些劳动者有共同诉求，通过推举代表参加调解、仲裁或诉讼活动。

广义的集体劳动争议除了狭义的集体劳动争议外，还包括因签订集体合同的争议、因履行集体合同的争议和集体行动争议。因签订集体合同的争议是指在签订或变更集体合同过程中当事人双方就如何确定合同条款所发生的争议，其标的是在合同中如何设定尚未确定的劳动者利益。因履行集体合同的争议是指在履行集体合同过程中当事人双方就如何将合同条款付诸实现所发生的争议，其标的是实现合同中已经设定并且表现为权利义务的劳动者利益。集体行动争议是指由于集体行动而引发的争议，以维持、改善劳动条件或获得其他经济利益为直接或间接的目的，其表现形式主要为雇主闭厂和工人停工，核心内容是工人停工。

重点提示1-2

个别劳动争议和集体劳动争议的区别是处理程序的不同。常规的劳动争议的处理程序通常适用于个别劳动争议，集体劳动争议会通过一些特别的程序予以处理。

知识链接1-1　2017年度人力资源和社会保障事业发展统计公报（节选）

2017年，全国各地劳动人事争议调解仲裁机构共处理争议166.5万件，同比下降6.0%；涉及劳动者199.1万人，同比下降12.4%；涉案金额416.4亿元，同比下降11.8%；办结案件157.5万件，同比下降3.6%。案件调解成功率为67.9%，仲裁结案率为95.9%。终局裁决11.1万件，占裁决案件数的33.1%。

资料来源　人力资源和社会保障部.

2.按争议性质划分

如果按劳动争议的性质进行划分，可以分为权利争议和利益争议。尽管这是一种理论上的划分，相关法律并未直接规定，但这种划分方法已经明显体现在立法中了。具体而言，权利争议是可诉的，而利益争议是不可诉的，这两种争议需要完全不同的处理系统。

（1）权利争议

权利争议是指对既定的、现实的权利发生争议，因为权利已由劳动合同、集体合同等约定产生或者已由法律规定确立，所以又称既定权利争议。权利争议可能是个别劳动争议，也可能是集体劳动争议。

我国立法中提到的“因履行集体合同发生的争议”，是对权利争议中集体权利争议的一种法律表述。《中华人民共和国劳动合同法》（以下简称《劳动合同法》）第五十六条规定：用人单位违反集体合同，侵犯职工劳动权益的，工会可以依法要求用人单位承担责任；因履行集体合同发生争议，经协商解决不成的，工会可以依法申请仲裁，提起诉讼。

（2）利益争议

利益争议是指在集体协商时双方为订立、续订或变更集体合同条款而产生的争议，即对集体合同规定的权利及其变更提出新的权利要求而引起的争议。利益争议不是现实的权利争议，而是对如何确定双方未来的权利义务关系而发生的争议，因此又称待定权利争议。

根据我国《劳动法》第八十四条的规定，我国的利益争议并没有纳入劳动争议仲裁处理范围，而是依靠行政调解协调处理。具体而言，当利益争议的双方当事人不能通过协商达成一致时，当事人一方或双方只能向当地劳动行政部门请求解决，不能通过仲裁或诉讼的方式解决。而劳动行政部门只能通过宣传国家法律政策，对分歧进行协商，促使双方达成共识，协商解决争议，但是不具有强制性。

其他一些国家的做法也类似，利益争议是待定争议，必须经协商解决。如果无法协商解决，也无法求助于司法裁断，就可以通过仲裁裁决解决。例如，日本的利益争议，都先经团体协商的方式进行处理，协商不成的，再依据劳动委员会的争议处理程序进行处理，其处理方式主要为斡旋、调停和仲裁。

1.2.3 劳动争议的范围

在劳动关系领域发生的所有争议并不能全部归属劳动争议的范畴。目前，我国对于劳动争议范围的规定主要依据是《劳动争议调解仲裁法》第二条的规定，具体包括以下内容：

1.因确认劳动关系发生的争议

因确认劳动关系发生的争议是指劳动者与用人单位就劳动关系定性问题发生的争议，如对劳动关系是否存在、是否终止、是否有效等进行确认。实践中，确认劳动关系的诉求往往伴随其他诉求一起出现，或者作为其他维权事项的一个基础。例如，劳动者要求确认与用人单位存在劳动关系，并同时要求用人单位支付未签劳动合同的二倍工资；又如，劳动者要求确认与用人单位存在劳动关系，得到确认之后，再申请工伤认定等。

2.因订立、履行、变更、解除和终止劳动合同发生的争议

劳动合同是指劳动者与用人单位确立劳动关系、明确双方权利和义务的协议。用人单位与劳动者之间的劳动关系，涉及订立、履行、变更、解除和终止劳动合同的全过程。对于这一过程中任何一个环节发生的争议，都属于劳动争议仲裁的受案范围。根据相关法律的规定，劳动合同的订立是指用人单位与劳动者经过平等协商，就双方的权利和义务达成合意，并签订劳动合同予以确定的法律行为。劳动合同的履行是指劳动合同当事人双方履行劳动合同所规定的义务，实现合同内容的法律行为。劳动合同的变更，是指劳动关系双方当事人就已订立的劳动合同的部分条款达成修改、补充或者废止协定的法律行为。劳动合同的解除是指劳动合同订立后、尚未全部履行之前，由于某种原因导致劳动合同一方或双方当事人提前消灭劳动关系的法律行为。劳动合同的终止是指劳动合同依法生效后，因出现法定情形而导致劳动合同的效力消灭，当事人之间的权利义务终止的法律行为。

3.因除名、辞退、辞职、离职发生的争议

这类劳动争议是指由于解除和终止劳动关系而引发的争议。所谓除名，是指职工无正当理由经常旷工，经批评教育无效，连续旷工时间超过十五天，或者一年以内累计旷工超过三十天的，企业有权予以除名。所谓辞退，是指用人单位依照法律规定的条件和程序，解除与其工作人员的工作关系。所谓辞职，是指劳动者根据本人意愿，自动解除与所在单位的劳动关系的行为。所谓离职，是指劳动者离开现有的职位。值得一提的是，除名、辞退、辞职和离职都是用人单位在劳动关系管理活动中经常使用的概念，然而在《劳动合同法》中这些概念并未出现。在实行劳动合同制度的情况下，这些概念所指的行为就是解除劳动合同，因此这些行为所引发的劳动争议都属于劳动争议仲裁的受案范围。

4.因工作时间、休息休假、社会保险、福利、培训以及劳动保护发生的争议

因工作时间、休息休假发生的争议主要涉及用人单位规定的工作时间是否符合有关法律的规定，劳动者是否能够享受到国家的法定节假日、带薪休假的权利而引发的争议。因社会保险发生的争议是指劳动者要求用人单位按照社会保险法律法规的规定，缴纳社会基本养老保险、基本医疗保险、工伤保险、失业保险和生育保险费用及劳动者在发生劳动风险的情况下获得社会保险待遇而发生的争议。因福利、培训发生的劳动争议，主要涉及用人单位与劳动者在订立的劳动合同中规定的有关福利待遇、培训等约定事项的履行而产生的争议。因劳动保护发生的劳动争议，主要涉及用人单位是否为劳动者提供符合法律规定的劳动安全卫生条件等而产生的争议。

重点提示1-3

涉及社会保险的争议并非都可以通过劳动争议处理途径解决。用人单位未为劳动者建立社会保险关系、欠缴社会保险费或未按规定的工资基数足额缴纳社会保险费的，劳动者主张予以补缴的，劳动争议处理机构一般不予受理，而是告知劳动者通过劳动行政部门解决。但是，由于用人单位未按规定为劳动者缴纳社会保险费，导致劳动者不能享受工伤、失业、生育、医疗保险待遇，劳动者要求用人单位赔偿损失或按规定给付相关费用的，劳动争议处理机构就应予受理。

5.因劳动报酬、工伤医疗费、经济补偿或赔偿金等发生的争议

劳动报酬即劳动者根据劳动合同的约定，按照自己提供的劳动数量和质量应当取得的工资收入。劳动者求职的主要目的是获取劳动报酬，实践中，因劳动报酬发生的争议也占了很大比重。

工伤医疗费是指职工因公负伤或患职业病而花费的治疗费用。用人单位依法参加工伤保险的，工伤医疗费由工伤保险基金和单位按规定分别支付；用人单位未依法参加工伤保险的，工伤医疗费由单位支付。

经济补偿是指用人单位根据国家规定或者劳动合同的约定，在与劳动者解除或终止劳动合同时以货币形式直接支付的补偿费用。经济补偿的应用范围、条件、标准等均由法律强制性条款规定。赔偿金是指劳动关系的一方当事人因自己的违法行为而向另一方依法支付的赔偿费用。赔偿金一般带有惩罚性质。《劳动合同法》对经济补偿和赔偿金的支付范围、条件和标准都作了明确的规定，在此不再一一赘述。

6.法律、法规规定的其他劳动争议

法律、法规规定的其他劳动争议，包括因损害赔偿发生的争议，因违约金问题发生的争议，因女工权益保护或患病、受伤的医疗和生活费用而发生的劳动争议等。

1.3 劳动争议的特点和处理原则

1.3.1 劳动争议的法律属性

1.劳动争议主体是特定的

劳动争议主体，也称劳动争议当事人，一方是用人单位，另一方必然是劳动者。这些劳动者或者与用人单位签订了劳动合同，双方建立了劳动关系，或者与用人单位虽然没有签订书面的劳动合同，但存在用工事实（事实劳动关系）。即使那些最后被仲裁机构或法院确认为不存在劳动关系的劳动争议当事人，也由劳动者和用人单位组成。与用人单位对应的一方多数情况下是劳动者个人，也可能是多个劳动者组织起来的集体，如工会。

劳动者，是指达到法定年龄（年满16周岁），且具有劳动能力，能够依法签订劳动合同，独立给付劳动并获得劳动报酬的自然人。如果作为劳动者的一方因病、工伤等原因死亡的，其亲属可以作为劳动争议的当事人。

用人单位是我国劳动法中的一个特定概念，根据《劳动合同法》第二条的规定，用人单位是指中华人民共和国境内的企业、个体经济组织、民办非企业单位、国家机关、事业组织、社会团体。

重点提示1-4

实践中，在谈及劳动争议当事人时，人们往往会使用"企业和劳动者"的术语，这是因为绝大多数劳动争议的用人单位一方为企业。实际上除企业以外，其他类型的用人单位也有可能发生劳动争议，只不过数量较少而已。

但是，如果争议双方涉及的不是劳动者与用人单位，而是用人单位与用人单位（如劳动派遣单位与接受被派遣劳动者的用工单位）、劳动者与劳动者、用人单位与劳动行政部门、劳动者与劳动行政部门等，他们之间由于没有劳动关系的存在，因此其争议就不能视为劳动争议。

精选案例1-1　工伤职工对伤残等级鉴定结论不服，不属于劳动争议

【案情】在A市某建筑企业工作的肖某不慎从9米高空坠落，造成多处骨折。该企业帮肖某申请了工伤认定，肖某在医院也得到了较好的治疗，但仍然留下了腿部浮肿、行动不便等后遗症。A市劳动能力鉴定委员会将肖某的伤残等级鉴定为8级。肖某认为自己受伤的后遗症相当严重，8级的伤残鉴定结论过轻，表示不服，想要进一步维权。

【焦点】肖某对伤残等级鉴定结论不服是否属于劳动争议？肖某应如何维权？

【解读】本案中，肖某对A市劳动能力鉴定委员会的伤残等级鉴定结论不服，不属于劳动争议。劳动争议仅仅发生在劳动者和用人单位之间，而本案中的A市劳动能力鉴定委员会并不是"用人单位"，其与肖某之间也没有劳动关系，因此，肖某对A市劳动能力鉴定委员会的鉴定结论不服，不属于劳动争议。

肖某对伤残等级鉴定结论不服，可以向A市所在的省（自治区、直辖市）劳动能力鉴定委员会提出再次鉴定申请。我国《工伤保险条例》第二十六条规定：

“申请鉴定的单位或者个人对设区的市级劳动能力鉴定委员会作出的鉴定结论不服的，可以在收到该鉴定结论之日起15日内向省、自治区、直辖市劳动能力鉴定委员会提出再次鉴定申请。省、自治区、直辖市劳动能力鉴定委员会作出的劳动能力鉴定结论为最终结论。”

2.劳动争议的内容是特定的

劳动争议的内容必须是在社会生产劳动过程中，劳动关系双方因实现劳动权利、履行劳动义务而引发的纠纷。用人单位与劳动者之间的争议并非都是劳动争议，只有当争议涉及的是双方当事人之间的劳动权利和义务时，才是劳动争议。

劳动权利和义务，既包括法律规定的权利义务，也包括集体合同、劳动合同约定的权利义务。对于劳动权利和义务以外的其他权利义务争议，则不属于劳动争议的范围。

3.劳动争议的处理程序是特定的

很多国家都将劳动争议作为一种特殊争议对待，规定了特别的处理程序，我国也不例外。我国《劳动争议调解仲裁法》规定，发生劳动争议时劳动者可以与用人单位协商，也可以请工会或者第三方共同与用人单位协商，达成和解协议。当事人不愿协商、协商不成或者达成和解协议后不履行的，可以向调解组织申请调解。不愿调解、调解不成或者达成调解协议后不履行的，可以向当地劳动争议仲裁委员会申请仲裁。对仲裁裁决不服的，除法律另有规定的外，可以向人民法院提起诉讼。

我国的劳动争议处理程序中，有当事人可以自由选择的程序，如协商和调解；也有当事人无法逾越的程序，如仲裁，即劳动争议当事人只有对仲裁裁决不服时才可以向法院提起诉讼，仲裁是诉讼的前置程序。

1.3.2 劳动争议的时代特征

在市场经济趋利性、法律法规渐进性和社会主义初级阶段长期性的共同作用下，随着国有企业深化改革和民营企业的大幅度发展，我国的劳动争议问题日益突显，劳动争议案件总量居高不下的趋势仍将持续，并显现出如下特点：

1.劳动争议的易发性

市场经济条件下的劳动关系具有经济性与社会性兼有、平等性与从属性兼有、冲突性与协调性兼有的特点。由于产生利益的共生性、要求分配的合理性，所以容易引发劳动争议。当前劳动关系领域许多引起社会关注的热点事件，几乎都以劳动争议的形式呈现。

2.劳动争议的多发性

从劳动争议处理机构受理案件的数量来看，近十几年来，我国劳动争议案件数量呈现攀升趋势，尤其从2008年金融危机爆发以来，劳动争议案件数量一直居于高位。其中，2008年的劳动争议受理案件数是2007年同期的近一倍。2008年的劳动争议案件呈“井喷式”增长的原因是，金融危机使得许多劳动密集型企业和中小出口加工企业停产倒闭，导致裁员增多，致使这些劳动者与用人单位发生劳动争议。劳动争议案件数量的高位运行，是转型时期我国劳动关系急剧变化的正常反映，也是多种因素共同作用的结果。

3.集体劳动争议的强冲突性

近年来，集体劳动争议案件虽然在数量上并没有大幅度攀升，但是涉及劳动者众多，劳资双方的对抗性加强，社会影响较大。值得注意的是，集体劳动争议案件多发生在劳动密集型企业与中小企业，涉及的劳动者大部分是农民工或女职工，冲突性较强，处理难度较大，部分案件已产生了极其恶劣的社会影响。集体劳动争议还有一个显著的特点，就是劳动者的诉求由争取基本的劳动条件逐渐向要求分享企业发展成果转变，由以劳动报酬为主向包括劳动报酬，年终绩效分配，社会保险，解除或终止劳动合同的经济补偿、赔偿金，休息休假等多维诉求转变。

集体劳动争议涉及人数多、问题复杂、对抗性强、处理难度大，处理不当极易引发连锁性的群体性事件。这也是我国劳动争议处理制度中优先处理集体劳动争议的一个重要原因。

4.劳动争议的复杂性

劳动争议的复杂性体现在当事人复杂、争议内容复杂与诉求复杂三个方面。当事人复杂，既有企业与职工（包括劳动合同制职工、劳务派遣工和农民工），又有事业单位与工作人员，还有军队与文职人员。争议内容复杂，是指拖欠加班工资、欠缴社会保险费等历史积累的案件突出。诉求复杂，案件已由单一诉求向多维诉求发展，大部分案件都涉及劳动报酬、社会保险、经济补偿、违约金、赔偿金等内容，审理难度大。

劳动争议处理难度加大，主要表现在：①劳动争议案件事实认定难，劳动者未与用人单位签订劳动合同而形成事实上的劳动关系的现象比较普遍，出现纠纷后劳动者举证困难；②劳动争议案件与国家政策关联度强，法律规范不系统，法律适用比较困难；③当事人对立情绪大，调解工作难做，使案件的处理周期加长；④执行难，劳动争议案件申请人一方多为劳动者，劳动纠纷影响到其基本生活，而用人单位或无力履行相应义务，或在出现纠纷后抽逃资金、躲避债务，难以执行。

1.3.3 劳动争议的处理原则

1.合法原则

合法原则，就是在劳动人事争议的处理过程中，劳动人事争议处理机构应当通过深入调查，查明争议的起因、发展和现状，依照相关的劳动法律、法规以及规章规定的程序要求和权利、义务要求来解决劳动人事争议。同时，要遵循法律效力从大到小的原则掌握好依法的顺序，即首先依照相关法律规定，无相关法律规定的依照行政法规，无相关行政法规规定的依照地方行政法规、规章。达成的调解协议、作出的裁决和判决不得违反国家现行法律、法规以及政策规定，不得损害国家利益、社会公共利益或他人合法权益。

总的来说，合法原则主要包含三层含义：一是劳动合同、聘用合同的主体必须合法；二是劳动合同、聘用合同的内容必须合法；三是劳动合同、聘用合同订立的程序和形式必须合法。合法原则是在劳动人事争议处理过程中依据程序法，处理结果依据实体法。

2.公正原则

公正原则主要包含两层含义：一是劳动人事争议双方当事人在处理争议过程中的法律地位平等，平等享有权利和履行义务，任何一方都不得把自己的意志强加于另一方；二是劳动人事争议处理机构应当公正执法，保障和便利双方当事人行使权利，对当事人在适用法律上一律平等，不得偏袒或歧视任何一方。劳动人事争议双方当事人在劳动关系中虽然具有隶属关系，其隶属性体现在劳动权利、义务履行的过程中，但是双方在法律地位上是平等的，体现在劳动人事关系的建立、变更、解除以及终止方面。

3.着重调解原则

着重调解原则是指处理劳动人事争议时，着重以调解方式解决，使双方当事人达成协议并认真履行，它贯穿于整个争议处理程序之中。双方当事人发生劳动人事争议，当事人可以依法申请调解、仲裁，提起诉讼，也可以协商解决。调解有利于矛盾的解决、避免激化，也有利于及时维护劳动人事关系双方当事人的合法权益。

着重调解原则的基本含义主要包含三个方面：首先，在处理劳动人事争议案件时，应尽量采用调解方式结案，避免采取裁决的方式结案；其次，在调解过程中必须坚持平等、自愿、合法的原则，有利于协议的履行；最后，着重调解原则要求对劳动人事争议案件应及时裁决，对于当事人不愿调解或调解不成的，不应久调不决，以免拖延时日，有损当事人的合法权益，甚至造成不良后果。

需要注意的是，调解过程必须服从合法原则，即双方达成一致不能以牺牲一方当事人的合法利益为条件，但以弱势方当事人的合法利益受损来达成调解的事例在现实中出现的情况较多。

4.及时处理原则

处理劳动人事争议，还应遵循及时处理的原则，防止久调不决。因此，我国《劳动法》第八十二条规定，提出仲裁要求的一方应当自劳动争议发生之日起六十日内向劳动争议仲裁委员会提出书面申请。仲裁裁决一般应在收到仲裁申请的六十日内作出。此外，《劳动人事争议仲裁办案规则》第四十五条对劳动争议案件的解决期限作出了规定，“仲裁庭裁决案件，应当自仲裁委员会受理仲裁申请之日起四十五日内结束。案情复杂需要延期的，经仲裁委员会主任或者其委托的仲裁院负责人书面批准，可以延期并书面通知当事人，但延长期限不得超过十五日”。

劳动争议案件具有特殊性，它关系到职工的就业、报酬、劳动条件等切身利益问题。而人事争议案件也具有特殊性，它关系到申请人的生存问题，如不及时处理，势必影响劳动者的生活和生产秩序的稳定。因此，在处理劳动人事争议时可采取先行裁决、先予执行的方式。例如，《劳动争议调解仲裁法》第四十三、四十四条规定，仲裁庭裁决劳动争议案件时，其中一部分事实已经清楚，可以就该部分先行裁决。仲裁庭对追索劳动报酬、工伤医疗费、经济补偿或者法定赔偿金的案件，根据当事人的申请，可以裁决先予执行，移送人民法院执行。

1.4 我国劳动争议处理方式

一般而言，在劳动争议产生以后，争议解决途径强调多元化处理，包括争议的协商、调解、仲裁与诉讼。其中，协商与调解是争议解决途径中的柔性措施，仲裁具有准司法性质，而诉讼是争议解决的最终程序。《劳动争议调解仲裁法》第五条规定：“发生劳动争议，当事人不愿协商、协商不成或者达成和解协议后不履行的，可以向调解组织申请调解；不愿调解、调解不成或者达成调解协议后不履行的，可以向劳动争议仲裁委员会申请仲裁；对仲裁裁决不服的，除本法另有规定的外，可以向人民法院提起诉讼。”

1.4.1 协商

劳动争议的协商，是指劳动者与用人单位为解决劳动争议，通过平等自愿、互谅互让的沟通商谈，在认清事实、明辨是非的情况下，化解矛盾达成共识的过程。双方当事人这种自主化解决争议的方式，是当事人解决争议的首要途径，并贯穿于争议处理全过程。《劳动争议调解仲裁法》第四十一条规定，当事人申请劳动争议仲裁后，可以自行和解。达成和解协议的，可以撤回仲裁申请。它表明协商是争议解决过程中能随时采用的最便捷的方式。相对于调解、仲裁与诉讼，它具有双向性、便捷性、经济性以及协商结果灵活性的特征。

协商的方式由当事人自主选择，但根据争议的具体情况，一般有如下三种方式：当事人之间的直接协商；劳动者邀请工会组织或第三方共同与用人单位进行协商；当事人代表协商。

1.4.2 调解

劳动争议的调解，是指在第三方主持下，依据法律规范和道德规范，劝说争议双方当事人，通过民主协商，互谅互让，达成协议，从而消除争议的一种方法与活动。第三方包括各类调解组织、劳动争议仲裁委员会或法院。其中，劳动争议基层调解组织包括企业劳动争议调解委员会、依法设立的基层人民调解组织与在乡镇、街道设立的具有劳动争议调解职能的组织。这些基层调解组织在解决劳动争议的过程中，发挥着软组织、硬功夫的作用。

调解原则也贯穿于争议处理程序始终，它不仅是调解组织的行为原则，也是处理劳动争议的一般工作原则，即在劳动争议仲裁程序中也是应进行的工作。《劳动争议调解仲裁法》第四十二条，“仲裁庭在作出裁决前，应当先行调解。调解达成协议的，仲裁庭应当制作调解书。调解书应当写明仲裁请求和当事人协议的结果。调解书由仲裁员签名，加盖劳动争议仲裁委员会印章，送达双方当事人。调解书经双方当事人签收后，发生法律效力。调解不成或者调解书送达前，一方当事人反悔的，仲裁庭应当及时作出裁决”，表明调解在劳动争议仲裁中是法定程序。

1.4.3 仲裁

一般而言，争议仲裁包括劳动争议仲裁与人事争议仲裁。劳动争议仲裁，指经争议当事人申请，由劳动争议仲裁机构对争议当事人因劳动权利、义务等问题产生的争议进行评价、调解与裁决的一种处理争议的方式。争议仲裁是一个具有准司法性质的处理劳动争议的方法。生效的劳动争议仲裁裁决都具有法律上强制执行的效力。

但由于《劳动人事争议仲裁办案规则》由上至下地统一了劳动争议仲裁办案程序，而《劳动人事争议仲裁组织规则》统一了劳动争议仲裁机构，所以，目前劳动争议处理与人事争议处理在仲裁办案程序与仲裁机构上已经统一。在组织设立方面，根据《劳动人事争议仲裁组织规则》第二条的规定，劳动人事争议仲裁委员会由人民政府依法设立，专门处理争议案件。在人员组成方面，《劳动人事争议仲裁组织规则》第五条规定，仲裁委员会由干部主管部门代表、人力资源社会保障等相关行政部门代表、军队文职人员工作管理部门代表、工会代表和用人单位方面代表等组成。

我国劳动争议仲裁采取了“仲裁前置，裁审衔接”的体制。此外，根据《劳动争议调解仲裁法》第四十七条的规定，对两类争议仲裁案件进行终局裁决，裁决书自作出之日起发生法律效力，这是附条件的“一裁终局”制度。这两类争议案件包括：①追索劳动报酬、工伤医疗费、经济补偿或者赔偿金，不超过当地月最低工资标准十二个月金额的争议；②因执行国家的劳动标准在工作时间、休息休假、社会保险等方面发生的争议。这项规定把相当一部分当前普遍发生的、劳动者和社会反映强烈的争议案件留在仲裁程序解决，不再经过诉讼程序，有利于提高劳动争议处理工作效率，缩短劳动争议处理周期，也进一步增强了仲裁裁决的法律效力和仲裁机构的公信力。同时，《劳动争议调解仲裁法》第四十八条规定，劳动者如果对这些终局裁决有异议，可以自收到仲裁裁决书之日起十五日内向人民法院提起诉讼。这项规定实际是对劳动者的司法救济，表明劳动法律关系区别于普通民事法律关系，更加侧重于保护劳动者的合法权益。

重点提示1-5

劳动争议仲裁的“一裁终局”是对用人单位而言的，起诉的机会只赋予了劳动者，体现了法律的倾斜保护。

重点提示1-6

利益争议只能依靠劳动行政部门协调进行解决，不能申请仲裁。例如，因签订集体合同发生的集体合同争议是对利益争议的一种法律表述，不能申请仲裁。

1.4.4 诉讼

1.劳动争议民事诉讼

《劳动法》第八十三条规定，劳动争议当事人对仲裁裁决不服的，可以自收到仲裁裁决书之日起十五日内向人民法院提起诉讼。一方当事人在法定期限内不起诉又不履行仲裁裁决的，另一方当事人可以申请人民法院强制执行。因此，当事人向人民法院提起劳动争议诉讼必须满足两个条件：一是劳动争议已经经过仲裁；二是满足自收到裁决书之日起十五日内向人民法院提起诉讼的时间要求。

我国的劳动争议诉讼属于民事诉讼，目前法院是由民事审判庭依据《中华人民共和国民事诉讼法》（以下简称《民事诉讼法》）和《劳动争议调解仲裁法》的规定，对劳动争议案件进行审理，实行二审终审制，即如果劳动争议的当事人不服一审人民法院的判决，可向上一级人民法院上诉，后者的判决是二审判决，是生效的终审判决，当事人必须执行。

即使用人单位对《劳动争议调解仲裁法》第四十七条规定的劳动争议案件终局裁决持有异议，也不得向人民法院提起诉讼。但根据《劳动争议调解仲裁法》第四十九条的规定，用人单位在有证据证明第四十七条规定的仲裁裁决中包含法律规定的六种情形之一时，可以自收到仲裁裁决书之日起三十日内向劳动争议仲裁委员会所在地的中级人民法院申请撤销裁决。而人民法院经组成合议庭审查核实裁决有以上规定情形之一的，应当裁定撤销。此外，仲裁裁决被人民法院裁定撤销的，当事人可以自收到裁定书之日起十五日内就该劳动争议事项向人民法院提起诉讼。

2.劳动争议刑事追诉

刑事处罚是对违法行为最严厉的处罚，并非每件劳动争议都会引发刑事追诉，因此严格说来，刑事追诉程序并不属于处理劳动争议的方式之一。

2011 年 2 月 25 日，第十一届全国人大常委会第十九次会议通过了《中华人民共和国刑法修正案（八）》，其中规定："以转移财产、逃匿等方法逃避支付劳动者的劳动报酬或者有能力支付而不支付劳动者的劳动报酬，数额较大，经政府有关部门责令支付仍未支付的，处三年以下有期徒刑或者拘役，并处或者单处罚金；造成严重后果的，处三年以上七年以下有期徒刑，并处罚金。单位犯前款罪的，对单位判处罚金，并对其直接负责的主管人员和其他直接责任人员，依照前款的规定处罚。有前两款行为，尚未造成严重后果，在提起公诉前支付劳动者劳动报酬，并依法承担相应赔偿责任的，可以减轻或免除处罚。"上述法律规定被称为《中华人民共和国刑法》（以下简称《刑法》）新增罪名"拒不支付劳动报酬罪"，意在用最严厉的处罚手段提醒用人单位及时足额支付劳动者的劳动报酬，对于提高对劳动者的保护力度大有裨益。当然，劳动争议适用刑事追诉也需要一定的条件，需要注意以下几点：

（1）劳动报酬的概念

劳动者依照《劳动法》《劳动合同法》等法律的规定应得的劳动报酬，包括工资、奖金、津贴、补贴、延长工作时间的工资报酬及特殊情况下支付的工资等，都属于劳动者的劳动报酬。

（2）以逃避支付劳动者的劳动报酬为目的

具有下列情形之一的，应当认定为"以转移财产、逃匿等方法逃避支付劳动者的劳动报酬"：隐匿财产、恶意清偿、虚构债务、虚假破产、虚假倒闭或者以其他方法转移、处分财产的；逃跑、隐匿的；隐匿销毁或者篡改账目、职工名册、工资支付记录、考勤记录等与劳动报酬相关的材料的；以其他方法逃避支付劳动报酬的。

（3）数额较大情节的认定

2013 年，最高人民法院出台并施行《最高人民法院关于审理拒不支付劳动报酬刑事案件适用法律若干问题的解释》，规定了拒不支付劳动报酬犯罪数额较大的幅度：拒不支付一名劳动者三个月以上的劳动报酬且数额在五千元至二万元以上的；拒不支付十名以上劳动者的劳动报酬且数额累计在三万元至十万元以上的。

（4）经政府有关部门责令支付仍不支付的认定

经人力资源和社会保障部门或者政府其他有关部门依法以限期整改指令书、行政处理决定书等文书责令支付劳动者的劳动报酬后，在指定的期限内仍不支付的，应当认定为"经政府有关部门责令支付仍不支付的"，但有证据证明行为人有正当的理由未知悉责令支付或者未及时支付劳动报酬的除外。行为人逃匿，无法将责令支付文书送交其本人、同住成年家属或者所在单位负责收件的人的，如果有关部门已通过在行为人的住所地、生产经营场所等地张贴责令支付文书等方式责令支付，并采用拍照、录像等方式记录的，应当视为“经政府有关部门责令支付”。

（5）造成严重后果情形的认定

造成严重后果的情形包括：造成劳动者或者其被赡养人、被扶养人、被抚养人的基本生活受到严重影响、重大疾病无法及时医治或者失学的；对要求支付劳动报酬的劳动者使用暴力或者进行暴力威胁的；造成其他严重后果的。

1.5 国外劳动争议处理制度简介

1.5.1 美国的劳动争议处理制度

1.美国劳动争议处理制度的起源

美国劳动争议处理制度是伴随着20世纪30年代美国社会大动荡而诞生的。1935年，美国国会通过《国家劳动关系法》，保护工人建立并参与工会活动或不参与工会活动的权利，调整工会与雇主的关系，鼓励通过工会与雇主的集体谈判解决双方的争端。同年，美国成立国家劳动关系委员会，由雇主界与劳工界各出6名杰出人士组成，作为独立的联邦机构负责执行和实施国家劳动关系法。同时，在企业、地区和行业也建立劳动关系委员会，国家对委员会给予必要的拨款。

后来，美国国会进一步确定，集体谈判双方可以使用一个站在中立立场的帮手，以公平地向工会和公司管理层提供帮助。国会基于此种考虑，成立了联邦调停调解局（FMCS）。FMCS是以一个由调解人组成的团队，以第三方的中立身份随时向劳动者和公司管理层提供调解服务，帮助工会和雇主解决双方的合同争议。

另外，为了帮助企业、地区和行业劳动关系委员会成员掌握集体谈判技巧以及预防和管理冲突的能力，FMCS及其地区办公室通过对他们进行培训的方式提供指导和咨询帮助。自此，美国劳动争议处理制度以调解调停为基础的框架便形成了。

2.美国劳动争议处理制度的基本框架

雇主和雇员代表之间通过谈判协商解决争端，政府通过使用调解中介的方法帮助雇主和雇员在发生工资、工时和劳动条件等纠纷时达成协议，或在当事人申请仲裁时作出裁决，这是美国劳动争议处理制度的基本形式。

美国的劳动争议处理制度包括调解、仲裁以及法院审理三个层次。调解是由劳动关系双方当事人自愿选择，仲裁则是由双方当事人在集体合同或个人劳动合同中约定。一旦选择了仲裁，仲裁裁决是终局决定。

调解是在中立方主持下当事人达成协议的一种方式，是由 FMCS 及其地区办公室派出调解员进行调解，尽管有政府雇员的身份，但在调解中则完全处于中立立场。FMCS 的调解是免费的。双方当事人也可以找第三方作调解，但第三方与 FMCS 所持的中立方立场不同，可能带有某种倾向。美国法律不要求劳动关系双方必须接受调解，调解是否成功取决于双方当事人接受的程度，调解本身不具有约束力，但双方应当执行调解达成的协议。

仲裁是仲裁员以私人和独立的身份实施仲裁，其裁决结果是终局的，对双方当事人具有约束力。当事人一方对仲裁的裁决结果不满可以向法院起诉，法院受理后，除非仲裁员在审理和裁决中有徇私舞弊、超出受案范围等违反法律的行为，否则法院通常会予以维持其作出的裁决决定。由于仲裁与法院审理相比，具有时效快、费用低的特点，以及由于仲裁员属专家型，且熟谙劳动法律法规，而法官则未必是这方面专家等原因，目前美国绝大多数雇主和工会在集体合同中一般都约定发生争议由仲裁裁决。个别没有约定的，出现争议则通过联邦巡回法院审理解决。非工会雇员即个人劳动合同出现的劳动争议，传统上由法院审理解决，但目前这种状况正在改变。

3.美国企业内部劳动争议处理程序

美国的劳动争议处理制度重在企业内部解决劳动争议，从企业层面通过集体谈判和协商解决劳动纠纷是主要方式。为保证企业内部的申诉得到公正处理，越来越多的美国公司，主要是那些没有工会的公司，都建立了同事核实委员会或审查团，其全部或部分由企业雇员组成，参与内部申诉程序的某个环节。同事核实委员会通常是参与解决更为严重的争议（如解雇雇员或重要的索赔等）。

企业内部解决劳动争议的典型程序是：首先，雇员向工长或监管提出口头申诉，然后，向工长或监管提交经雇员或工会签名的书面申诉，工长或监管对申诉应作出书面答复。若对答复不满，雇员或工会可向所在部门领导或经理上诉，部门领导或经理在短期内应予以答复。如果对上述答复还不满意，雇员或工会可向雇主或其代表上诉。雇主将对申诉作出书面答复。如果仍然不满意，雇员或工会将根据雇主的人事政策或惯例或集体谈判协议采取下一步措施——可能是调解、仲裁、同事审查或这些程序的综合。

4.集体合同与个人劳动合同采取不同的争议处理方式

依据集体合同与个人劳动合同的差异，美国的劳动争议处理制度分为两大类：一类是雇员属工会会员的，由工会代表与雇主签订集体合同以保障双方当事人的权利；另一类是雇员属非工会会员的，则由个人与雇主签订劳动合同。按照现行制度的规定，前者引发的劳动争议主要由国家劳动关系法调整，FMCS 侧重对这类集体争议实施调解；后者引发的劳动争议则由各州立法调整，出现非集体争议即个人劳动争议，通常通过法院审理以及仲裁解决。目前在美国，越来越多的劳动者没有参加工会，越来越多的雇主与劳动者在签订劳动合同时也约定选择仲裁作为解决劳动争议的途径。FMCS在调解集体争议的同时，也在努力尝试调解非集体争议。FMCS对集体合同争议的调解，不仅是就争议本身的调解，还有预防性调解。美国《国家劳动关系法》规定，企业工会或管理层在集体合同到期前30天必须通知FMCS。

FMCS的调解员通过调解协助双方在合同到期前达成协议。一般来说，由于调解的结果使双方都满意，而仲裁的结果不一定都满意，再加上仲裁费、律师费等费用昂贵，因此绝大多数雇主和雇员以及工会愿意在调解程序中解决问题，很少进入仲裁程序。

为促进劳动关系的改善，避免和减少劳动纠纷，由雇主、雇员和代表雇员的劳工组织共同组成并在企业、地区和行业建立的劳动关系委员会应积极改善劳动关系，增加尊重双方利益的有益的对话，尽力在企业一级解决劳动争端。

5.美国劳动争议处理制度的特点

（1）突出预防与调解，注重在企业层面解决劳动争议

美国《国家劳动关系法》规定，减少劳工纠纷是雇员、雇员代表和雇主的共同责任。这是劳资双方的法定义务，也是在企业层面解决劳动争议的法律依据。在企业内部，目前已经或者正在形成一种劳动关系自我调节机制，不仅有劳动关系委员会作为劳资对话的平台，而且形成了雇员申诉的正当途径和程序，并有同事核实委员会参与雇员申诉程序，保证申诉得到公正处置。在企业外部，FMCS及其地区办公室不仅派出调解员参与企业具体劳动争议的调解（如果双方当事人自愿接受的话），而且开展预防性调解，即在劳资双方集体协议谈判过程中提前介入，协助双方达成协议，或者在双方出现争端苗头时，应邀介入调解，促成争议化解。与此同时，为增强企业内部解决劳动争议的能力，FMCS及其地区办公室还经常对企业劳资双方开展有针对性的培训。

（2）差异化、多样化的劳动争议处理方式

美国的劳动争议处理制度在管辖上体现出联邦和州分权即差异化的方式。从企业方面来说，年销售额50万美元以上的企业适用联邦法律调整，年销售额50万美元以下的适用州法律调整；从雇员是否参加工会方面来说，属于工会雇员即有集体合同的雇员与企业发生的争议适用联邦法律调整，非工会雇员无论有无个人劳动合同都适用州法律调整；从劳动争议处理方式上看，劳动关系双方当事人可以约定选择仲裁或者法院作为解决双方争议的途径；从集体合同与个人劳动合同的管理上看，法律规定集体合同到期前30天必须通知FMCS，而对个人劳动合同则无法律规定。对于邮政和铁路（包括航空公司）两大行业的劳动争议，国会专门制定有单项法律，规定这些部门发生劳动争议必须先进行调解。

美国劳动争议处理制度的多样化，体现在最大限度地尊重双方当事人的意愿，或调或裁或审，均由双方当事人协商确定。

（3）仲裁员个人化与社会化，保证仲裁裁决的独立与公正

美国劳动争议的仲裁员均为独立的个人，不代表政府或者某个团体的立场，独立办案。仲裁员资格没有法律规定，可以是专职，也可以是兼职，许多仲裁员是由律师、教授、法官转行的。而仲裁员的遴选则体现出社会化，需要双方当事人共同协商确定。办案实践中显示出来的水平和信誉度，往往是某个仲裁员能否获得双方当事人信任的重要衡量标准。仲裁员的个人化与社会化，适应了美国劳动争议处理的需要，也使这一“准司法”程序免受各方干扰，确保仲裁员独立办案，公正裁决。

（4）仲裁终局制凸显了劳动争议处理制度的高效

在美国，劳动争议仲裁裁决为终局裁定，具有法律约束力。美国最高法院规定，法院要尊重仲裁裁决，只被授权进行有限的司法审查。目前仅有 1%～1.5% 的仲裁裁决被上诉至法院，其中只有极少数被推翻。劳动争议处理中的仲裁终局制，缩短了劳动争议处理时效，减少了双方当事人的讼累，把因劳动争议给企业、个人造成的经济损失降到最低。

1.5.2 德国的劳动争议处理制度

德国是世界上劳动法律制度建立比较早和比较完善的国家之一，从 20 世纪 70 年代开始就制定了《集体协议法》《解雇保护法》《劳动法院法》等法律。虽然至今尚未制定出一部统一的劳动法，但德国在长期的实践中已形成了一套完备有效的劳动争议解决体系，从而有效地保障了劳动者的合法权益和企业的正常生产经营，保证了社会秩序的稳定和安全。

1. 劳资双方协商

为了降低成本、提高生产效率和利润率，德国许多企业需要经常裁减人员。由于德国制定有《解雇保护法》等法律，对解雇决定不服的职工可以向企业职工委员会提出异议，并可以向劳动法院提起诉讼，所以企业为避免纠纷，会采取与职工协商并给予被解雇职工以经济补偿的做法。如某轧钢厂，为让职工提前退休，采取了增加退休金比例等办法与职工进行协商，有效地避免了劳动争议的发生。协商是一个解决争议的双赢的方法，但可以肯定地说，没有完备的法律保障体系，协商就没有基础和可能。

2. 工会和企业委员会

在德国，工会和企业委员会在有关劳动争议的处理中发挥着非常重要的作用。

（1）工会

德国工会联合会（DGB）是德国最大的、最重要的雇员工会组织，此外，比

较大的工会组织还有德国职员工会、德国基督教工会联合会等。目前德国工会联合会下属有15个工会（大多为行业性工会），会员达900万人。为了帮助工会会员，维护他们的权益，德国工会联合会在全国各地设立了162个法律保护办事处，其任务主要就是为会员提供法律帮助。这些办事处是根据劳动法院和社会法院的分布、设置而相应设立的，也就是说，哪里有劳动法院和社会法院，就在哪里设立办事处，这主要是为了方便会员诉讼，使会员不至于为诉讼而四处奔波。每一个办事处都配备有相当数量的法律工作者。

（2）企业委员会

按照1952年颁布、1989年修订的《企业宪章法》，德国在一切企业中都设立企业委员会。企业委员会由就业者或者就业者代表组成，它享有代表就业者讲话以及决定部分企业内部关于就业者事务的权利。企业委员会虽不是企业内部有关争议的调解机构，但在调解和处理争议中却发挥着重要的作用。在处理雇员与雇主之间的简易纠纷时，企业委员会按照雇员的申请，主动出面调解协商，往往都能及时妥善解决争议；在解雇纠纷中，雇主解雇雇员必须听取企业委员会的意见，企业委员会可以行使异议权；在雇主与企业委员会就签订和履行企业协议发生争议时，或者由雇主与企业委员会自行协商解决，或者另行组成调解委员会调解解决。实践证明，通过协商、调解解决不了而起诉到法院的劳动争议只是极少数。

3.法院裁判

在德国，劳动纠纷是由专门的劳动法院处理。根据德国《劳动法院法》，劳动法院分为三级：①基层劳动法院。它负责劳资纠纷案件的初审，即第一审案件的审理，因此也称初审劳动法院。②州劳动法院。它负责劳资纠纷案件的上诉案件的审理，因此也称上诉审劳动法院。③联邦劳动法院。它主要负责不服上诉法院裁判的全德劳资纠纷案件的复审。为使劳动司法得以统一，全德只设一个联邦劳动法院，它实际上是德国劳动法院的最高法院。

在长期的实践中，德国劳动司法形成了一套独具特色的比较完善的诉讼程序。其特点有以下几点：

第一，强调调解，把调解作为初审劳动法院审理劳资纠纷案件的必经程序。在初审中，每一个案件都必须经过庭内调解，否则不能收取诉讼费用。根据《劳动法院法》的规定，在初审程序开庭之前，即在担任法庭审判长的职业法官主持下，做双方当事人的工作，促使当事人双方相互协商，以期促成双方互谅互让，达成调解协议。

第二，设置“裁判程序”和“决议程序”，以适应解决不同类型的劳资纠纷案件的需要。裁判程序适用于一般的劳资纠纷案件，比如单个的雇员与雇主之间发生的劳资争议；决议程序则适用于集体劳动合同纠纷案件的处理，比如涉及《企业章程法》方面的雇主与企业委员会之间的争议。

1.5.3 日本的劳动争议处理制度

长期以来，日本劳动争议多以集体劳动争议为多，个别劳动争议很少，但是，随着近年来社会经济形势的急剧变化及由此引发的劳动关系现实的变化，劳动争议的种类和内容等也发生了很大的变化。由于劳动关系日趋稳定，劳动者成立工会的情形也越来越少，在这种情况下，集体劳动争议的案件数也急剧下降；同时，发生的集体劳动争议的内容与此前相比亦发生了显著的变化。然而，个别劳动争议却大幅增长且呈现出多样化的趋势。传统类型的个别劳动争议，如解雇争议、拖欠工资争议等，在民事诉讼和劳动咨询中仍然占有很大的比例，但是近年来，关于劳动条件待遇下降而引发的争议日显突出。

1.行政机构主导的争议解决机制

（1）劳动委员会

《工会法》和《劳动关系调整法》都明确规定，集体劳动争议的解决交由劳动委员会专门负责：一是不当劳动行为的救济机制；二是集体劳动争议的调整机制。1999 年修改的《地方自治法》和 2001 年制定并实施的《个别劳动争议解决促进法》亦赋予了劳动委员会对个别劳动争议提供咨询信息服务或斡旋等的权限。

（2）都道府县劳动局

都道府县劳动局作为厚生劳动省设置在都道府县的地方机关，根据《个别劳动争议解决促进法》的规定，劳动局为解决个别劳动争议提供了三种方式和程序：提供咨询和信息服务；提供建议或指导；劳动局争议调整委员会斡旋。

（3）劳动基准监督机关

劳动基准监督机关并没有法律明确规定，对劳动法的实施负有监督职责的劳动基准监督署拥有解决争议的职权，但在实践中它在一定程度上也起着解决劳动争议的作用。

2.法院主导的争议解决机制

（1）普通民事诉讼程序

凡是属于民事性质的劳动争议案件都可以通过这种方式，按照《民事诉讼法》的规定由法院予以解决，民事诉讼程序中的保全程序和小额诉讼程序也都可以用来解决劳动争议案件。

（2）民事调解程序

同样，凡是属于民事性质的劳动争议案件也都可以选择适用这一方式，按照《民事调停法》的规定，由法院通过调解予以解决，劳动审判程序即依据规定向法院提出申请，由法院组成劳动审判委员会对其进行审理解决。

（3）其他相关方式和程序

在日本劳动争议解决实务中，也存在着自力救济等其他方式和程序。日本在劳动争议解决的相关法律中，都强调即使在劳动争议发生后，争议双方当事人都应先行予以自主协商解决。此外，在企业之外，还可通过一些民间性的组织机构解决劳动争议，如工会或其他劳动者组织，特别是一些地区性的或行业性的有影响的工会也提供咨询和信息服务，或进行相关协调。

本章小结

工作场所发生的争议或纠纷通常是指劳动争议，而我国立法对劳动争议采用了更狭义的界定，即劳动争议是指劳动者与用人单位之间基于劳动关系，因实现劳动权利和履行劳动义务而发生的纠纷。劳动争议按争议主体可划分为个别劳动争议和集体劳动争议；按照争议性质划分可分为权利争议和利益争议。

在劳动关系领域发生的所有争议并不能全部归属劳动争议的范畴。目前，我国对于劳动争议范围的规定主要依据的是《劳动争议调解仲裁法》第二条的规定，具体包括：（1）因确认劳动关系发生的争议；（2）因订立、履行、变更、解除和终止劳动合同发生的争议；（3）因除名、辞退和辞职、离职发生的争议；（4）因工作时间、休息休假、社会保险、福利、培训以及劳动保护发生的争议；（5）因劳动报酬、工伤医疗费、经济补偿或赔偿金等发生的争议；（6）法律、法规规定的其他劳动争议。

一般而言，在劳动争议产生以后，争议解决途径强调多元化处理，包括协商、调解、仲裁与诉讼。其中，协商与调解是争议解决途径中的柔性措施，仲裁具有准司法性质，而诉讼是争议解决的最终程序。《劳动争议调解仲裁法》第五条规定："发生劳动争议，当事人不愿协商、协商不成或者达成和解协议后不履行的，可以向调解组织申请调解；不愿调解、调解不成或者达成调解协议后不履行的，可以向劳动争议仲裁委员会申请仲裁；对仲裁裁决不服的，除本法另有规定的外，可以向人民法院提起诉讼。"我国《刑法》新增罪名"拒不支付劳动报酬罪"，意在用最严厉的处罚手段提醒用人单位及时足额支付劳动者的劳动报酬，但严格说来，刑事追诉并不属于劳动争议处理方式之一。

复习思考题

1. 工作场所的冲突有哪些类型？
2. 劳动争议的范围有哪些？
3. 劳动争议的特点和处理原则是什么？
4. 劳动争议有哪些处理方式？

案例分析

欠缴社会保险费是否属于劳动争议?

郭某入职某网络公司担任销售专员，双方未签订书面劳动合同，仅口头约定了工资数额，网络公司也未给郭某缴纳社会保险费。郭某工作半年以后，向当地劳动争议仲裁委员会申请仲裁，其中一项请求为，请求裁决网络公司为自己缴纳劳动关系存续期间的社会保险费。仲裁委员会以该案不属于仲裁机构处理范围为由驳回了该申请。郭某不服，又诉至法院。法院是否会受理该案并对该项请求作出处理呢?

用人单位不为职工缴纳社会保险费而引发的争议比较多发，对此种争议是否属于劳动争议本身就存在争议。实践中，也出现了一些法院判决用人单位为劳动者补缴社会保险费的判例。但是，对于此种欠缴社会保险费的争议，劳动争议仲裁机构和人民法院都不应受理。

用人单位、劳动者和社会保险费征缴机构就欠费发生争议，是征收与缴纳之间的纠纷，属于行政管理的范畴，带有社会管理的性质，不是单一的劳动者与用人单位之间的争议。

《最高人民法院关于审理劳动争议案件适用法律若干问题的解释（三）》规定了劳动者以用人单位未为其办理社会保险手续，且社会保险经办机构不能补办导致其无法享受社会保险待遇为由，要求用人单位赔偿损失而发生争议的，人民法院应予受理。然而，对用人单位欠缴社会保险费或者因缴费年限、缴费数额等发生争议的，并未规定由人民法院受理。劳动者对用人单位欠缴社会保险费或者因缴费年限、缴费数额等发生争议的，应向相关部门申请解决。《劳动法》第一百条规定:“用人单位无故不缴纳社会保险费的，由劳动行政部门责令其限期缴纳；逾期不缴的，可以加收滞纳金。”由此可见，法律已明确规定了用人单位拖欠或者拒缴社会保险费时的强制征缴措施，没有必要再以仲裁或者诉讼方式确定用人单位是否应该缴纳。

另外，《北京市高级人民法院、北京市劳动争议仲裁委员会关于劳动争议案件法律适用问题研讨会会议纪要》对此类争议是否受理达成了一致意见。具体内容为，根据《劳动争议调解仲裁法》《社会保险费征缴暂行条例》《社会保险稽核办法》《劳动保障监察条例》，以及我市的仲裁和审判实践，对于社会保险争议的受理应遵循以下原则:

（1）用人单位未为劳动者建立社会保险关系、欠缴社会保险费或未按规定的工资基数足额缴纳社会保险费的，劳动者主张予以补缴的，一般不予受理，告知劳动者通过劳动行政部门解决；

（2）由于用人单位未按规定为劳动者缴纳社会保险费，导致劳动者不能享受工伤、失业、生育、医疗保险待遇，劳动者要求用人单位赔偿损失或按规定给付相关费用的，应予受理；

（3）用人单位未为农民工缴纳养老保险费，农民工在与用人单位终止或解除劳动合同后要求用人单位赔偿损失的，应予受理。

综上所述，因欠缴社会保险费发生的争议不应属于劳动争议仲裁机构和人民法院应当受理的劳动争议案件的范围。

资料来源 王淑娟. 欠缴及补缴社保争议案件是否属于法院受案范围［EB/OL］.［2019-03-11］. https://www.chinacourt.org/article/detail/2017/04/id/2741553.shtml.

请思考：为什么不把欠缴社会保险费的争议作为劳动争议处理？

拓展阅读：“互联网+调解仲裁”2020行动实施计划

第2章　劳动争议协商

学习目标

✓理解劳动争议协商的概念、特点和作用；
✓了解劳动争议协商的原则和类型；
✓了解劳动争议协商的程序；
✓掌握和解协议的法律效力和救济途径；
✓理解劳动争议协商与调解、仲裁、诉讼的关系。

引例

离职时约定无争议在法律上有效吗？

乔鹏在某物业公司工作了2年，公司在其劳动合同到期前通知他不再续签合同，并要求签一份离职协议。双方所签的离职协议载明了离职日期、公司应支付给他的经济补偿金数额等内容，其中还有“物业公司未拖欠乔鹏任何劳动报酬、奖金、福利待遇，双方之间不存在任何劳动争议”的条款。协议签订后的第三天，公司结清了乔鹏的工资、奖金等，并支付了约定的经济补偿金。事后，乔鹏认为公司给付的劳动报酬存在一些问题，但不知道自己能不能反悔，双方签订的离职协议在法律上是否有效呢？

离职协议在性质上属于对劳动合同解除或终止后权利义务的重新安排。关于协议效力的认定，应着重审查是否为双方的真实意思表示，内容是否明确，以及是否显失公平或者存在重大误解等，在不违背劳动基准法的前提下，应充分考虑和尊重当事人的意思自治，一般应认定为有效。

对此，《最高人民法院关于审理劳动争议案件适用法律若干问题的解释

（三）》第十条规定："劳动者与用人单位就解除或者终止劳动合同办理相关手续、支付工资报酬、加班费、经济补偿或者赔偿金等达成的协议，不违反法律、行政法规的强制性规定，且不存在欺诈、胁迫或者乘人之危情形的，应当认定有效。""前款协议存在重大误解或者显失公平情形，当事人请求撤销的，人民法院应予支持。"

据此，离职协议无效的情形包括：一是违反了法律、行政法规的强制性规定，即如果离职协议中所涉及的劳动者权利违反了法定的基准性权利，诸如自愿接受法定最低工资标准以下的工资、自愿放弃社会保险权利、自愿接受低于法定工伤补偿标准的工伤补偿等，那么，这样的协议条款就无法律效力。

二是用人单位在签订离职协议时具有欺诈、胁迫或者乘人之危的情形，诸如劳动者若不愿签订离职协议或不接受协议中的条款，就不批准辞职或不予办理档案转移手续等。

三是劳动者存在重大误解或者离职协议显失公平。例如，对补偿的计算标准存在重大误解，约定的补偿金、赔偿金明显低于应付数额等。

另外，离职协议中有关"劳动者承诺放弃仲裁、诉讼等权利"的条款，由于排除了劳动者的诉权，因此也不具备法律效力。

总之，离职协议具有上述情形的，劳动者可以反悔，提起仲裁或诉讼要求保护其合法权益。

乔鹏是具有完全民事行为能力的人，有权处分自己的合法权利。如果双方签订的离职协议未违反法律、行政法规的强制性规定，也无证据显示乔鹏在签订离职协议时存在受欺诈或胁迫等情形，那么，就应认定为双方真实意思表示，该离职协议具有法律约束力。

资料来源　潘家永. 离职时约定无争议在法律上有效吗？[N]. 劳动午报，2018-11-30（11）.

从经济学角度看，成本最低的纠纷解决方式是争议当事人通过协商自行解决争端。具体到劳动争议领域，最有效率的解决方式就是通过协商来化解劳动争议，这也是在我国劳动争议处理体制中设立劳动争议协商制度的初衷。

2.1　劳动争议协商概述

2.1.1　劳动争议协商的概念

劳动争议的协商，是指劳动者与用人单位为解决劳动争议，通过平等自愿、互谅互让的沟通商谈，在认清事实、明辨是非的情况下，化解矛盾达成共识的过程。双方当事人这种自主化解决争议的方式，是当事人解决争议的首要途径，并贯穿于争议处理全过程。

《劳动争议调解仲裁法》第四条规定，发生劳动争议，劳动者可以与用人单位协商，也可以请工会或者第三方共同与用人单位协商，达成和解协议。同时，该法第四十一条还规定，当事人申请劳动争议仲裁后，可以自行和解。达成和解协议的，可以撤回仲裁申请。可见，协商可以贯穿于劳动争议处理的各个环节，是一种灵活便利的解决劳动争议的方式。

2.1.2 劳动争议协商的特点

作为由争议双方自行解决纠纷的重要途径，劳动争议协商的特征包括自愿性、双方性、灵活性以及非选择性等。

1.协商必须出于当事人双方完全自愿

没有内、外压力，自愿是劳动争议协商和解的基础和前提条件。协商的自愿性主要表现在：通过协商达到消除矛盾、解决争议是当事人双方的共同意愿和要求，是双方主动的自觉行为，不受任何第三方和外界因素的制约和干扰；经协商达成的和解协议是双方意志的体现，由当事人自觉履行。当事人不愿协商或协商不成时，一方不能强迫另一方接受其不愿接受的条件；达成和解协议后，对于和解协议必须由当事人自觉自愿履行，一方不能强迫另一方履行和解协议；当事人不愿协商或者协商不成时，有权自主决定申请调解或仲裁，任何组织或个人无权干涉；如果当事人不是完全自愿的，就不可能进行协商，协商中也难以达成和解，对和解协议也不会自觉履行。

2.协商应当建立在相互信任和尊重的基础上

相互信任和尊重是当事人协商劳动争议的必要条件。协商能够形成的重要原因之一就在于劳动争议的双方当事人主观上均不愿意使矛盾扩大，都希望经双方的共同努力，使争议及时、妥善解决，以便以后更好地合作共事。只有双方当事人在协商过程中都能坦诚相见，并做到互谅互让，才有助于对解决争议的主张给予充分尊重，使争议在不伤和气的气氛中合理解决，从而促进双方关系的和谐融洽。因此，在协商和解过程中当事人只有相互信任和尊重，才能坦诚相见、互谅互让，使争议得到圆满解决。

3.劳动争议的协商具有灵活性

劳动争议双方可以在法律规定的范围内就争议事项进行协商，只要其协商的事项不违背法律法规的强制性规定即可。也就是说，劳动争议发生后，当事人双方可以自由选择协商的方式、时间、地点，在达成和解协议后虽然要求制定书面的协议书，但不像仲裁、诉讼那样要求特定的制作格式。由于劳动争议的解决事关劳动者的就业和家庭生活、关系到用人单位正常有序的经营活动，因此，灵活简便的协商方式充分体现了柔性化的原则，有利于消除对抗，营造和谐的处理气氛。由于不是法定的劳动人事争议解决步骤，因此协商也没有严格的程序化规定，劳动争议发生后，当事人双方可即时就具体事项进行协调和商谈，在较短时间内使争议得到妥善解决。

4.协商不是处理劳动争议的必经程序

协商和解是处理劳动争议的简易程序，通过协商可以简便、快捷地使一些争议得到解决，有利于企业生产和维护职工利益。国家提倡劳动关系当事人双方发生争议后，首先主动协商，但是协商并不是处理劳动争议的法定必经程序。当事人双方可以自愿协商，国家提倡但不强迫；不愿意协商或者协商不成的，争议一方可以向企业劳动争议调解委员会申请调解，或直接向劳动争议仲裁委员会申请仲裁。对于因签订集体合同发生争议，当事人协商解决不成的，应由劳动行政部门组织有关各方协调处理。

2.1.3 劳动争议协商的原则

1.平等原则

在平等的前提下进行协商是劳动争议协商和解的重要原则和条件。根据《劳动法》的规定，用人单位和劳动者作为劳动关系的主体，其法律地位是平等的，双方应互为权利与义务。当发生劳动争议并进行协商时，应遵循平等原则，劳动争议当事人双方互不从属，没有高低、主次之分，任何一方不得给另一方施加压力，或者以某种手段相要挟。

2.自愿原则

自愿原则是指劳动人事争议的协商，必须以双方当事人自愿为基础，主要表现在双方是否愿意以协商方式解决争议，是否愿意达成和解协议并自愿履行，当事人有不愿意协商而申请调解、仲裁乃至诉讼的权利。

3.合法原则

合法原则是劳动争议处理的基本原则，也是协商的基本原则之一。该原则是指劳动争议协商的当事人必须是符合劳动法律的规定，与该争议有直接利害关系的劳动关系双方，即用人单位和劳动者，当然，劳动者可以要求所在基层工会参与或者协助其与用人单位协商，工会也可以主动参与劳动争议协商的处理，维护劳动者的合法权益。集体合同争议作为劳动争议的一种特殊形式，其主体一方是用人单位，另一方必须是代表劳动者利益的工会或职工代表。

2.1.4 劳动争议协商的类型

1.个别劳动争议协商

个别劳动者与用人单位之间发生争议而协商解决的，存在劳动关系维持和终结两种情况或前提。一种是指在劳动关系维持的情况下，由于用人单位与劳动者还存在管理与被管理的关系，劳动关系的从属性决定了此种个别协商在劳动争议处理上难有很大的作为，此时的“个别协商”与人力资源管理上的“双方沟通”

在本质上有相同之处。另一种是指在发生劳动争议后，并且在劳动关系终结情况下，劳动者已经摆脱与用人单位之间管理与被管理的关系，重新获得与用人单位平等的协商地位。

2.群体性劳动争议协商

我国劳动立法中规定了群体性劳动争议，但是并没有对群体性劳动争议协商作出专门规定。群体性劳动争议协商通常是指由职工一方推选出若干名代表，代表全体发生争议的职工与用人单位进行协商。由于法律法规没有规定相应的协商程序，在代表被推选出来后，代表与用人单位依个别劳动争议协商程序进行协商。

3.集体合同劳动争议协商

目前，我国对不同时段发生的集体合同劳动争议采取不同的处理制度：在签订集体合同过程中发生争议的，按《劳动法》和《集体合同规定》处理，由当事人双方协商解决，协商不成的，由当地人民政府劳动行政部门组织有关各方协调处理；在履行集体合同过程中发生争议的，按《劳动法》规定处理，当事人协商解决不成的，可以向劳动争议仲裁委员会申请仲裁，对仲裁裁决不服的，可以自收到仲裁裁决书之日起十五日内向人民法院提出诉讼。上述规定表明，因集体合同的签订和履行而发生的劳动争议，当事人必须进行协商。

2.1.5 劳动争议协商的作用

1.快速解决劳动争议

劳动争议协商并非解决劳动争议的必经程序，选择协商并达成和解协议都必须基于劳动争议双方当事人的自愿。劳动争议发生后，当事人可以在完全自愿的基础上，通过互谅互让，达成一个双方都愿意接受的和解协议，然后分别履行协议的内容。以协商的方式处理劳动争议，有利于构建和谐的劳动关系，有利于纠纷的迅速解决。由于以协商的方式解决劳动争议，通常没有第三方的参与，不需要经过别人调解，也不需要经过仲裁和诉讼程序，可以大大节省争议双方的时间、财力和精力。

2.引起时效中断

《最高人民法院关于审理劳动争议案件适用法律若干问题的解释（二）》第一条规定："劳动关系解除或者终止后产生的支付工资、经济补偿金、福利待遇等争议，劳动者能够证明用人单位承诺支付的时间为解除或者终止劳动关系后的具体日期的，用人单位承诺支付之日为劳动争议发生之日。"因此，如果用人单位与劳动者因工资争议达成和解协议，用人单位又不履行和解协议的，时效就应从和解协议约定的履行日期开始计算，而不再从劳动争议发生之日起计算。《劳动争议调解仲裁法》第二十七条也规定了："仲裁时效，因当事人一方向对方当事人主张权利，或者向有关部门请求权利救济，或者对方当事人同意履行义务而中断。从中断时起，仲裁时效期间重新计算。"当事人就劳动争议进行协商，就是“向对方当事人主张权利”的证明。当事人通过协商达成和解协议，就是“对方当事人同意履行义务”的最好的证明。因此，争议当事人进行协商，无论是否达成和解协议，都将导致时效的中断。

3.转化争议性质

《最高人民法院关于审理劳动争议案件适用法律若干问题的解释（二）》第三条规定：“劳动者以用人单位的工资欠条为证据直接向人民法院起诉，诉讼请求不涉及劳动关系其他争议的，视为拖欠劳动报酬争议，按照普通民事纠纷受理。”因此，用人单位与劳动者因工资产生争议，通过协商达成和解协议，用人单位为劳动者提供欠条的，如果用人单位又不履行和解协议，劳动者可以持欠条直接向法院起诉。这样一来，原来的劳动争议就直接转化为普通民事争议。争议性质的转变将带来两个法律后果：一是劳动者可以越过劳动争议仲裁前置程序，直接按照普通债权债务关系向法院起诉；二是时效不再是《劳动争议调解仲裁法》规定的一年，而是《中华人民共和国民法通则》（以下简称《民法通则》）规定的两年。

4.和解协议可以作为证据使用

《企业劳动争议协商调解规定》第十一条规定：“协商达成一致，应当签订书面和解协议。和解协议对双方当事人具有约束力，当事人应当履行。经仲裁庭审查，和解协议程序和内容合法有效的，仲裁庭可以将其作为证据使用。但是，当事人为达成和解的目的作出妥协所涉及的对争议事实的认可，不得在其后的仲裁中作为对其不利的证据。”由此可见，当事人双方通过协商达成的和解协议，在劳动争议仲裁审理阶段可以作为证据使用。

2.2 劳动争议协商的实施

作为劳动争议处理的第一道防线，劳动争议协商调解有望将大量劳动争议案件化解于用人单位内部。2012年1月1日，《企业劳动争议协商调解规定》施行，该规定针对企业内部劳资双方沟通机制普遍缺失、劳动者的利益诉求表达渠道不畅、企业劳动争议调解委员会作用弱化等比较突出的问题，明确提出建立企业内部劳资双方沟通协商机制，并对协商的主体、方式、时限、效力等也都有细化的明确规定。

2.2.1 劳动争议协商的程序

1.协商和解前的准备

（1）查明争议事实

劳动争议发生后，负责协商的人员应及时查明争议产生原因、规模、性质等，并对争议可能带来的后果作出判断。针对不同原因、不同性质的劳动争议，应采取不同的应对措施和手段。

在我国，目前将劳动者一方人数为十人及十人以上的劳动争议确立为集体争议。集体争议若解决不好，可能直接影响企业的正常生产经营秩序，甚至影响社会的和谐稳定；根据劳动争议产生的原因，一些争议是由于员工的切身利益甚至基本生存权利受到了侵害，例如，劳动报酬、工伤医疗费、赔偿争议等，负责协商和解的人员应引起足够重视并正确估计事态后果。而另一些争议是由于企业无法满足员工职业发展的需要而引起的，例如培训、福利、升职等，这类争议矛盾冲突相对较小，比较容易通过协商和解的方式解决。

（2）熟悉相关法律法规

我国颁布并实施的与劳动争议相关的法律、法规有很多，如《劳动法》《劳动合同法》《劳动争议调解仲裁法》《劳动人事争议仲裁办案规则》《企业劳动争议协商调解规定》等。发生劳动争议的双方应充分学习、了解相关的法律法规，才能在协商过程中做到有理、有据、有节。在更有效地维护自身合法权益的同时，也能考虑到对方的利益。这样，更有利于双方通过协商的方式解决劳动争议。

（3）选择协商人员

在个别劳动争议中，劳动者一方一般为发生劳动争议的当事人本人，企业一方选择的协商人员通常应考虑三点要求：尽量与该劳动争议无利害关系；具备相应法律知识、经验；在企业和员工中具有一定声望。在集体争议中，劳动者一方通常选择能够代表员工利益并且沟通、应变能力较强的劳动者作为代表。《劳动争议调解仲裁法》第七条规定：发生劳动争议的劳动者一方在十人以上，并有共同请求的，可以推荐代表参加调解、仲裁或者诉讼活动。

另外，《劳动争议调解仲裁法》第四条规定：发生劳动争议，劳动者可以与用人单位协商，也可以请工会或者第三方共同与用人单位协商，达成和解协议。由此可见，协商人员除了劳动者和用人单位代表外，还有可能出现第三方，只不过与劳动争议调解程序相比，这个第三方是由劳动者聘请的，并不是完全保持中立地位，也不主导整个协商过程。

（4）确立协商的目标

在对劳动争议事件有了一定了解后，准备进入协商和解过程的双方当事人应初步确立其预期或期望达成的目标。我们可以将劳动争议协商和解的目标划分为三个层次，分别是：一是必须达成的目标，是协商不成也不能放弃的目标，即进行协商和解可以接受的底线；二是预期达成的目标，但是在迫不得已的情况下可以选择放弃的；三是期望达成的目标，在必要时可以放弃的。

操作示例2-1 **协商目标的确定**

【案情】某学校应届毕业生小王2018年4月份到A公司实习，双方约定待小王正式毕业后签订劳动合同。2018年6月底，小王正式毕业，向A公司提出签订正式的劳动合同，A公司未予以回应，小王也就不再理会。2018年10月中旬，小王未履行请假手续就离开了公司。2018年11月5日，A公司以小王无故旷工为由，作出了解除与小王劳动关系的决定。2018年12月初，小王回到A公司，提出如下要求：

（1）A公司支付2018年10月、11月的工资。

（2）A公司未签订劳动合同，支付2018年7—11月的双倍工资。

（3）A公司违法解除劳动关系，应支付一个月工资作为赔偿金。

【思考】如果小王与A公司进行协商，应如何确定各自的协商目标?

【分析要点】本案比较明确的事项有：A公司已经实施用工行为，但未与小王签订劳动合同，这是A公司的责任；小王未履行请假手续就离开A公司，这是小王的责任。

本案还需进一步明确的事项有：当小王未履行请假手续离开A公司时，A公司是否采取过敦促其上班的措施；A公司以无故旷工为由解除与小王的劳动关系，是否有相关的劳动规章制度作为支持；小王离开A公司时，领取劳动报酬的截止日期等。

协商不是裁判，不一定完全按照仲裁或诉讼的预期结果来确定协商目标。不过，在厘清事实、找出争议发生的原因的基础上，更利于确定合理的协商目标。

2.协商的具体实施

劳动争议协商的过程就是劳动争议的双方当事人表明各自观点、交换意见以达成共识的过程，可以看作是双方当事人参与协调劳动关系的过程。同其他三种争议处理程序相比，协商和解目前还没有特别严格的程序和时间的规定或要求。《企业劳动争议协商调解规定》只是作了一个简单的规定，实际上，在实践中协商和解往往是一个反复的过程，需要多次协商才可能达成最终的协议。

（1）协商的方式

《企业劳动争议协商调解规定》第八条规定，发生劳动争议，一方当事人可以通过与另一方当事人约见、面谈等方式协商解决。

（2）协商参加人

在劳动争议的双方当事人中，通常情况下劳方的力量较弱，因此《企业劳动争议协商调解规定》仅仅对劳方的协商参与人进行了规定。以个别劳动争议为例，劳方可以采用以下几种方式进行协商：

①劳动者本人独自参加协商；

②劳动者要求所在基层工会参与或者协助其参与协商；

③基层工会主动参与协商处理；

④劳动者可以委托其他组织或者个人作为其代表进行协商。

（3）协商的过程

根据《企业劳动争议协商调解规定》，一方当事人提出协商要求后，另一方当事人应当积极作出口头或者书面回应。5日内不作出回应的，视为不愿协商。协商的期限由当事人书面约定，在约定的期限内没有达成一致的，视为协商不成。当事人可以书面约定延长期限。

本着快速方便解决问题的原则，在协商的过程中，参与协商的当事人都应当本着实事求是、相互照顾的精神，通过摆事实讲道理，力求通过协商达成和解协议。一般来说，协商双方当事人可以首先阐述己方的要求或意见，然后提出可行的具体方案，双方本着诚实善意的原则，将自己的理由和困难如实陈述，以求获得对方的谅解，赢得对方的尊重。需要注意的是，当事人在坚定自己的立场和目标的同时，应当冷静分析，避免不顾一切且于事无补的大吵大闹。

3.协商的结果

一般来说，协商和解的结果有三种：第一种为协商失败，双方未能达成有效的协议；第二种为双方达成和解协议，但和解协议未能被有效执行；第三种为双方达成和解协议，并且和解协议得到双方的积极履行。

值得注意的是，协商双方当事人通过合意达成和解协议并不意味着协商获得了成功，因为只有当和解协议得到积极有效的履行后才能代表协商成功。具体来说，如果在协商的过程中，双方当事人发现分歧较大无法达成和解协议的，则协商结果为失败；如果已经达成了和解协议，但在规定期限内不履行的，则协商结果也为失败，这是因为双方达成的和解协议并不具有法定效力，一方不能申请强制执行和解协议的内容。

操作示例2-2　劳动争议协商过程

【案情】陈某与某公司签订了三年期限的劳动合同，合同约定陈某从事秘书岗位工作，工作时间为法定标准工作时间。陈某入职后，工作勤勉，对于当天未完成的任务，通常主动加班完成。陈某经常通过邮件向主管汇报工作完成进度，并对需要加班完成的工作予以说明。

一年后，陈某主动提出解除劳动合同，但要求公司支付一年的加班费，并出具了一年的上下班打卡记录以及涉及加班的相关工作汇报。

公司表示，公司有具体的加班管理制度，陈某加班是个人自愿行为，不是公司安排的，因此，公司拒绝了陈某要求支付加班费的请求，并对此表示十分遗憾。

【争议焦点】本案争议的焦点在于陈某个人自愿加班，是否可以要求公司支付加班费？

【参与协商人员】公司派出人力资源经理代表公司与陈某进行协商，陈某邀请了一名公司外部人员作为顾问，参与到协商中。

【协商经过】人力资源经理首先表示：陈某工作确实很努力，工作未完成的，主动留下来完成再离开；但是公司不鼓励劳动者加班，通常安排的工作任务都是在标准工作时间内能够完成的，如果员工确实需要加班，根据公司的劳动规章制度，需要履行审批手续，经公司同意批准后的加班，公司才能支付加班费。

陈某认为：自己经常超时工作，有据可查，已经构成加班事实，如果公司以没有经过审批为由拒绝支付加班工资，对自己来说很不公平。

顾问向人力资源经理询问具体的劳动规章制度，人力资源经理出示了《加班管理办法》，该文件规定了加班审批流程，并明确规定对于没有经过审批的加班行为，公司可以拒绝支付加班费。

顾问询问陈某是否了解这个《加班管理办法》。陈某表示：入职时接受过劳动规章制度的培训，下发的培训资料里有这个文件，但自己并没有太重视。

人力资源经理表示：组织新员工进行劳动规章制度培训后，每位新员工都签字确认，表示知悉公司劳动规章制度的内容。

顾问向陈某表示：根据目前的情况来看，公司不支付陈某加班费确实有充分的依据，即使陈某因此申请仲裁，败诉的可能性也比较大。但顾问仍建议陈某努力争取一下。

陈某表示：经常没有履行审批手续而加班，虽然主要原因是由于自己的疏忽，但人力资源部门对此也没有任何质疑，上级主管也没有提醒自己应当按照正确的流程来工作，完全让自己承担这个不利后果，确实难以接受，仍希望得到公司的补偿。

人力资源经理表示：公司严格按照劳动规章制度来处理并无不妥，如果单纯满足陈某的要求，对公司的其他同事来说会有不好的示范效应。但是考虑到陈某在职期间工作的确勤勉，公司愿意对陈某进行一些补偿，只是不能以加班费的名义发放，金额也比陈某提出的加班费数额要少。

看到公司主动让步，陈某十分高兴，立即表示同意。随后，双方签署了和解协议。

【协商启示】

(1) 协商人员可能只有双方，也有可能出现第三方，但第三方不是居中裁判者。

(2) 协商不能脱离事实依据和法律依据，但也不限于此，还可以进行情理分析。

(3) 在双方互谅互让基础上达成的协商结果，有可能不同于第三方居中裁判的结果。

2.2.2 和解协议

1.和解协议及法律效力

劳动争议协商中签订的和解协议，通常是指发生劳动争议的双方当事人在平等自愿的基础上，通过自行协商，或请工会或第三方与用人单位进行的为解决劳动争议达成的协议。

和解协议对劳动争议双方当事人具有约束力，当事人应当履行。但是，和解协议并非是在特别正式的情形下达成的，没有权威机构的参与，法律上更没有强制执行的效力。当事人如果反悔，不履行和解协议，该劳动争议即没有解决，还得需要通过其他方式继续解决。当事人可以申请调解，还可以直接申请仲裁。

在劳动争议仲裁阶段，《企业劳动争议协商调解规定》第十一条第二款规定，经仲裁庭审查，和解协议程序和内容合法有效的，仲裁庭可以将其作为证据使用。但是，当事人为达成和解的目的作出妥协所涉及的对争议事实的认可，不得在其后的仲裁中作为对其不利的证据。

2.和解协议的法律救济

根据《劳动争议调解仲裁法》第五条的规定，发生劳动争议，当事人不愿意协商、协商不成或者达成和解协议不履行的，可以向调解组织申请调解，不愿调解、调解不成或者达成调解协议不履行的，可以向劳动争议仲裁委员会申请仲裁，对仲裁裁决不服的，除本法另有规定外，可以向人民法院提起诉讼。

由于协商是解决劳动争议的首推程序，因此，在发生劳动争议时，当事人首先应当协商，不愿协商、协商不成或者达成和解协议不履行的，可以向劳动争议仲裁委员会申请仲裁。而对于当事人达成和解协议后另一当事人不履行而向劳动争议仲裁委员会申请仲裁的，仲裁委员会会首先审查和解协议是否有效，对于有效的和解协议，仲裁委员会将裁决不履行一方当事人继续履行和解协议所约定的义务，或者依法承担违约责任。

操作示例2-3　　制作劳动争议和解协议书

【背景】某公司与职工因解除劳动合同发生争议，职工到劳动争议仲裁机构申请仲裁。后双方达成协议，劳动合同解除，并由公司支付给职工一定的补偿，职工从劳动争议仲裁机构撤回仲裁申请。

【任务】制作劳动争议和解协议书。

【方案】

劳动合同协商解除协议书

用人单位：××××有限公司

个人：　　（身份证：　　）

双方就××××有限公司解除劳动合同后的处理，以及个人在××××劳动仲裁提出的劳动仲裁请求等事宜，本着平等、自愿、协商一致的原则，达成以下协议：

第一条　双方友好协商，对一切用工期间及结束后产生的争议问题予以谅解并一次性解决。

第二条　公司给予个人一次性补偿费用×××元。

第三条　个人在收到补偿费用后对提出的仲裁申请进行撤回，确认双方劳动关系履行时的权利义务从协议签订之日起即行终止并无任何未了事宜与异议。双方确认对协商解决的补偿费用、协商解除劳动合同程序及结果均无任何异议，保证不再提出任何仲裁和诉讼请求。

协议双方签字确认：

年　月　日

协议签字地点：××××

本人已收到本协议第二条约定的补偿费用。

个人补偿费用数额确认签字：

2.2.3 协商与调解、仲裁和诉讼的关系

劳动争议协商、调解、仲裁和诉讼是我国解决劳动争议纠纷的四种方式。协商与调解程序并非必经程序。

1.协商与调解的区别

协商是指发生劳动争议的双方当事人在平等自愿的基础上，通过自行协商，或请工会或第三方与用人单位进行协商，达成和解协议的一种争议解决方式。广义的调解不仅包括劳动争议的基层调解，还包括仲裁中的调解和诉讼中的调解。

虽然协商与调解都是在双方当事人自愿协商下解决劳动争议的方式，但是二者也有很多不同之处，主要表现在四个方面：一是主持的主体不同。协商是在没有第三人参与的情况下，双方自行协商、互谅互让，在平等自愿的基础上对原纠纷作出的妥协性处理；而调解则是在仲裁庭的主持和帮助下达成协议。二是发生的阶段不同。和解可以发生在庭审中，也可以发生在庭审外；而调解只能发生在基层调解阶段、仲裁庭作出裁决前、法院作出判决前的那一段时间。三是结案方式不同。以劳动争议仲裁为例，协商达成和解协议后，争议双方当事人撤回仲裁申请的，劳动争议即可宣告结案；而调解达成调解协议后仲裁庭制作调解书的，劳动争议以调解书为准结案。四是程序不同。仍以劳动争议仲裁为例，仲裁庭不

可以主动要求当事人和解，但可在作出裁决前先行调解。当事人自愿调解的，仲裁庭应当调解；而调解不成的，应当及时作出裁决。

此外，当事人在没有收到仲裁庭的裁决书、调解书之前，都可以反悔；而仲裁庭根据当事人的和解协议制作了调解书或裁决书，当事人也收到了调解书或裁决书的，当事人就不得再反悔，调解书具有法律上的强制执行力。

2.协商、调解、仲裁和诉讼的联系

在我国的具体实践中，一个典型的劳动争议案件可能要经过多个程序：劳动争议协商和解程序、调解程序、仲裁程序，不服劳动争议仲裁裁决向人民法院起诉的一审程序，不服一审的上诉二审程序。劳动仲裁是诉讼的前置程序和必经程序，只有对仲裁裁决不服时才可向人民法院提起诉讼。就是说，如果想向人民法院起诉，必须先经过劳动仲裁，否则人民法院是不会受理的，因此，这种制度也被称为“一调一裁二审”或“先裁后审”。

根据《劳动争议调解仲裁法》第五条的规定：发生劳动争议，当事人不愿协商、协商不成或者达成和解协议后不履行的，可以向调解组织申请调解；不愿调解、调解不成或者达成调解协议后不履行的，可以向劳动争议仲裁委员会申请仲裁；对仲裁裁决不服的，除本法另有规定的外，可以向人民法院提起诉讼。

同时，《企业劳动争议协商调解规定》第十二条作了更详细的规定，发生劳动争议，当事人不愿协商、协商不成或者达成和解协议后，一方当事人在约定的期限内不履行和解协议的，可以依法向调解委员会或者乡镇、街道劳动就业社会保障服务所（中心）等其他依法设立的调解组织申请调解，也可以依法向劳动人事争议仲裁委员会申请仲裁。

本章小结

劳动争议的协商，是指劳动者与用人单位为解决劳动争议，通过平等自愿、互谅互让的沟通商谈，在认清事实、明辨是非的情况下，化解矛盾达成共识的过程。双方当事人这种自主化解决争议的方式，是当事人解决争议的首要途径，并贯穿于争议处理全过程。

劳动争议协商应当遵循平等原则、自愿原则和合法原则。通过劳动争议协商，可以快速解决劳动争议，还能引起时效的中断，如果达成和解协议，该协议可以作为证据使用，并有可能将劳动争议的性质转化为普通民事争议。

劳动争议协商准备工作包括查明争议事实、熟悉相关法律法规、选择协商人员和确立协商的目标等方面。协商和解协议对劳动争议双方当事人具有约束力，当事人应当履行。经仲裁庭审查，和解协议程序和内容合法有效的，仲裁庭可以将其作为证据使用。但是，当事人为达成和解的目的作出妥协所涉及的对争议事实的认可，不得在其后的仲裁中作为对其不利的证据。

发生劳动争议，当事人不愿协商、协商不成或者达成和解协议后，一方当事人在约定的期限内不履行和解协议的，可以依法向调解组织申请调解，也可以依法向劳动争议仲裁机构申请仲裁。

复习思考题

1. 劳动争议协商有哪些类型？

2. 劳动争议协商程序是如何进行的？

3. 如何看待劳动争议和解协议的效力？

案例分析

工伤赔偿协议不公平，虽已履行也可反悔

2018年5月12日，钟某在建安公司的工地粉刷墙面时，因操作失误从脚梯上摔下摔伤。他被送往医院治疗后，所有治疗费均由建安公司垫付。期间，建安公司多次做钟某的工作，希望双方就赔偿事宜私了。钟某同意在自己的伤情基本稳定后协商。2018年8月16日，建安公司与钟某签订了工伤赔偿协议书，协议的主要内容是：由建安公司一次性赔付钟某医疗费、误工费、护理费、营养费等共计8.5万元，双方就此事“一次了结，今后无涉”。协议签订后的第二天，建安公司就将8.5万元赔偿款打到钟某的银行卡上。到了2018年10月，经某司法鉴定所鉴定，钟某脊柱损伤为八级伤残、双侧腕部损伤为九级伤残。经由法律人士初步计算，钟某依法应得到的赔偿数额约17万元。

由于赔偿数额相差悬殊，钟某要求建安公司增加赔偿数额，但是建安公司说协议已经生效和履行了，不能再反悔。钟某想知道自己是否可以反悔？具体该如何操作？

【律师说法】钟某有权反悔，其可以请求人民法院对赔偿数额予以变更。其理由如下：

虽然建安公司已与钟某达成了工伤赔偿协议，但该协议系在钟某未就自己的人身损伤进行伤残鉴定前签订的，且钟某属于弱势主体，信息不对称。在进行伤残鉴定之前，建安公司应当承担的赔偿责任范围还处于待定状态。

钟某作为一名普通工人，没有相关专业知识和经验。在签订协议时，对其伤势严重程度缺乏应有的认识，难以预见自己的损伤程度及由此可能产生的实际损失数额，对自己的权利内容及状态的认识并不充分。

对于建安公司来说，签协议时其就钟某是否可能构成伤残以及构成伤残后所能获得的赔偿情况，也没有尽到明确说明义务。因此，钟某在签订赔偿协议时存在重大误解。

现在，钟某经鉴定分别构成八级、九级伤残，根据相关法律规定，钟某可获得的工伤待遇赔偿约17万元，而建安公司只实际赔给8.5万元，明显是减免己方责任、加重了对方损失。因此，该赔偿协议是一份显失公平的协议，不受法律保护。由于该赔偿协议属于重大误解且显失公平，故应予撤销。

《合同法》第五十四条规定，对于因重大误解订立的合同以及在订立合同时显失公平的，当事人一方有权请求人民法院或者仲裁机构变更或者撤销。《合同法》第五十五、五十六条规定：具有撤销权的当事人自知道或者应当知道撤销事由之日起一年内没有行使撤销权，撤销权消灭；被撤销的合同自始没有法律约束力。《最高人民法院关于审理劳动争议案件适用法律若干问题的解释》第二十条规定："对于追索劳动报酬、养老金、医疗费及工伤保险待遇、经济赔偿金及其他相关费用等案件，给付数额不当的，人民法院有权予以变更。"

根据上述规定，钟某应当自知道 8.5 万元赔偿款无法弥补其损失之日起一年内向人民法院起诉，请求人民法院判决撤销该份赔偿协议，并请求人民法院重新计算其损失。

资料来源　潘家永. 工伤赔偿协议不公平　虽已履行也可反悔［N］. 劳动午报，2018-11-21（10）.

请思考：劳动争议和解协议应遵循什么原则？

拓展阅读：重点推动劳动人事争议的协商解决机制

第3章　劳动争议调解

学习目标

✓理解劳动争议调解的概念和特征；

✓掌握劳动争议调解组织的类型；

✓了解劳动争议调解的程序；

✓掌握劳动争议调解与仲裁、诉讼的衔接。

引例

广州：线上调解室助150名工人4天讨回欠薪

指尖轻触屏幕进入线上调解室，开启多人视频，后台录制为证据……由广州市南沙区法院开发的“商事多元调解平台”APP在一桩企业破产引发的劳动纠纷案的调解中初试成功，帮助工会、法院等在4天内化解一起涉及150名工人的欠薪案，不仅节约了案件各方的时间，而且降低了讨薪职工的诉讼成本。

据介绍，“商事多元调解平台”APP突破了传统线下调解的时空限制，申请人只需在手机上下载这一软件，实名认证后即可申请调解。申请成功后，案件各方自行约定调解时间并上传各类证据，即可进行远程视频调解，在线上举证与质证。此外，所有调解数据都由APP后台自动保存、严格保密，作为随案附卷。广州南沙区工会正是借助这款APP，让一次劳动纠纷的调解进入“快车道”。

据了解，案件的起源是南沙区一家油品公司因经营不善停产，拖欠150名职工2018年4、5月的工资，总金额超过150万元。雪上加霜的是，这家公司的大部分财产此前已被法院查封，为职工短时间内追回欠薪增加了难度。对这起案件，广州市工会法律服务律师团派驻南沙区诉调对接工作室的特邀调解员潘立锋律师说："如果走劳动仲裁程序花费的时间需两三个月，并且油品公司已破产，主体已不存在，所以走法律程序也难以解决。"

对此，广州南沙区工会决定启用多元调解平台。随后，南沙区总工会、区法院等单位迅速集结，提出化解矛盾纠纷的具体措施，并各司其职。其中，区司法局万顷沙司法所引导工人先行委托村居驻点律师作为代理人，与企业方委托的代理律师正面交涉，确定工人身份和企业拖欠工资的数额，同时，区总工会、区法院启动诉调对接机制，委派潘立锋律师主持此案调解，并根据员工申请追讨欠薪包含的"加班加点"工资部分，及时出具司法确认裁定书。

由于本案涉及职工人数众多，为减少职工诉讼成本，实现诉讼便利化，南沙区法院采取现场调解与APP线上调解相结合的方式进行。工会委派的潘立锋律师、企业委托的代理律师和法院三方分别在法院视频接访室和人民调解委员会调解室通过APP进行远程视频调解，并在4天内达成协议。最终，150位工人优先取得了总额约为153.1万元的劳动报酬。

目前，南沙区法院正积极筹建多元调解中心，"商事多元调解平台"APP还将拓展运用到其他纠纷调解领域，实现商事、家事、知识产权、劳动等多领域纠纷"一站式"化解。

资料来源　罗清峣，姚澍欣，叶小钟．线上调解室助150名工人4天讨回欠薪［N］．工人日报，2018-03-03（4）．

虽然当事人通过协商自行解决劳动争议是最快捷、最经济的方式，但如果当事人不愿意协商或者无法协商一致时，如果具有一定专业素养的中立的第三方参与进来，并不进行居中裁判，而是通过教育劝说等方式，促使双方达成一致意见，也不失为一种有效率的争议解决方式。劳动争议调解制度因此产生。

3.1　劳动争议调解概述

3.1.1　劳动争议调解的概念

劳动争议的调解，是指在第三方主持下，依据法律规范和道德规范，劝说争议双方当事人通过民主协商，互谅互让，达成协议，从而消除争议的一种方法与活动。

劳动争议调解制度是我国建立的社会主义新型劳动制度的一项重要内容，也是妥善处理劳动争议的一种有效途径，它和劳动争议仲裁制度、司法裁判制度相配合，及时、有效、稳妥地处理了大量的劳动争议，为稳定劳动关系、化解劳动矛盾、构筑和谐的劳动用工关系发挥了积极作用。

1993年的《中华人民共和国企业劳动争议处理条例》正式建立了企业劳动

争议内部调解制度，规定了企业劳动争议调解委员会的组织形式和调解规则。1995年施行的《劳动法》对企业劳动争议调解制度再次进行了确认和完善，并且把调解原则扩大到劳动争议仲裁和诉讼程序中。《劳动争议调解仲裁法》总结了以往劳动争议调解工作的经验，对劳动争议调解制度进行了完善，较为系统、全面地建立了具有中国特色的劳动争议调解制度体系和机制。

3.1.2 劳动争议调解的原则

1.自愿原则

劳动争议调解组织应当依照法律，遵循双方当事人自愿的原则进行调解。经调解达成协议的，制作调解协议书，双方当事人应当自觉履行；调解不成的，当事人在规定的期限内，可以向劳动争议仲裁委员会申请仲裁。当事人的双方自愿原则体现在如下几个方面：

（1）申请调解自愿

是否向劳动争议调解组织申请调解，由双方当事人自行决定，对任何一方不得强迫。企业及民间调解组织的调解，在我国劳动争议处理机制中不是必经程序，所以，当事人是否向调解组织申请调解，可由劳动争议双方当事人自愿选择。但是，如果一方当事人向劳动争议调解组织申请调解，另一方当事人向劳动争议仲裁机构申请仲裁，则劳动争议仲裁机构应当受理。

（2）调解过程自愿

在调解过程中，始终贯彻自愿协商的原则，调解过程是一个自愿协商的过程，双方当事人法律地位平等，任何一方不得强迫另一方。调解组织作为调解机构，本身并无决定权，劳动争议的解决主要依靠双方自愿。经调解是否达成协议，由当事人自愿，不得强迫，调解机构在调解过程中不能强行调解或者勉强达成调解协议，更不允许包办代替。

（3）履行调解协议自愿

经劳动争议调解组织达成的调解协议，没有强制执行的法律效力。调解协议的履行，依靠当事人的自觉，不得强制执行。如果调解违反自愿原则，不是在双方当事人自愿的基础上进行的，而是通过勉强和强制达成的，则即使达成协议，也不能发生法律效力。

2.耐心疏导、民主说服原则

劳动争议调解组织既不是国家审判机关，也不是国家行政机关，它既没有司法审判权，也没有行政执法权和仲裁权。调解劳动争议时，劳动争议调解组织要充分听取双方当事人对事实和理由的陈述，耐心疏导，运用民主讨论的方法，不断地开展说服教育，在双方认识一致的前提下，动员其自愿协商后达成协议。坚持耐心疏导、民主说服的原则，是由劳动争议调解组织的性质决定的，要反对强迫命令、用权势压服当事人的做法。

3.公正原则

劳动争议调解组织应当坚持公正原则，这是合理解决争议的基本前提。该原则要求劳动争议调解组织在调解劳动争议时，要秉公处理，不徇私情，保证双方当事人处于平等的法律地位，具有平等的权利义务。调解结果应当合法、合情、合理，不超越本地区和企业的实际情况，切实可行。

强调坚持公正原则对正确调解劳动争议有着重要意义，这是因为在劳动关系中，劳动者与用人单位存在隶属关系，用人单位有权对劳动者进行管理和指挥，劳动者应当服从。显然，这种管理与被管理的关系使劳动者在劳动过程中处于较弱的地位，与用人单位不对等。但这种不对等的关系不能带入劳动争议调解程序，一旦发生劳动争议，进入争议调解程序，劳动者和用人单位就是平等的主体。劳动争议调解组织就要坚持公正原则，保证争议双方都能平等地享有法律赋予的权利，承担法律规定的义务，任何一方没有超越另一方的特权。这也是达成符合双方利益调解方案的一个前提条件。

4.及时调解原则

劳动争议和其他争议一个重要的区别就是，劳动争议与劳动者的生活、用人单位的生产经营活动密切相关，一旦发生劳动争议，不仅影响用人单位正常的工作秩序，而且直接影响劳动者及其家人的生活，甚至影响社会的稳定。因此，对劳动争议必须及时处理，及时保护权利受侵害一方的合法权益，以协调劳动关系，维护正常的秩序。根据《劳动争议调解仲裁法》的规定，自劳动争议调解组织收到调解申请之日起十五日内未达成调解协议的，当事人可以依法申请仲裁。这就要求劳动争议进入调解程序后，劳动争议调解组织要及时处理，不得拖延时间或阻挠当事人依法申请仲裁。

3.1.3 劳动争议调解的特征

1.自愿性

根据《劳动争议调解仲裁法》，劳动争议调解不是劳动争议处理的必经程序，当事人具有申请调解和直接申请仲裁的程序选择权。程序的启动与进行均应充分体现当事人的意愿，调解机构不得强行要求当事人进行调解，而是奉行“不告不理”原则。

2.独立性

劳动争议调解是一种独立程序，在劳动争议处理的制度体系中与仲裁、诉讼等程序并列，并在实施主体、步骤设计以及工作方法等方面有明显的区别。调解的进行不以其他程序的存在为前提，同时在时序上较仲裁、诉讼先行。

3.群众性

劳动争议基层调解组织既不属于司法、仲裁机构，也不是行政机关。以企业劳动争议调解委员会为例，它是在职工代表大会领导下，依法成立的专门处理本企业劳动争议的职工群体性调解组织。它的组织成分及调解活动不仅建立在广泛的群众基础之上，而且需要职工的直接参与。

4.自治性

在我国，劳动者的主人翁地位决定了人民群众可以“依照法律规定，通过各种途径和方式，管理国家事务，管理经济文化事业，管理社会事务”。劳动争议基层调解组织的自治性便是对劳动者这一地位的体现。以企业劳动争议调解委员会为例，它具有自治属性，不受个人、企业行政和其他组织或单位的干预，是依法独立调解劳动争议的组织。企业劳动争议调解制度是企业内部群众实行自我管理、自我教育、自我服务的一种有效形式和途径，是企业民主管理的重要内容。

5.非诉讼性

劳动争议调解与仲裁、诉讼活动不同，属于一种诉讼外制度。其活动的开展没有严格详尽的法定程序，活动的参加人不具有诉讼活动中的权利和义务。劳动争议基层调解组织没有对劳动争议的强制处理权。经调解达成的协议在未经司法确认时不具备法律强制力，如一方当事人反悔拒不履行义务，另一方当事人与调解机构都不能强制其执行。

3.2 劳动争议调解组织

健全劳动争议调解组织是劳动争议调解作用得到充分发挥的重要保障。《劳动争议调解仲裁法》的颁布进一步推动了我国劳动争议基层调解组织的发展，明确规定了三类劳动争议调解组织，分别为企业劳动争议调解委员会、依法设立的基层人民调解组织以及在乡镇、街道设立的具有劳动争议调解职能的组织。

3.2.1 企业劳动争议调解委员会

1.企业劳动争议调解委员会的设置

企业劳动争议调解委员会是在企业内部设立的调解组织，负责解决本企业发生的劳动争议。

关于企业劳动争议调解委员会的设置，《劳动争议调解仲裁法》并未明确规定，但是《企业劳动争议协商调解规定》第十三条规定：“大中型企业应当依法设立调解委员会，并配备专职或者兼职工作人员。有分公司、分店、分厂的企业，可以根据需要在分支机构设立调解委员会。总部调解委员会指导分支机构调解委员会开展劳动争议预防调解工作。调解委员会可以根据需要在车间、工段、班组设立调解小组。”第十四条规定：“小微型企业可以设立调解委员会，也可以由劳动者和企业共同推举人员，开展调解工作。”

由此可见，设置企业劳动争议调解委员会，法律采取的是不干预的态度，把是否设立的决定权交予企业。随着劳动争议调解在处理劳动争议程序中发挥的作用越来越大，政府开始倡导企业设立劳动争议调解委员会，充分发挥调解环节的作用，甚至对大中型企业强制规定设立劳动争议调解委员会。不过《企业劳动争议协商调解规定》并没有对大中型企业有明确的界定，也没有规定大中型企业不设立劳动争议调解委员会的法律责任，因此其强制程度还是很有限的。

2.企业劳动争议调解委员会的组成

根据我国《劳动争议调解仲裁法》的规定，企业劳动争议调解委员会由职工代表和企业代表组成。职工代表由工会成员担任或者由全体职工推举产生，企业代表由企业负责人指定。企业劳动争议调解委员会主任由工会成员或者双方推举的人员担任。

《企业劳动争议协商调解规定》第十五条也进一步明确，调解委员会由劳动者代表和企业代表组成，人数由双方协商确定，双方人数应当对等。劳动者代表由工会委员会成员担任或者由全体劳动者推举产生，企业代表由企业负责人指定。调解委员会主任由工会委员会成员或者双方推举的人员担任。

在《劳动争议调解仲裁法》出台以前，企业劳动争议调解委员会的组织构成实行的是“三方原则”。《劳动法》第八十条规定：“劳动争议调解委员会由职工代表、用人单位代表和工会代表组成。”按照此条规定，职工代表、用人单位代表、工会代表为相对独立的三方，各自代表不同利益，从而实现了调解组织构成的三方原则。尽管这一做法发挥了一定作用，但根据《中华人民共和国工会法》（以下简称《工会法》）第二条的规定：“工会是职工自愿结合的工人阶级的群众组织，中华全国总工会及其各工会组织代表职工的利益，依法维护职工的合法权益。”由此可知，工会事实上应是职工利益的代表，职工的利益与工会的利益相互统一，两者之间并无独立于对方之外的自身利益，这就与《劳动法》规定的三方原则产生了冲突。因此，《劳动争议调解仲裁法》对这一情况进行了修正，调整了企业劳动争议调解委员会的组成，使其人员构成更符合实际需要。

重点提示3-1

企业劳动争议调解委员会由工会代表和企业代表两部分人员组成，也就是将原来法律规定的职工代表和工会代表合为一方，这样更能体现工会本来的性质。

3.企业劳动争议调解委员会的职责

（1）宣传劳动保障法律、法规和政策

企业劳动争议调解委员会调解劳动争议，要依据劳动法律、法规、规章和政策，其工作人员需要具有一定的法律知识和政策水平，是开展劳动保障法律、法规和政策宣传的合适人员。同时，企业是劳动争议的发源地，企业劳动争议调解委员会的宣传教育工作能够有效地预防劳动争议的发生。

（2）对本企业发生的劳动争议进行调解

劳动争议发生后，若双方当事人共同提出调解申请，企业劳动争议调解委员会应当及时受理，依据法律法规与相关政策，以客观事实为基础，坚持平等自愿的原则，对劳动争议进行调解，推动纠纷解决的进程。这是企业劳动争议调解委员会最基本、最重要的职责。

（3）监督和解协议、调解协议的履行情况

劳动争议双方当事人和解以后，或者在劳动争议的调解协议达成之后，企业劳动争议调解委员会可以通过回访和后续的跟进了解，检查、督促当事人执行和解协议、调解协议。当发现协议未被及时履行时，可适当采用说服教育的手段，督促双方当事人认真履行和解协议、调解协议。

（4）聘任、解聘和管理调解员

劳动争议调解组织的调解员应当由公道正派、联系群众、热心调解工作，并具有一定法律知识、政策水平和文化水平的成年公民担任。企业劳动争议调解委员会应负责对调解员进行甄选，聘任合格的调解员，并对在岗的调解员加强业务培训，提高其调解水平。

（5）协助企业建立劳动争议的预防预警机制

企业劳动争议调解委员会要在日常工作中积极宣传各项劳动法律、法规和相关政策，注重劳动法制观念的渗透，使企业和员工明确自己在劳动问题上享有的权利及义务。同时，还应注重观察，及时了解企业内劳动关系运行过程中出现的新问题、新情况，并采取相应措施，有针对性地加强政策法规教育，做好有关的咨询工作和说服劝导工作，防止矛盾进一步扩大，以避免和减少劳动纠纷的发生。最后，企业劳动争议调解委员会还要能够从宏观、长远的角度把握企业劳动关系的运行状况及有关劳动争议的特点，及时总结经验，并将这些认识与相应措施同企业劳动关系管理实践相结合，帮助企业完善各项规章制度，减少劳动争议的发生。

3.2.2 依法设立的基层人民调解组织

1. 我国法律对于设置基层人民调解组织的要求

根据我国相关法律、法规的规定，居民委员会、村民委员会下设的人民调解委员会是依法设立的基层人民调解组织。

2011 年 1 月 1 日起施行的《中华人民共和国人民调解法》（以下简称《人民调解法》）是我国第一部专门、系统、完备地规范人民调解的法律，全面确立了人民调解制度，在我国人民调解制度和人民调解事业发展史上具有里程碑的意义，为人民调解工作的发展带来了新的契机。目前，我国人民调解委员会主要设立在下列部门或单位组织：①农村村民委员会、城市（社区）居民委员会；②乡镇、街道；③企事业单位；④行业性组织。其中第一种是传统的、基本的、狭义的人民调解组织，其他则是广义的、拓展的人民调解组织。当前，由于纠纷诉讼外解决的社会需求以及各级政府的重视，人民调解组织在社会矛盾平息、纠纷化解中发挥的积极作用日益凸显，也因此逐渐发展壮大。

2. 基层人民调解组织的职责

第一，调解民间纠纷，借助规劝疏导等方式促使当事人互谅互让，防止矛盾激化。

第二，宣传法律、法规、规章和相关政策，教育公民遵纪守法，遵守社会公德，预防和减少民间纠纷发生，维护社会安定团结。

第三，向村民委员会、居民委员会、所在单位和基层人民政府反映民间纠纷和调解工作的情况。

3.2.3 在乡镇、街道设立的具有劳动争议调解职能的组织

1. 我国法律有关乡镇、街道设立具有劳动争议调解职能的组织的规定

根据《劳动争议调解仲裁法》的规定，可以在乡镇、街道设立具有劳动争议调解职能的组织。其目的在于赋予这些调解组织应有的法律地位，明确其基本职责，推动劳动关系领域的矛盾纠纷在基层即得到化解，从而最大限度地减少维权成本，进而促进经济发展，维护社会稳定。乡镇、街道设立的具有劳动争议调解职能的组织主要包括在小型非公有制企业和非正规就业人员比较集中、劳动争议多发的区、县、乡镇、街道、开发区、社区及行业设立的区域性、行业性劳动争议调解组织。多年来，我国在乡镇、街道设立的劳动争议调解组织得到了很大发展。2009 年，《关于加强劳动人事争议调解工作的意见》进一步明确指出，“要在个体经济、私营经济比较集中的地区，在地方党委、政府的统一领导下，大力推动乡镇、街道劳动保障服务所（站）和工会、企业代表组织设立的劳动争议调解组织建设，不断完善工作机制，落实工作经费，将调解职能向企业比较集中的村和社区延伸”，从而为该类组织的发展提供了更为有力的指导与支持。

2. 乡镇、街道设立的具有劳动争议调解职能的组织的职责

（1）指导、监督所辖区域内企业劳动争议调解委员会的工作

这包括对企业劳动争议调解委员会的劳动法律法规和政策的指导、工作方法的指导、对具体劳动争议调解的指导以及对劳动争议预防工作的指导，注重提高企业劳动争议调解委员会的法律素养、政策水平以及实际业务工作能力，引导企业劳动争议调解委员会将预防劳动争议的工作放在重要的位置，帮助企业劳动争议调解委员会解决在实践中遇到的困难。

（2）调解所辖区域内未建立企业劳动争议调解委员会的企业的劳动争议

伴随着经济的发展，全国各地的非公有制企业不断增多。在这些企业中，很多外商投资企业、私营企业和乡镇企业都尚未建立内部的劳动争议调解委员会，与此同时，这些企业在员工规模不断扩张的过程中面临着劳动纠纷日渐增多的态

势，因此，预防和调解这一类劳动争议有着十分迫切的需要。在乡镇、街道设立的具有劳动争议调解职能的组织应积极调解这些企业的劳动争议，注意总结该类企业劳动争议发生的规律，研究预防政策，把争议解决在萌芽状态。除此之外，还应采取措施帮助企业尽快建立劳动争议调解委员会，以协调和稳定劳动关系，最大限度地防止劳动争议的发生。

（3）配合上级工会和劳动争议仲裁委员会的工作

其具体内容主要包括：及时向本区域内劳动争议调解委员会传达上级工会的指导意见；如实向上级工会反映本区域内企业劳动关系状况、劳动争议情况和劳动争议调解工作的情况；推动上级工会指导意见在所辖范围内的落实等。

3. 乡镇、街道设立的具有劳动争议调解职能的组织调解作用的发挥

随着社会与经济的发展，劳动关系领域的矛盾纠纷呈现出新的特点，劳动争议案件不断增多。一些地区为适应劳动争议案件发生的新形势，及时解决事关群众切身利益的基层劳动争议，开始探索争议解决的新途径，并作出了一些有益的尝试。这些在乡镇、街道设立的不同类型的劳动争议调解组织依托各自的独特优势，从不同角度扩展了地方劳动争议调解职能的发挥，成为劳动争议调解组织的重要组成部分。当前我国以《劳动争议调解仲裁法》为主的劳动争议调解法律法规及政策体系肯定了这些符合发展需要的区域性调解组织的作用，并鼓励现行的区域性调解组织在处理劳动争议方面加强调解职能的发挥，不断丰富、完善工作领域，以求在实践中发挥最大效用。

根据当前的人力资源和社会保障相关法律法规及指导意见的要求，我国在乡镇、街道设立的具有劳动争议调解职能的组织主要包括以下五种模式：

第一，依托于乡镇、街道的劳动就业社会保障公共服务平台设立的调解组织；

第二，依托于地方工会设立的调解组织；

第三，依托于地方企业代表组织设立的调解组织；

第四，由地方司法部门所设立的调解组织；

第五，由地方党委、政府主导，人力资源和社会保障有关部门所设立的调解组织。

3.3 劳动争议调解的程序

目前我国可以调解劳动争议的组织类型呈现出多样化的特点，《企业劳动争议协商调解规定》仅以企业劳动争议调解为例规定了劳动争议调解的一般程序，其他劳动争议调解组织参照执行。

3.3.1 申请调解

根据《劳动争议调解仲裁法》的规定，当事人申请劳动争议调解本着自愿的原则，可以书面申请，也可以口头申请。口头申请的，调解组织应当当场记录申请人基本情况、申请调解的争议事项、理由和时间。

在《企业劳动争议协商调解规定》第二十一条中也规定，发生劳动争议，当事人可以口头或者书面形式向调解委员会提出调解申请。申请内容应当包括申请人基本情况、调解请求、事实与理由。口头申请的，调解委员会应当当场记录。

重点提示3-2

调解属于第三方介入的纠纷解决机制，而第三方解决的效力和威信来自于争议当事人双方的选择和认同，是当事人启动调解程序时当事人意思的体现，也符合自愿调解的原则，因此调解组织一般不主动介入。

通常情况下，当事人可以通过填写“劳动争议调解申请书”来提出调解申请并表达自己的利益诉求。如果当事人没有提出调解申请，则视为未申请调解。但是本着把矛盾化解在基层的出发点，《企业劳动争议协商调解规定》第二十三条规定，发生劳动争议，当事人没有提出调解申请，调解委员会可以在征得双方当事人同意后主动调解。特别要注意的是，这种所谓的“主动”，也应当在征得双方当事人同意后才进行，而不是强制调解。

此外，还应注意，《劳动争议调解仲裁法》第七条规定，劳动争议的劳动者一方在十人以上，并有共同请求的，可以推举代表参加调解、仲裁和诉讼活动。

操作示例3-1　　制作劳动争议调解申请书

【背景】谢天是长虹化工厂职工。某日，由于生产设备发生故障，需要抢修，于是车间全体员工停产抢修，所有的职工都需加班。谢天提出家离得太远，小孩需要照顾，故不能加班。同时，谢天认为，加班加点应征得职工本人同意，所以不愿加班不领加班费是可以的。化工厂则认为，由于谢天的岗位职责与抢修有关，不参加加班将影响整个抢修进度，最终谢天坚持不加班。之后，经研究，厂方给予谢天警告处分，并扣发半年奖金。谢天对此不服。

经查谢天在厂表现较差，一贯不服从领导，与车间主任多次顶撞，车间主任多次要求厂里将谢天调离本车间，但由于谢天具有一定的技术水平，故一直未调整。在此次生产设备发生故障事件中，谢天提出按国家有关规定，加班需征得本人同意。而厂方认为，谢天家距厂仅有骑自行车25分钟的路程，且小孩已满14

岁，所以谢天的理由并不充分，且谢天所提的加班加点必须征得职工同意没有法律依据。当时厂方对谢天进行了解释和劝说，谢天置之不理，第二天谢天托人交上一张事假条就休息了三天。工厂无奈便未安排谢天加班。由于谢天的缺席使抢修受到了一定影响。经厂方研究决定，鉴于谢天拒不服从厂方的工作安排，给厂方造成了一定的损失，因此为严肃劳动纪律，给予谢天警告处分并扣发其半年的奖金。

【任务】以谢天的名义起草一份劳动争议调解申请书。

【方案】

劳动争议调解申请书

申请方：谢天（长虹化工厂机修车间工人）

被申请方：长虹化工厂（地址：北京长虹路甲一号）

法定代表人：闫明（厂长）

委托代理人：李青（长虹化工厂人力资源部经理）

因被申请方扣发我奖金及处分一事，与被申请方产生争议，特申请调解。

调解请求：1.被申请方补发我被扣发的半年奖金1 800元；

2.撤销对我的警告处分。

事实与理由：

××××年××月××日，长虹化工厂要求全体职工加班，我由于家住得较远，孩子又小，因此，没有同意单位的加班要求，厂方遂扣发了我半年的奖金，并给予了警告处分。本人认为，按《劳动法》的规定，加班加点应征得职工本人的同意，本人有特殊情况，不能加班，单位不能强迫职工加班，更不能以不加班作为处分和扣发奖金的依据。

为此，特向长虹化工厂劳动争议调解委员会申请调解，请依法调解。

申请人：谢天

××××年××月××日

3.3.2 调解受理

申请人以书面或口头形式向企业劳动争议调解委员会提出申请后，调解委员会应当依法进行审查，然后根据不同情况，分别作出决定。《企业劳动争议协商调解规定》第二十二条规定："调解委员会接到调解申请后，对属于劳动争议受理范围且双方当事人同意调解的，应当在3个工作日内受理。对不属于劳动争议受理范围或者一方当事人不同意调解的，应当做好记录，并书面通知申请人。"

调解委员会审查，主要应从以下几个方面着手：

（1）审查申请调解的争议是否属于劳动争议，当事人是否向对应的调解组织提出申请。

（2）审查调解申请人是否合格，即必须是与劳动争议有直接利害关系的当事人。

（3）审查申请调解的劳动争议是否符合该调解机构接受申请的范围和条件。

（4）审查是否有明确的被申请人以及具体的调解请求和理由。

（5）审查申请调解的劳动争议是否已经经过仲裁裁决或法院判决，对未经过仲裁裁决或法院判决的，需征询对方当事人的意见，对方当事人不愿调解的，应做好记录，并通知申请人。对已经过仲裁裁决或法院判决的，调解委员会不应受理，应当告知当事人按照申诉办理。

调解机构应在规定时间内作出受理或不受理申请的决定。对不受理的案件，调解机构应向申请人说明理由。

3.3.3 调解前准备

调解委员会对决定受理的申请，应及时指派调解员对该劳动争议事项进行全面调查核实，调查应做好笔录，并由调查人签名或盖章。调解前的准备工作主要包括：了解与争议有关的劳动法律法规、规章、政策，劳动者与用人单位签订的劳动合同，以及用人单位相关的规章制度；弄清争议的基本事实，即劳动争议产生的原因、发展过程、主要的利益矛盾等；对调查中得到的材料进行综合分析研究，并结合劳动法规的有关规定和劳动合同的约定，判断其中的是非曲直，确定双方当事人各自承担的责任，拟订调解方案和调解意见；召开调解员会议，通报调查情况，讨论确定调解方案，在公平公正的基础上确定调解意见；与劳动争议当事人谈话，进行有关劳动法律法规及政策的教育，通过有针对性的说服劝导，开展耐心细致的思想工作，为调解奠定良好的思想基础。

操作示例3-2　　调解案件的准备工作

【背景】针对操作示例3-1的情况，企业劳动争议调解委员会开始着手调解工作。

【任务】为企业劳动争议调解委员会拟定一个准备工作的清单。

【方案】这些准备工作包括：

（1）对申请手续和申请书的内容进行审查。

（2）通知被申请人，征询被申请人的意见。如果被申请人不同意对该纠纷进行调解，可以告知申请人用其他方式解决纠纷。

（3）调查和收集证据：包括谢天家离厂的距离、谢天孩子的年龄、厂方作出处理决定的依据（厂方的规章制度）、厂方安排职工加班的理由及程序。

对上述调查的内容应事先拟定一个调查提纲，列出调查的主要问题及具体的调查时间和调查的方法。调查的材料应做好笔录。

3.3.4 实施调解

1. 实施调解的方式

调解委员会调解劳动争议一般不公开进行，但是，双方当事人要求公开调解的除外。调解委员会根据案件情况指定调解员或者调解小组进行调解，在征得当事人同意后，也可以邀请有关单位和个人协助调解。调解员应当全面听取双方当事人的陈述，采取灵活多样的方式方法，开展耐心、细致的说服疏导工作，帮助当事人自愿达成调解协议。

2. 实施调解的程序

实施调解可通过召开调解会议的形式进行，可由调解委员会主任主持，具体可采取下列程序：

①会议主持人宣布会议开始，书记员向主持人报告到会人员情况。

②主持人宣布调解的目的和纪律，告知当事人注意事项，并宣布申请人请求调解的争议事项。

③当事人陈述：先由本案的申请人谢天宣读申请书或口头陈述事实及理由，再由被申请方厂方陈述。

④主持人宣讲与争议有关的法律、法规。本案中，可对当事人双方宣讲有关法律法规。

⑤公布调解委员会对本案的调查核实情况。

⑥由双方当事人对调解委员会宣布的事实、证据发表意见。

⑦调解委员会依据查明的事实，提出调解意见，征求双方当事人意见。如果双方当事人均表示可以接受调解意见，可以补充内容，则调解成功。如果一方或双方当事人均不能接受调解意见，也未提出和达成其他一致意见，则调解不成功。

3.3.5 调解终结

1. 调解终结的方式

调解终结的具体方式包括：

（1）当事人自行协调

在调解或仲裁过程中，当事人双方可以自行协商达成协议，劳动争议调解随即结束。经企业劳动争议调解委员会调解达成协议的，应当制作调解协议书，调解协议书对双方当事人具有约束力，双方当事人应自觉履行。

（2）当事人撤回申请

如果当事人在调解过程中撤回自己的调解申请，调解委员会应当准许，并终结调解。

（3）当事人拒绝调解

在调解过程中，当事人有权拒绝调解，这时调解委员会应当尊重当事人的权利，终止调解。

(4) 当事人在法定期限内未能达成调解协议

调解委员会调解劳动争议，应当自劳动争议调解组织收到调解申请之日起15日内结束。15日内未达成调解协议的，视为调解不成，当事人可以依法申请仲裁。但是，如果双方当事人调解的意愿比较强烈，《企业劳动争议协商调解规定》也允许当事人协商一致延长调解的期限。

重点提示3-3

调解期间从劳动争议调解组织收到当事人提出申请之日起计算，不是从劳动争议调解组织决定受理之日起计算，也不是从对方接受调解之日起计算。实务操作中应注意确定"申请日"。

劳动争议调解委员会调解不成的，应出具调解意见书并做好记录，在调解意见书上说明情况。调解意见书要写明当事人的姓名（单位、法定代表人）、年龄、性别、职务，争议的事实，调解不成的原因，调解委员会的意见；调解意见书由调解委员会主任签名、盖章，并加盖调解委员会印章。调解意见书一式三份（争议双方当事人、调解委员会各一份），及时送达当事人，告知当事人可以在规定的期限内向当地劳动争议仲裁委员会申请仲裁。

根据《劳动争议调解仲裁法》第十四条的规定，经调解达成协议的，应当制作调解协议书。调解协议书由双方当事人签名或者盖章，经调解员签名并加盖调解组织印章后生效，对双方当事人具有约束力，当事人应当履行。自劳动争议调解组织收到调解申请之日起十五日内未达成调解协议的，当事人可以依法申请仲裁。

重点提示3-4

双方达成调解协议的，制作调解协议书；未达成协议的，制作调解意见书。

2.制作调解协议书和调解意见书应注意的问题

制作调解协议书和调解意见书要做到陈述翔实，说理清楚，适用法律正确，调解结果明确具体。

调解协议书和调解意见书通常由五部分构成。

(1) 首部

首部是对案件情况的基本说明。这部分内容要依次写明案件编号、调解参加人的基本情况，还可以写明调解委员会的组成人员。

（2）事实

事实是对调解过程中所查明的案件事实进行陈述，这部分内容应当明确揭示案件的本来面貌，确切表达案件争议的焦点。实践中，这部分内容根据需要可繁可简。

（3）理由

理由是对事实部分的综合评述，也是调解结果的重要依据，这部分要根据查明的事实和争议的焦点阐述理由，针对性要强，要注意论点和论据之间的内部联系并对此进行合理分析，适用法律要正确，防止错引或漏引。实践中，应达成一致意见的双方当事人的要求，这部分内容也可以从略。

（4）调解结果

调解结果要在查明事实和说明理由的前提下，对申请人的申请请求逐项进行调解，调解一定要明确、具体、完整，不能有遗漏或似是而非、模棱两可。

（5）尾部

尾部写明双方当事人的权利和义务，有调解委员会的落款和签章，并注明调解日期。

操作示例3-3

劳动争议调解协议书

（　　）字第　号

申请人：×××　性别：×　地址：××××　职务（岗位）：×××

法定代表人：××　职务（岗位）：×××

委托代理人：×××

被申请人：×××　性别：×　地址：××××　职务（岗位）：×××

法定代表人：×××　职务（岗位）：×××

委托代理人：×××

上列双方因引起争议，申请人于××××年××月××日向本调解委员会提出请求，经本会主持调解，双方协商，自愿达成如下协议：

1.　　　　　　　　　　。

2.　　　　　　　　　　。

3.　　　　　　　　　　。

劳动争议调解委员会

××××年××月××日

操作示例3-4

劳动争议调解意见书

（　　）字第　号

申请人：××× 性别：× 地址：×××× 职务（岗位）：×××

法定代表人：×× 职务（岗位）：×××

委托代理人：×××

被申请人：××× 性别：× 地址：×××× 职务（岗位）：×××

法定代表人：××× 职务（岗位）：×××

委托代理人：×××

上列双方因引起争议，申请人于××××年××月××日向本调解委员会提出请求，经本会主持调解，双方未能达成协议（或逾期未能调解）。现对此案提出如下意见：

1.　　　　　　　　　　　　。

2.　　　　　　　　　　　　。

3.　　　　　　　　　　　　。

劳动争议调解委员会

××××年××月××日

3.3.6 劳动争议调解的策略

1.取得当事人的信任

取得当事人的信任是调解成功的前提和基础，是调解员主持调解的重要能力。一般而言，劳动争议的双方当事人在和调解员开始接触时就在用审慎和怀疑的目光观察调解员的一言一行，并以此来判断调解员的职业水平与公正性，所以调解员在做劳动争议调解工作时需要用诚心、热心、耐心和爱心来感化各方当事人，使其消除戒心和怀疑，让各方特别是劳动者感受到调解员是在真心诚意地帮他们解决利益纷争。调解员在调解过程中要善于运用各种方法转化当事人间的不信任状态，使当事人对调解产生充分的信任感，从而为其自觉接受调解，并最终达成调解打下一个良好的基础。

2.认真进行调解前的调查

劳动争议调解组织受理劳动争议案件，除了一些事实清楚、是非明确的争议可以在听取双方当事人陈述并加以询问后直接进入调解阶段外，更多的争议需要在实施调解前进行调查工作，以查明争议事实、查清真相，这是分清责任、解决争议的前提，具体采用以下一些调查方法：

（1）询问当事人

调查人员应当认真听取双方当事人的陈述，询问争议原因，了解有关情况，引导当事人讲出真实情况。

（2）询问知情人、证人

劳动争议一般发生在劳动过程中，除了双方当事人之外，还会有其他职工或者群众有可能了解争议的有关情况。调查人员可以要求双方当事人提供知情人，也可以根据争议情况向劳动者周围的职工群众作调查。在调查中，要注意做好被调查人的思想工作，使他们打消顾虑，实事求是地反映所了解的争议情况。

（3）现场调查

对于劳动争议事项涉及的违反规章制度、损坏设备、工伤事故等问题，调查人员可以及时进行现场勘查或调查，取得第一手资料。

（4）调取、收集相关证据

对于争议事实相关的证据，应当依法要求当事人双方举证。对于由用人单位控制、劳动者难以取得的证据，应当要求用人单位提供。

（5）必要的情况下组织专业鉴定

在劳动争议调解过程中，涉及工伤的认定、当事人医疗期满能否从事原工作等争议，应组织专业鉴定。如果不组织专业鉴定，调解工作就失去了必要的基础。

3.准确分析劳动争议的焦点

根据认定的劳动争议事实，结合当事人双方的意见，准确分析争议的焦点，是当事人双方矛盾的交汇点，是解决劳动争议的关键所在，也是劳动争议调解组织拟订调解方案的起点。调解员要能够通过以下步骤，准确地分析矛盾焦点所在。

（1）确定劳动争议的类型

劳动争议调解组织受理案件后，应先判断属于哪一类型的劳动争议，是确认劳动关系的争议，还是劳动保护、工资福利、社会保险的争议。一般而言，相同类型的劳动争议，焦点都非常类似。

（2）分析劳动争议原因和症结

大多数劳动争议比较复杂，有多种矛盾和原因。调解员要善于从众多的矛盾中找出主要矛盾，如解决违反劳动规章制度的争议，就应集中抓住是否存在违反劳动规章制度的事实和用人单位规章制度的具体规定等。

（3）分清是非责任

分清是非是确定责任的基础，确定责任是让过错方低头认错，接受劳动争议调解意见的基础。因此，要根据法律法规和劳动合同，分清是非，明确当事人的责任，寻找化解劳动争议的突破口，为提出合法合理的调解意见打好基础。

4.运用多种调解方法和技巧

调解是一项法律性、政策性比较强的工作，它的成功与否，既取决于调查取证、调解准备工作和调解方案是否充分，也取决于调解员在实施调解过程中的能力和水平。作为劳动争议调解组织的调解员，一方面要有高度的责任感、职业道德和专业知识水平；另一方面也需要运用一定的调解方法和调解技巧。

（1）依法调解，切实维护双方合法权益

在调解过程中，要特别关心那些在工作和生活中遇到困难的劳动者，对于劳动者思想认识上的不同见解，应当以与劳动者平等的态度引导他们。如果劳动者的要求是完全正当的、合法的，并且是用人单位可以办到的，就应该及时建议用人单位采取有效措施，依法为劳动者据理力争。如果劳动者的要求部分不合理，调解员应重点放在协商调解上，做好劳动者的说服教育工作，同时做好用人单位的调解工作，努力把矛盾化解在基层。

（2）消除误解，结合实际确定调解方案

调解策略贯穿于调解过程的始终，体现在调解的每一阶段。调解员在结合实际的基础上对调解策略的正确运用是劳动争议调解能够成功的关键所在。

（3）讲究谈话技巧，注重调解语言运用

在劳动争议调解中，调解员经常与当事人进行个别谈话。作为劳动争议调解员，要善于针对争议双方在调解过程中的不同心态进行艺术性谈话，以达到调解的目的，因此，掌握谈话技巧，对调解员来说非常重要，是调解员的基本功。

5.避免错误的做法

（1）防止割裂自愿原则与公正原则

坚持自愿原则，并不是听之任之，让当事人任意签订调解协议。当事人提出的有失公平或者损害他人或社会利益的解决意见时，调解人应积极地干预和教育，并提出公正、合法、合理的解决方案，供双方协商。

（2）防止无原则调和

国家法律和政策是调解劳动争议的依据，只有依照法律和政策，才能分清是非，才能正确地进行调解和达成有效协议。调解中要避免放弃原则，充当“和事佬”，该支持而不支持，该反对而不反对。调解还要避免不作深入细致的调查研究，不分是非，应付了事。

（3）防止强迫调解

当事人之间发生劳动争议，当事人有权在法律允许的范围内选择解决途径和方式，调解组织不能干涉和阻碍。调解过程中未能达成协议，一方或双方提出劳动争议仲裁申请，劳动争议调解组织不能干预；劳动争议调解达成协议后一方反悔，要求仲裁的，劳动争议调解组织也不能干预。

（4）防止久拖不调，久调不结

对于经过再三调解仍无法解决的争议，要防止久调不结。如果既调解不了，又无法结案，将拖延劳动争议进入仲裁的进程，使当事人的争议长期得不到解决，这不仅影响到当事人的工作和生活，也影响到社会的稳定。其与调解的宗旨是相悖的。

3.4 调解与仲裁、诉讼的衔接

3.4.1 调解协议的性质

劳动争议调解协议书是劳动关系双方当事人在劳动争议调解机构的主持下，经过自愿协商达成的，有关设立、变更、终止民事权利和民事义务的协议。其性质因协议达成过程以及参与主体的特殊性，而不同于一般的合同或协议，因而在确定其性质时需将普遍性与特殊性相结合来进行分析、理解。

一方面，从劳动争议调解机构的性质看，企业劳动争议调解委员会是用人单位在其所在地方工会和地方劳动争议仲裁委员会指导下，设立的调解劳动关系双方当事人之间在劳动关系上相关权益纠纷的自治性组织；基层人民调解组织同样是群众自治的争议解决机构。调解机构的性质决定了调解工作不同于仲裁机构的仲裁、人民法院的审判，因此，主体的自治性在一定程度上决定了调解工作及其达成的调解协议所包含的特殊性。

另一方面，从合同的概念和基本特征看，劳动争议调解协议属于我国《合同法》规定的民事合同范围，其签订属于双方当事人的民事法律行为。这主要表现为：劳动争议双方当事人进行了订立调解协议的民事法律行为；劳动争议双方当事人虽然在劳动关系上存在一定的权益纠纷，但经过调解之后，自愿达成了调解协议，在符合法律法规和程序规范的情况下，调解协议书的内容为双方真实的意思表示；劳动争议双方当事人签订的协议具有民事权利和民事义务的内容，因此，劳动争议调解协议符合我国法律法规关于民事合同的定义，具备民事合同的普遍性法律特征。

3.4.2 调解协议的效力

调解协议书的法律效力主要可从两个层面把握：一是劳动合同性质的约束力；二是经司法确认后的强制执行力。

1.调解协议书具有劳动合同性质的约束力

尽管尊重自愿原则是调解工作的一个重要原则，调解协议书也应当体现当事人双方的真实意愿，但是为了切实保护劳动者的权益，推进劳动关系的和谐、良好发展，避免新的争议纠纷的产生，调解协议书应当具备一定的约束力。如果调解协议不具备这种法律效力，则争议双方可以不遵守调解协议的约定，那么调解工作的效率和效用的发挥便会受到极大影响，调解制度的及时性和便捷性得不到充分发挥，从根本上也不利于对劳动争议矛盾的解决，不利于长远的劳动关系管理，同时也是一种对社会资源和法律资源的浪费。

2006年10月1日起开始施行的《最高人民法院关于审理劳动争议案件适用法律若干问题的解释（二）》第十七条规定："当事人在劳动争议调解委员会主持下达成的具有劳动权利义务内容的调解协议，具有劳动合同的约束力，可以作为人民法院裁判的依据。当事人在劳动争议调解委员会主持下仅就劳动报酬争议达成调解协议，用人单位不履行调解协议确定的给付义务，劳动者直接向人民法院起诉的，人民法院可以按照普通民事纠纷受理。"《劳动争议调解仲裁法》第十六条规定："因支付拖欠劳动报酬、工伤医疗费、经济补偿或者赔偿金事项达成调解协议，用人单位在协议约定期限内不履行的，劳动者可以持调解协议书依法向人民法院申请支付令。人民法院应当发出支付令。"这项法律条款的规定赋予了部分劳动争议调解协议法律上的约束力，也符合保护处于弱势地位的劳动者的原则。

2.经司法确认的调解协议书具有强制执行力

司法确认程序是完善多元纠纷解决机制的重要内容，它是指对于涉及的民事权利义务的纠纷，经行政机关、人民调解组织、商事调解组织、行业调解组织或者其他具有调解职能的组织调解达成的具有民事合同性质的协议，经调解组织和调解员签字盖章后，或双方当事人签署之后，如果双方认为有必要，共同到人民法院申请确认其法律效力的过程。

2009年7月，《最高人民法院关于建立健全诉讼与非诉讼相衔接的矛盾纠纷解决机制的若干意见》（法发〔2009〕45号）发布，其中第十一条规定，经《劳动争议调解仲裁法》规定的调解组织调解达成的劳动争议调解协议，由双方当事人签名或者盖章，经调解员签名并加盖调解组织印章后生效，对双方当事人具有合同约束力，当事人应当履行。双方当事人可以不经仲裁程序，根据本意见关于司法确认的规定直接向人民法院申请确认调解协议效力；人民法院不予确认的，当事人可以向劳动争议仲裁委员会申请仲裁。

2010年8月28日，《中华人民共和国人民调解法》正式通过，并已于2011年1月1日起施行。该法第三十三条规定，经人民调解委员会调解达成调解协议后，双方当事人认为有必要的，可以自调解协议生效之日起三十日内共同向人民法院申请司法确认，人民法院应当及时对调解协议进行审查，依法确认调解协议的效力。人民法院依法确认调解协议有效，一方当事人拒绝履行或者未全部履行的，对方当事人可以向人民法院申请强制执行。这些法律法规的实施，都表明了劳动争议的多元纠纷解决机制改革进入了一个新的发展阶段。

然而需要注意的是，《关于建立健全诉讼与非诉讼相衔接的矛盾纠纷解决机制的若干意见》规定，有下列情形之一的，人民法院不予确认调解协议效力：违反法律、行政法规强制性规定的；侵害国家利益、社会公共利益的；侵害案外人合法权益的；涉及是否追究当事人刑事责任的；内容不明确，无法确认和执行的；调解组织、调解员强迫调解或者有其他严重违反职业道德准则的行为的；其他情形不应当确认的。当事人在违背真实意思的情况下签订调解协议，或者调解组织、调解员与案件有利害关系、调解显失公正的，人民法院对调解协议效力不予确认，但当事人明知存在上述情形，仍坚持申请确认的除外。

3.4.3 调解与仲裁的衔接

1.仲裁委托调解制度

根据《关于加强劳动人事争议调解工作的意见》（人社部发〔2009〕124号）的规定，经当事人同意，劳动争议仲裁机构可以委托调解组织调解劳动争议案件。经委托调解达成一致意见的，制发调解协议；在调解期间内达不成协议的，劳动争议处理机构应及时立案。

目前，我国正在探索建立“大调解”工作体系，仲裁委托调解制度则是调裁衔接的一大举措。劳动争议仲裁机构在进行仲裁立案之前，对争议事实比较简单、当事人分歧不大、有较大调解可能的案件，委托独立的调解组织进行调解。此举能够将劳动争议处理的重心前移，降低争议处理成本，提高争议处理效率。

2.调解建议书制度

调解建议书是调裁衔接的另一举措。劳动争议仲裁机构在进行仲裁立案之前，对争议事实比较简单、当事人分歧不大、有较大调解可能的案件发出调解建议书，引导当事人优先选择调解程序。此举能够加快劳动争议案件处理进程，减轻仲裁机构的压力，同时有效地维护当事人的合法权益，实现一些争议解决在萌芽状态，大部分争议解决在基层，少部分案件进入仲裁，极少案件进入法院的目标。

根据《关于加强劳动人事争议调解工作的意见》的规定，对未经调解组织调解，当事人直接申请仲裁的劳动争议，劳动争议仲裁机构可以向当事人发出调解建议书，引导当事人在调解组织进行调解，就近解决劳动争议。逾期未达成调解协议的，可以依法申请仲裁。

3.调解协议的仲裁审查确认

虽然调解协议书不具有法律上强制执行的效力，但不能说调解协议书是一纸空文，达成调解协议是无用功。为了提高处理劳动争议的效率，目前我国各地均开展了调解协议书的仲裁审查确认制度。

调解协议书的仲裁审查确认，是指劳动争议双方通过调解组织达成了调解协议，为了保障调解协议的顺利履行，捍卫劳动争议调解的成果，经双方协商一致，将调解协议书送到当地劳动争议仲裁机构置换为仲裁调解书。按照法律规定，仲裁调解书具有法律上强制执行的效力，可以保障当事人的合法权益得以实现，是确认劳动争议调解成果的有效方法。

4.当事人不履行调解协议，另一方可申请仲裁

根据《劳动争议调解仲裁法》的规定，劳动争议调解的双方当事人达成调解协议后，一方当事人在约定期限内不履行调解协议的，另一方当事人可以依法申请仲裁。调解协议的履行期限并不由法律统一规定，而是由当事人双方自行约定。

劳动争议调解协议成立，视为劳动争议双方当事人之间形成了一个民事合同关系。调解协议在性质上属于民事合同，不具有法律上强制执行的效力。调解协议的达成，需要双方当事人协商一致，具有很强的自治性，无法判断其是否向仲裁裁决或者法院判决那样遵循了合法、公平的原则，因此不能赋予调解协议强制执行的效力。因此，当事人虽然达成了调解协议，但是一方不履行的，视为劳动争议还没有妥善解决，另一方当事人可以依法申请仲裁，通过仲裁途径来解决劳动争议。

3.4.4 调解与诉讼的衔接

1.法院委托调解制度

当前，各地法院积极探索劳动争议委托调解制度。劳动争议当事人不服仲裁裁决向法院起诉的，立案后经当事人同意，法院可以委托调解组织进行调解。法院出具书面委托函，针对案件适用简易程序还是普通程序而确定不同的委托调解期限。

委托调解达成调解协议的，当事人可以撤回起诉，也可以申请法院对调解协议进行司法审查确认。调解不成的，法院应当及时对该劳动争议进行审判。

2.调解协议的司法审查确认

根据《最高人民法院关于建立健全诉讼与非诉讼相衔接的矛盾纠纷解决机制的若干意见》的规定，经企业调解组织、乡镇街道调解组织、区域（行业）性调解组织、人民调解组织、行政机关或者其他具有调解职能的组织调解达成的具有劳动合同性质的协议，经调解组织和调解员签字盖章后，当事人可以申请有管辖权的法院确认其效力。

劳动争议调解协议的司法审查确认可以不经仲裁程序，直接向法院申请确认调解协议效力。法院不予确认的，当事人可以向劳动争议仲裁委员会申请仲裁。法院依法审查后，决定是否确认调解协议的效力。确认调解协议效力的决定送达双方当事人后发生法律效力，一方当事人拒绝履行的，另一方当事人可以依法申请法院强制其执行。

3.支付令程序

（1）支付令的适用范围

支付令是人民法院依照民事诉讼法规定的督促程序，根据债权人的申请，向债务人发出的限期履行给付金钱或有价证券的法律文书，是人民法院根据债权人的申请，依法作出的督促债务人为一定给付义务的法律文书。这是处理债权债务关系明确的民事、经济纠纷的最好办法，但只能在债务人接到支付令之日起十五日内，不向法院提出书面异议时，方可实现。债务人对债权债务关系没有异议，但对清偿能力、清偿期限、清偿方式提出不同意见的，不影响支付令的效力。若法院裁定终结督促程序，支付令自行失效，债权人可以提出诉讼。

《劳动合同法》首先在劳动关系领域引入支付令制度，该法第三十条规定："用人单位拖欠或者未足额支付劳动报酬的，劳动者可以依法向当地人民法院申请支付令，人民法院应当依法发出支付令。"《劳动争议调解仲裁法》第十六条规定："因支付拖欠劳动报酬、工伤医疗费、经济补偿或者赔偿金事项达成调解协议，用人单位在协议约定期限内不履行的，劳动者可以持调解协议书依法向人民法院申请支付令。人民法院应当依法发出支付令。"两部法律规定申请支付令的范围有所不同，实践中应进行叠加，即申请支付令的范围包括了劳动报酬、工伤医疗费、经济补偿、赔偿金等事项。

（2）支付令的申请要求

债权人申请支付令，必须向人民法院提交书面申请，并附有债权文书。申请书是人民法院受理案件、开始督促程序的前提和依据，也是人民法院审查的重要内容之一，因此申请书必须详细记明下列内容：当事人的自然状况，包括债权人与债务人双方的名称、地址等；请求给付的金额、有价证券的种类和数量；请求发布支付令所根据的事实和证据，着重写明引起债权债务法律关系的产生、发展的时间，以及债权、债务关系的其他事实，并尽可能地提供证据，对事实和理由加以证明。

（3）支付令的审查处理

人民法院受理申请后，经审查债权人提供的事实、证据，对债权债务关系明确、合法的，应当在受理之日起十五日内向债务人发出支付令；申请不成立的，裁定予以驳回。债务人应当自收到支付令之日起十五日内清偿债务，或者向人民法院提出书面异议。债务人在前款规定的期间不提出异议又不履行支付令的，债权人可以向人民法院申请执行。人民法院收到债务人提出的书面异议后，经审查，异议成立的，应当裁定终结督促程序，支付令自行失效。

根据最高人民法院的司法解释，劳动者依据《劳动合同法》第三十条第二款和《劳动争议调解仲裁法》第十六条的规定向人民法院申请支付令，符合《民事诉讼法》第十七章督促程序规定的，人民法院应予受理。但是根据不同的事项，法院会有不同的处理结果。

①依据《劳动合同法》第三十条第二款规定申请支付令被人民法院裁定终结督促程序后，劳动者就劳动争议事项直接向人民法院起诉的，人民法院应当告知

其先向劳动争议仲裁委员会申请仲裁。

②依据《劳动争议调解仲裁法》第十六条规定申请支付令被人民法院裁定终结督促程序后，劳动者依据调解协议直接向人民法院提起诉讼的，人民法院应予受理。

本章小结

劳动争议的调解，是指在第三方主持下，依据法律规范和道德规范，劝说争议双方当事人，通过民主协商、互谅互让，达成协议，从而消除争议的一种方法与活动。

劳动争议调解应当遵循自愿原则，耐心疏导、民主说服原则，公正原则和及时调解原则。我国的劳动争议调解组织主要包括企业劳动争议调解委员会，依法设立的基层人民调解组织和在乡镇、街道设立的具有劳动争议调解职能的组织。

目前我国可以调解劳动争议的组织类型呈现出多样化的特点，《企业劳动争议协商调解规定》仅以企业劳动争议调解为例规定了劳动争议调解的一般程序，其他劳动争议调解组织参照执行。具体程序包括申请调解、调解受理、调解前准备、实施调解和调解终结几个步骤。

当事人在劳动争议调解委员会主持下达成的具有劳动权利义务内容的调解协议，具有劳动合同的约束力，可以作为人民法院裁判的依据。劳动争议调解的双方当事人达成调解协议后，一方当事人在约定期限内不履行调解协议的，另一方当事人可以依法申请仲裁。因支付拖欠劳动报酬、工伤医疗费、经济补偿或者赔偿金事项达成调解协议，用人单位在协议约定期限内不履行的，劳动者可以持调解协议书依法向人民法院申请支付令。人民法院应当依法发出支付令。

复习思考题

1. 劳动争议调解组织如何设立？其职责是什么？
2. 劳动争议调解的程序是如何进行的？
3. 劳动争议调解与劳动争议协商有何联系和区别？
4. 当前大力推动劳动争议调解有何意义？

案例分析

企业资金链断裂拖欠职工工资，此案如何调解？

某投资公司由于管理层投资失误，公司资金链断裂，自2014年1月到2016年2月长达两年的期间，公司迟延发放职工工资达20次之多，且有拖欠缴纳社会保险费及住房公积金的行为。2016年3月，部分职工以公司拖欠工资为由向公司提出解除劳动合同，同时要求公司支付N+1倍经济补偿、2016年2月至3月份的工资、迟发工资的经济赔偿等。经双方同意，该案进入调解程序。

本案争议的焦点是：第一，职工是否能以公司拖欠工资为由解除劳动关系并要求经济补偿金？第二，职工申请拖欠迟发工资的经济赔偿是否能够得到支持？

关于争议焦点一，《劳动合同法》第三十八条规定，用人单位未及时足额支付劳动报酬的，劳动者可以解除劳动合同，同时《劳动合同法》第四十六条规定，劳动者依照本法第三十八条规定解除劳动合同的，用人单位应当向劳动者支付经济补偿。经济补偿按劳动者在本单位工作的年限，每满一年支付一个月工资的标准向劳动者支付。六个月以上不满一年的，按一年计算；不满六个月的，向劳动者支付半个月工资的经济补偿。因此，公司应当支付经济补偿。

由于公司拖欠职工工资过错在先，经过调解员向公司认真讲述上述法律规定，公司同意按照职工入职的工作年限给予经济补偿。但是由于涉案人数较多，公司无法一次性支付完成，公司希望分批次履行义务。经调解员与职工协商，职工同意公司的要求。

关于争议焦点二，公司存在迟延发放职工工资的行为达20次之多，但公司已将前18次拖欠的金额结清，目前仅拖欠职工2016年2、3月份工资，那么公司是否需要为上述拖欠工资行为产生的经济赔偿“买单”呢？

从客观事实上讲，公司无义务承担已清偿的拖欠工资的经济赔偿。对于仍存在的2016年2、3月份这两次拖欠工资的行为，公司是否有义务承担经济赔偿，则要看是否符合法律规定。

根据《劳动合同法》第八十五条的规定，用人单位未按照劳动合同的约定或者国家规定及时足额支付劳动者报酬的，需要经过人社部门责令限期支付的前置程序，如经人社部门责令改正，单位逾期仍然不支付的，用人单位应按照应付金额的50%以上100%以下的标准向劳动者加付赔偿金。

调解员向职工了解得知，他们此前并未到相关劳动行政部门进行投诉，劳动行政部门也未向公司发出限期整改的通知书。但是职工认为公司迟发工资的行为给他们造成了很多负担和经济损失，例如迟发工资导致他们借钱还房贷产生借款利息等等。在了解上述情况后，调解员给公司做工作，公司同意对于目前拖欠的两次工资给予职工经济赔偿，双方最终握手言和。

在整个案件的调解过程中，调解员运用“同理心原则”对案件进行调解：一方面，告诉公司方应该考虑到职工的生活成本，尽量提前和缩短支付周期；另一方面，也劝说职工考虑公司的实际困难并多给公司一些时间来筹集资金，在公司可以承受的能力范围内，按时分期分拨支付经济补偿。

后来，双方在平和的氛围下顺利签署了调解协议。

资料来源 人力资源和社会保障部. 案例|企业资金链断裂拖欠员工工资，此案如何调解？[EB/OL]. [2019-03-11]. http://www.mohrss.gov.cn/tjzcgls/TJZCdianxingal/201712/t20171214_283995.html.

请思考：针对不同类型劳动争议，调解策略有何不同？

拓展阅读：完善专业性劳动人事争议调解机制

拓展阅读：基层劳动人事争议调解工作规范

第4章 劳动争议仲裁

学习目标

✓理解劳动争议仲裁的概念和特征；
✓了解劳动争议仲裁组织的设立和职责；
✓掌握劳动争议仲裁基本制度；
✓了解劳动争议仲裁程序；
✓掌握"一裁终局"的特别规定。

引例

劳动者未申请休年休假，不等同于放弃年休假补偿

孔某于2012年3月1日入职某互联网公司，双方订立了为期5年的劳动合同。2017年2月28日，劳动合同到期，互联网公司通知不与孔某续签劳动合同。在办理离职手续并领取终止劳动合同经济补偿时，孔某提出，2015年至2017年期间，因工作繁忙，其未能休带薪年休假，故要求互联网公司支付相应的补偿。互联网公司认为，孔某因自身原因未提出休年休假，按照公司员工手册的规定，每年12月31日之前未提出休年休假的，属于自动放弃当年年休假，故公司无须支付补偿。因双方发生争议，孔某向仲裁委员会提出仲裁申请，要求互联网公司支付未休年休假的工资报酬。

仲裁委员会审理后认为，互联网公司的员工手册中虽规定每年12月31日之前未提出休年休假的，属于自动放弃当年年休假，但并无证据表明孔某曾书面提出因个人原因不休年休假，且上述员工手册中的规定也违反了《职工带薪年休假条例》的相关规定，故裁决支持孔某的仲裁请求。

由此可见，非经劳动者书面且系因个人原因提出不休年休假，不等同于其放弃年休假补偿。

《企业职工带薪年休假实施办法》第九条规定：用人单位根据生产、工作的具体情况，并考虑职工本人意愿，统筹安排年休假。用人单位确因工作需要不能安排职工年休假或者跨1个年度安排年休假的，应征得职工本人同意。第十条第二款规定：用人单位安排职工休年休假，但是职工因本人原因且书面提出不休年休假的，用人单位可以只支付其正常工作期间的工资收入。从上述规定可以看出，年休假应由用人单位统筹安排，且在劳动者本人同意的情况下可跨1个年度安排。本案中，孔某虽未提出休年休假，但并未书面提出因个人原因不休年休假，互联网公司虽然在员工手册中有相关规定，但该规定与法律规定相违背，故不具有相应的效力，互联网公司仍应支付相应的补偿。

资料来源 代丽丽. 员工没请年假不等于放弃补偿［N］. 北京晚报，2018-10-19（04）.

我国的劳动争议仲裁是一种比较特殊的准司法争议解决程序，此环节高效便捷地化解了绝大部分劳动争议，在劳动争议处理体制中发挥了非常重要的作用。

4.1 劳动争议仲裁概述

仲裁是国际上比较流行的处理劳动争议的手段，与调解相比，仲裁结果具有更强的权威性和公正性，与诉讼相比，仲裁更加省时、省力。在我国，仲裁是处理劳动争议案件的必经环节，对劳动争议的解决起着重要的作用。

4.1.1 劳动争议仲裁的概念

仲裁，从字面上解释，“仲”意为居于中间，即立足于纠纷当事人之间的人；“裁”，意为判断和认定，即对纠纷的事实和当事人的责任进行认定和裁决。因此，仲裁是指公认的权威机构依据法律规定和当事人的申请，对双方的争议事项作出裁决的过程和活动。

劳动争议仲裁是仲裁的一种，其仲裁的对象是当事人之间的劳动纠纷。对于劳动争议仲裁的概念，理论界主要有以下几种说法：一是劳动争议仲裁是指劳动争议当事人自愿把劳动争议提交给第三者处理，由其就劳动争议的事实和责任作出对双方当事人具有约束力的判断和裁决。二是劳动争议仲裁是指法律授权的专门机构，依据法律、法规的规定和劳动争议当事人的申请，以第三者的身份，对争议事项居中调解并作出判断和裁决的法律活动。三是劳动争议仲裁制度是指依照国家劳动法律、法规规定成立的劳动争议仲裁委员会作为第三者，遵循法律规定的原则和程序，对劳动关系双方发生的劳动争议进行调解和裁决的一项劳动法律制度。

理解劳动争议仲裁的概念，需要把握以下几点：①仲裁的对象是劳动纠纷。纠纷的种类有很多，如民事纠纷、行政纠纷、劳动纠纷等，其中只有劳动纠纷才属于劳动争议仲裁的受案范围。②仲裁机构具有权威性和公正性。“仲裁”意即“居中公断”，这就要求仲裁机构具有一定的权威性，并保证裁决的公正性，一般而言，劳动争议仲裁机构都是由国家法律授权设立的专门机构。③自愿提交。劳动争议仲裁是事后监督，不告不究，因此劳动争议当事人应当以书面或口头形式向劳动争议仲裁机构提出仲裁申请，仲裁程序才开始启动。④判决结果具有法律约束力。劳动争议仲裁调解书和裁决书的内容对劳动争议当事人履行义务、承担责任具有制约作用，由法院按照一定程序保障其实施。

劳动争议仲裁包括两种形式，即仲裁调解和仲裁裁决。仲裁调解是指在仲裁员的主持下，双方当事人自愿协商、互让互谅达成协议解决争议的方式。仲裁裁决是指在仲裁调解不成的情况下，由仲裁员对案件作出具有法律约束力的判决的方式。

4.1.2 劳动争议仲裁的特征

我国的劳动争议仲裁制度的历史虽不及一些发达国家长，但也经历了80多年的发展历程。早在20世纪20年代，《劳资争议法》就对劳资争议的仲裁作出了相关规定。经过80多年的发展，我国的劳动争议仲裁制度日趋完善，特别是2008年5月1日起施行的《劳动争议调解仲裁法》有了重大的突破。我国当前的劳动争议仲裁制度主要具有以下几个特征：

1.劳动人事争议仲裁是诉讼的前置程序

我国《劳动争议调解仲裁法》第五条规定：发生劳动争议，当事人不愿协商、协商不成或者达成和解协议后不履行的，可以向调解组织申请调解；不愿调解、调解不成或者达成调解协议后不履行的，可以向劳动争议仲裁委员会申请仲裁；对仲裁裁决不服的，除本法另有规定的外，可以向人民法院提起诉讼。从该条可以看出，协商和调解是在双方当事人自愿的原则下选择进行的，当事人也可以直接申请仲裁，但仲裁实行的是强制仲裁的原则，是诉讼的前置程序，即不经过仲裁处理，劳动争议当事人就无权向人民法院提起劳动争议诉讼。这样做的目的在于缩短劳动争议的解决时间，减少当事人的维权成本，减轻法院的诉讼负荷，因为同诉讼程序相比，仲裁程序更为快捷便利。

2.合理分配举证责任，特别强调用人单位的举证责任

根据一般的民事纠纷的法律规定，当事人对于自己提出的主张有责任提供证据。但是在劳动争议案件中，由于劳动关系具有从属性，用人单位掌握和管理着劳动者的档案、工资、社会保险等材料，劳动者面临着举证困难的问题，如果没有强制要求，显然用人单位不愿意提供这些可能对自己不利的证据。为了保护劳动者的合法权益，我国的劳动争议仲裁制度合理地分配了举证责任，强调了用人单位的举证责任。如《劳动争议调解仲裁法》第六条规定，发生劳动争议，当事人对自己提出的主张，有责任提供证据。与争议事项有关的证据属于用人单位掌握管理的，用人单位应当提供；用人单位不提供的，应当承担不利后果。

3.部分案件实行有条件的“一裁终局”

为了防止一些用人单位通过恶意诉讼来拖延时间、加大劳动者的维权成本，《劳动争议调解仲裁法》在仲裁环节规定对部分案件实行有条件的“一裁终局”。这部分案件包括：①追索劳动报酬、工伤医疗费、经济补偿或者赔偿金，不超过当地月最低工资标准十二个月金额的争议；②因执行国家的劳动标准在工作时间、休息休假、社会保险等方面发生的争议。发生这类争议时，劳动者在法定期限内不向法院提起诉讼，或者用人单位向法院提起撤销仲裁裁决申请被驳回的情况下，仲裁裁决为终局裁决，裁决书自作出之日起发生法律效力。

4.处理案件迅速、及时，维权成本低

经济纠纷是引起劳动争议的重要原因，相对于用人单位，劳动者受维权时间和维权成本的影响更大。为了缩短维权时间、降低维权成本，我国的劳动争议仲裁制度都作了相应的安排。如《劳动争议调解仲裁法》规定，劳动争议仲裁委员会收到仲裁申请之日起五日内要给申请人答复，予以受理的案件要在受理申请之日起四十五日内作出仲裁裁决。这样的规定就保证了劳动争议案件能够迅速、及时地得到解决，保障当事人的合法权益。同时，《劳动争议调解仲裁法》第五十三条规定：劳动争议仲裁不收费。劳动争议仲裁委员会的经费由财政予以保障。如此直截了当的规定，卸下了维权劳动者肩上的包袱，减少因高昂的费用而放弃维权的可能。

5.劳动行政部门在劳动争议仲裁中发挥主导作用

我国的劳动行政部门在劳动争议仲裁委员会及其工作中发挥着主导作用。劳动争议仲裁委员会主任由劳动行政部门的代表担任；仲裁委员会的办事机构由劳动行政部门劳动争议处理机构或者依法设立的劳动争议仲裁院充当；省、自治区、直辖市人民政府劳动行政部门对本行政区内的劳动争议仲裁工作进行指导；在实际工作中，劳动行政部门承担着主要的工作量。这一情况是由我国的特殊国情造成的，同时也与现行工会体制不能充分发挥工会在劳动争议仲裁工作中的作用是分不开的。

4.1.3 劳动争议仲裁的受案范围

劳动争议仲裁的受案范围是指法律、法规对各级劳动争议仲裁委员会管辖哪些劳动争议案件所作的规定。我国《劳动争议调解仲裁法》第二条对劳动争议案件的内容作了详细的规定，具体包括：①因确认劳动关系发生的争议；②因订立、履行、变更、解除和终止劳动合同发生的争议；③因除名、辞退和辞职、离职发生的争议；④因工作时间、休息休假、社会保险、福利、培训以及劳动保护发生的争议；⑤因劳动报酬、工伤医疗费、经济补偿或赔偿金等发生的争议；⑥法律、法规规定的其他劳动争议。

4.1.4 劳动争议仲裁的管辖制度

劳动争议仲裁管辖是指劳动争议仲裁机构受理劳动争议案件的权限和范围，即规定当事人应向哪一个仲裁机构申请仲裁，由哪一个机构负责受理的法律制度。明确管辖制度，有利于仲裁机关行使仲裁权和当事人行使申诉权。我国现行的劳动争议仲裁管辖是参照《民事诉讼法》的有关规定，分为地域管辖、级别管辖、移送管辖和指定管辖。劳动争议仲裁管辖的原则是方便原则，为当事人的申诉、应诉提供方便，为劳动争议仲裁委员会审理案件提供方便，避免当事人因仲裁造成过重的负担，影响正常的生活。

1.地域管辖

地域管辖是指同级劳动争议仲裁机关按空间范围确定受理劳动争议案件的分工。地域管辖分为一般地域管辖、特殊地域管辖和专属管辖。

一般地域管辖是指按照当事人的所在地划分案件管辖的范围。《劳动争议调解仲裁法》第二十一条第一款规定：劳动争议仲裁委员会负责管辖本区域内发生的劳动争议。

特殊地域管辖是指某种劳动争议案件依据特定标准，如劳动法律关系产生、变更和消灭的所在地，由某地仲裁委员会管辖。《劳动争议调解仲裁法》第二十一条第二款规定：劳动争议由劳动合同履行地或者用人单位所在地的劳动争议仲裁委员会管辖。双方当事人分别向劳动合同履行地和用人单位所在地的劳动争议仲裁委员会申请仲裁的，由劳动合同履行地的劳动争议仲裁委员会管辖。同时，《劳动人事争议仲裁办案规则》第八条规定：劳动合同履行地为劳动者实际工作场所地，用人单位所在地为用人单位注册、登记地或者主要办事机构所在地。用人单位未经注册、登记的，其出资人、开办单位或者主管部门所在地为用人单位所在地。双方当事人分别向劳动合同履行地和用人单位所在地的仲裁委员会申请仲裁的，由劳动合同履行地的仲裁委员会管辖。有多个劳动合同履行地的，由最先受理的仲裁委员会管辖。劳动合同履行地不明确的，由用人单位所在地的仲裁委员会管辖。案件受理后，劳动合同履行地或者用人单位所在地发生变化的，不改变争议仲裁的管辖。

专属管辖是指法定的某国家机关经立法授权，依法确定某种劳动争议案件专属某地仲裁委员会管辖。我国公民与国（境）外企业签订的劳动（工作）合同履行地在我国领域内，因履行该合同发生争议的，由合同履行地仲裁委员会受理。

2.级别管辖

级别管辖是指上、下级仲裁委员会之间对于受理劳动争议案件的分工和权限，它主要根据案件的性质、影响范围和繁简程度确定。根据我国法律、法规的规定，县、市、市辖区仲裁委员会负责本行政区域内发生的劳动争议。设区的市的仲裁委员会和市辖区的仲裁委员会受理劳动争议案件的范围，由省、自治区人民政府规定。国务院劳动行政部门依照《劳动争议调解仲裁法》有关规定制定仲裁规则。省、自治区、直辖市人民政府劳动行政部门对本行政区域的劳动争议仲裁工作进行指导。

3.移送管辖

移送管辖是指仲裁委员会将已受理的但不属于本仲裁委员会管辖的劳动争议案件移送给有管辖权的仲裁委员会。就其实质而言，移送管辖是对案件的移送，而不是对案件管辖权的移送。它是在管辖发生错误时而采取的一种补救措施，通常发生在同级的劳动争议仲裁委员会之间，但有时也适用于上、下级的劳动争议仲裁委员会。《劳动人事争议仲裁办案规则》第九条第一款规定：仲裁委员会发现已受理案件不属于其管辖范围的，应当移送至有管辖权的仲裁委员会，并书面通知当事人。在实践中，受移送的仲裁委员会对接受的移送案件不得再自行移送，如果认为自己对接受的移送案件确无管辖权，可以报告劳动行政部门决定是否由它管辖。

4.指定管辖

指定管辖是指上级劳动争议仲裁委员会以裁定方式，指定下级劳动争议仲裁委员会对某一案件行使管辖权。其目的在于，确保在特殊情况下由指定的劳动争议仲裁委员会审理劳动争议案件，保证案件的及时、正确处理。《劳动人事争议仲裁办案规则》第九条第二款规定：对上述移送案件，受移送的仲裁委员会应当依法受理。受移送的仲裁委员会认为移送的案件按照规定不属于其管辖，或者仲裁委员会之间因管辖争议协商不成的，应当报请共同的上一级仲裁委员会主管部门指定管辖。

4.2 劳动争议仲裁组织

4.2.1 劳动争议仲裁组织的历史沿革

1.劳动人事争议仲裁委员会初步建立阶段

早在中华人民共和国成立初期，为处理私营企业内部的劳资争议，中华全国总工会制定了《关于劳资关系暂行处理办法》以及《劳动争议解决程序的暂行规定》，标志着我国初步建立了劳动人事争议仲裁委员会制度。1950 年，中央劳动部发布了《劳动争议仲裁委员会组织及工作规则》，劳动人事争议仲裁委员会建设进一步得到了规范。随着这几项规章及有关规定的出台、落实，我国的劳动争议处理制度初步形成，劳动争议仲裁委员会初步建立，在协调劳动关系中发挥了重要作用。

2.劳动人事争议仲裁委员会停滞中断阶段

1956年，国家对私营企业的改造基本完成，劳动关系越来越单一，劳动争议案件大幅减少。1956年以后，中央劳动部陆续撤销了各城市的劳动争议仲裁委员会。1957年5月，中共中央办公厅制定了《中央十九个部门关于接待人民来访范围（草案）》，规定了劳动争议的来信来访由劳动部门处理。从此，我国劳动人事争议仲裁委员会陷入了停滞中断阶段，虽然信访部门解决了一些劳动争议案件，但是由于缺乏专门机构及法律程序，争议解决的难度很大，并且缺乏效率。

3.劳动人事争议仲裁委员会恢复和发展阶段

党的十三届三中全会后，随着改革开放的不断深入，用人单位和劳动者间的劳动关系更加明朗，劳动争议案件也呈现出爆发式增长的趋势。在这种形势下，1987年7月国务院颁布了《国营企业劳动争议处理暂行规定》，中断了近30年的劳动人事争议仲裁委员会得以恢复。

1993年，国务院颁布了《中华人民共和国企业劳动争议处理条例》，该条例进一步促进了我国劳动人事争议仲裁委员会的发展；1994年7月颁布的《劳动法》中专设“劳动争议”一章，对劳动争议的相关内容进行了统一规定；2007年，全国人大常委会审议通过了《劳动争议调解仲裁法》，该法以法律形式将劳动争议仲裁委员会制度进行了固定和规范，进一步增强了其法律效力。

2010年1月，人力资源和社会保障部通过了《劳动人事争议仲裁组织规则》，该规则在过去劳动争议处理制度的基础上，扩大了仲裁的受案范围；提高了调解在争议处理中的地位和作用；对于部分案件实行“一裁终局”制度，有效缩短了仲裁周期；增加了支付令和先予执行的规定，有效地维护了劳动者利益；加大了用人单位的举证责任，明确规定与争议事项相关的证据属于用人单位掌握管理的，应由用人单位予以提供；明确了劳动争议仲裁不收费原则；实行了劳动合同履行地有限原则。

4.劳动争议仲裁机构实体化建设阶段

我国从2001年开始推行劳动争议仲裁机构的实体化建设，这一进程在《劳动争议调解仲裁法》颁布施行后得以加快。当前，仲裁院的建设覆盖面越来越广，仲裁院的基础设施明显好转。成立较早、级别较高的仲裁院场地基本能够得到保证；仲裁人员的总体规模显著扩大；仲裁院的人员经费基本到位。

4.2.2 劳动争议仲裁委员会

1.劳动争议仲裁委员会的设立

劳动争议仲裁委员会是指依法设立，依法独立地对劳动争议案件进行仲裁的专门机构。《劳动争议调解仲裁法》第十七条规定：劳动争议仲裁委员会按照统筹规划、合理布局和适应实际需要的原则设立。省、自治区人民政府可以决定在市、县设立；直辖市人民政府可以决定在区、县设立。直辖市、设区的市也可以设立一个或者若干个劳动争议仲裁委员会。劳动争议仲裁委员会不按行政区划层层设立。

由于我国幅员广阔，经济发展不平衡，东部、南部地区经济比较发达，劳动争议相对较多，争议当事人相对集中，而在广大中西部地区，劳动争议相对较少。因此，在劳动争议仲裁委员会的设立上，允许各省级人民政府根据本地区劳动争议处理工作的实际需要，统筹安排、合理布局本辖区内的劳动争议仲裁委员会。

2.劳动争议仲裁委员会的组成

根据《劳动争议调解仲裁法》第十九条规定：劳动争议仲裁委员会由劳动行政部门代表、工会代表和企业方面代表组成。劳动争议仲裁委员会组成人员应当是单数。在实际中，为了保证劳动人事争议仲裁过程的公平和公正，劳动人事争议仲裁委员会主要由三方组成，即人力资源和社会保障部门代表、同级工会代表以及用人单位方面的代表。劳动人事争议仲裁委员会的主任由劳动行政部门的主要负责人担任，这种组成形式体现了劳动关系的三方协商机制。

（1）人力资源和社会保障部门代表

人力资源和社会保障部门代表了政府主管劳动和社会保障事务，在把握劳资关系的全局、协调各方利益方面具有很强的优势。以法律的形式将其作为劳动仲裁委员会的一方代表，体现了政府在处理劳资纠纷中的主导作用。

（2）工会代表

在我国，工会是职工自愿结合的工人阶级群众组织，它的性质决定了它更了解企业、职工的情况和需求，能更好地代表全体职工的根本利益。因此，工会的参与有利于保护弱势一方劳动者的合法权益。在国家层面，三方协商机制中的工会代表为中华全国总工会。

（3）用人单位方面的代表

用人单位方面的代表即雇主代表组织，在我国主要是指各种形式的企业联合组织，其中主要是中国企业联合会。用人单位方面的代表的参与，有利于对相关法律、法规的充分理解和对当事人的调解。

《劳动人事争议仲裁组织规则》在仲裁委员会组成基本原则的指导下，结合劳动人事争议仲裁委员会整合后的实际情况，对劳动人事争议仲裁委员会的组成进行了细化规定，即：仲裁委员会由干部主管部门代表、人力资源社会保障等相关行政部门代表、军队文职人员工作管理部门代表、工会代表和用人单位方面代表等组成。这个规定虽然对仲裁委员会的具体组成单位进行了扩大，但仍然体现了仲裁委员会的三方协商机制。

3.劳动争议仲裁委员会的职责

劳动人事争议仲裁委员会的基本职责就是处理本辖区内的劳动争议案件，其裁决劳动争议案件实行仲裁庭制，由仲裁员独立仲裁。根据《劳动争议调解仲裁法》第十九条第二款的规定，我国劳动人事争议仲裁委员会主要有以下几方面的职责：

（1）负责聘任、解聘专职或者兼职仲裁员

劳动人事争议仲裁委员会可以聘任符合法定条件的曾任审判员的人员、专家学者，劳动行政部门、人事行政部门或者其他有关行政部门的人员，工会工作者、律师等为专职或者兼职仲裁员，负责具体劳动争议的仲裁。

（2）负责受理劳动争议案件

受理劳动争议案件是劳动争议仲裁委员必须履行的法定职责。在受理劳动争议案件中，劳动人事争议仲裁委员会需要审查是否存在劳动争议，争议是否具备主体资格，争议是否已过仲裁时效等。根据《劳动争议调解仲裁法》的规定，在收到仲裁申请之日起五个工作日内，劳动争议仲裁委员会审核认为符合受理条件的，应当受理，并通知申请人；认为不符合受理条件的，应当书面通知申请人不予受理，并说明理由。

（3）负责讨论重大或者疑难的劳动争议案件

劳动争议仲裁委员在履行仲裁庭职责的同时，还需要负责讨论仲裁庭提交的少数重大、疑难案件的处理问题。所谓重大案件，是指案情复杂、涉及范围广、争议标的金额较大，案发后案件处理结果影响较大的案件。所谓疑难案件，是指案件的处理依据不明确、法律适用问题存在争议的案件。这两类案件都需要由劳动人事争议仲裁委员会负责讨论。

（4）负责对仲裁活动进行监督

我国对民商事仲裁活动和仲裁裁决的监督，除人民法院在执行程序上制约外，主要实行仲裁系统内部监督制度。仲裁委员会对决定重新审理的争议案件，有责任作出终止原裁决执行的仲裁决定。此外，仲裁委员会主任若发现本委员会已经生效的裁决确有错误的、需要复议的，有责任提交委员会讨论，仲裁委员会正、副主任有权决定是否复议。

4.2.3 劳动争议仲裁办事机构

1.劳动人事争议仲裁委员会办事机构的设立

劳动人事争议仲裁委员会办事机构，通常是指设立于劳动人事争议仲裁委员会之下的，负责办理劳动争议仲裁委员会日常工作的机构。劳动争议仲裁委员会虽然为常设机构，但其人员以兼职为主，不是常年集中、固定办公的机构，便设立了一个专门的办事机构，为劳动争议仲裁委员会这个机构提供服务，负责日常接待、承办受理案件、准备仲裁等工作。

由于受行政部门机构编制的限制，在行政部门内部，专门从事劳动人事争议案件仲裁工作的机构和人员一直难以满足需求，因此，各劳动争议仲裁委员会的

“案多人少”矛盾十分突出。为解决这个突出矛盾，由人力资源和社会保障部制定的《劳动人事争议仲裁组织规则》中明确规定，仲裁委员会可下设实体化的办事机构，具体承担争议调解仲裁等日常工作。事实上，目前有些省市已经成立了以劳动人事争议仲裁院为主要形式的实体化的仲裁委员会办事机构，有效提高了案件处理效能。

2.劳动人事争议仲裁委员会办事机构的职责

劳动争议仲裁委员会办事机构的双重身份决定了其双重职责，既要负责处理劳动仲裁委员会的日常事务，也要承担劳动法律、法规的研究，法律、法规、规章、政策的咨询、宣传和仲裁监督等工作。从实务来看，仲裁委员会的主要职责更多地体现出对办事机构的管理和监督，具体的劳动人事争议调解仲裁等日常工作依法由办事机构来承担，其主要职责包括：

（1）负责劳动人事争议调解仲裁法律、法规、政策咨询和接待来访工作

仲裁委员会办事机构具有劳动行政机关和处理劳动争议专门机构的双重身份，这也决定了其担负着向广大群众和社会宣传劳动争议处理方面的法律、法规的义务。由于现阶段我国正处于社会主义市场经济体制和法律体系的建立过程之中，因此在劳动关系方面产生了许多新情况，不少企业和职工对劳动法律、法规和政策并不是十分了解，遇到问题他们首先要向劳动争议处理部门进行咨询，寻求帮助；加之目前宣传手段等方面的限制，使面对面的宣传、咨询成了各级劳动争议仲裁委员会办事机构的一项非常重要和繁重的工作。

（2）承办劳动人事争议案件调解仲裁日常工作

劳动争议仲裁委员会办事机构的日常工作主要包括：接待劳动争议当事人并对其仲裁申请进行审查，确定仲裁申请是否属于受案范围；对不符合规定的仲裁申请书，应指导当事人予以修正和补充，劳动争议仲裁委员会应协助争议当事人完成相关的仲裁申请工作；对于经审查符合受理条件的案件，应当协助当事人完成立案审批表的填写工作，并及时报劳动争议仲裁委员会或其办事机构的负责人审批；完成报批工作之后，还需要指定劳动争议仲裁庭的书记员。此外，劳动争议仲裁委员会办事机构的日常工作还包括承办并审理与案件有关的文书制作和送达工作等，如向申诉人送交决定立案的书面通知，向被诉人送达申诉书副本等。

（3）根据仲裁委员会的授权，组织仲裁庭，对仲裁院进行日常管理

劳动争议仲裁委员会办事机构对仲裁员的管理是日常性的管理，这也是办事机构的主要日常工作之一，具体来说工作内容包括对仲裁员登记建档，组织有关人员参加仲裁员的培训和资格考核，为仲裁员制发证书等。

组织仲裁庭是仲裁委员会的另一项重要工作内容，劳动争议仲裁委员会办事机构可以充分利用其受理当事人申诉和审批申诉申请的便利条件，针对具体案情选择不同的仲裁员组成各具特色的劳动争议仲裁庭。这既可使劳动争议仲裁委员

会摆脱过多的行政性、事务性工作，又可提高劳动争议仲裁庭的办案效率，同时还能使仲裁员能够在案件处理中发挥自己的专业特长，并保证仲裁过程的专业性和公平性。而对于未经劳动争议仲裁委员会授权或重大、疑难案件的组庭工作，仍要由劳动争议仲裁委员会直接负责。

（4）负责管理劳动争议仲裁委员会的文书、档案、印鉴，定期向劳动争议仲裁委员会汇报、请示工作

在日常工作中，劳动争议仲裁委员会办事机构需要处理劳动争议案件仲裁过程中产生的大量的仲裁文书，如申诉书、答辩书、授权委托书、调查证据、勘验笔录、谈话笔录、开庭通知、仲裁建议书、仲裁决定书、仲裁调解书、仲裁裁决书、立（结）案审批表、请示报告、上级批示，以及与案件有关的劳动争议仲裁委员会会议记录等。上述文书的建档工作由劳动争议仲裁委员会办事机构承担，同时为了给有关人员查阅案卷提供方便，办事机构还必须做好仲裁案卷管理、统计和归档工作。

此外，作为劳动争议仲裁委员会的下属机构，劳动争议仲裁委员会办事机构必须对委员会负责，它的各项工作应定期向劳动争议仲裁委员会汇报，充分体现了劳动争议仲裁委员会对劳动争议案件处理工作的领导。同时，当遇到案情复杂、争议双方规模较大或涉及利益者较多的特殊劳动争议时，办事机构需及时向劳动争议仲裁委员会做好汇报和请示工作。

（5）办理劳动争议仲裁委员会交办或授权的其他事项

劳动争议仲裁委员会办事机构还要承担劳动争议仲裁委员会交办或授权的其他工作，如收缴仲裁费、管理劳动争议仲裁委员会的经费开支，以及代劳动争议仲裁委员会起草有关请示报告和文件等，办事机构需做好劳动争议仲裁委员会及下属机构或个人的费用管理工作。此外，经劳动争议仲裁委员会授权，办事机构还需要开展对企业劳动争议调解委员会的业务指导工作，帮助企业劳动争议调解委员会做好劳动争议的预防和调解工作。

3.劳动人事争议仲裁院的概念

根据《劳动人事争议仲裁组织规则》的规定，劳动人事争议仲裁院是劳动人事争议仲裁委员会的实体化办事机构，具体承担争议调解仲裁等日常工作。仲裁院可以是行政单位，也可以是参照公务员法管理、履行公共服务职能的事业单位。

4.2.4 仲裁庭和仲裁员

1.仲裁庭的组成

仲裁庭是仲裁委员会处理劳动争议案件的基本组织形式，代表仲裁委员会对具体劳动争议案件行使仲裁权，是经一定程序选出的仲裁员组成的非常设性的处理劳动争议的专门机构。仲裁委员会处理劳动争议案件实行仲裁庭制度，即按照

“一案一庭”的原则组成仲裁庭。

仲裁庭的组织形式可分为独任制和合议制两种。独任制是由仲裁委员会指定一名仲裁员独任审理仲裁，适用于事实清楚、案情简单、法律适用明确的劳动争议案件。合议制是指由一名首席仲裁员和两名仲裁员组成仲裁庭，共同审理劳动争议案件。仲裁庭的首席仲裁员由仲裁委员会负责人或授权其办事机构负责人指定，另两名仲裁员由仲裁委员会授权其办事机构负责人指定或由当事人各选一名。其中不符合规定的，由仲裁委员会予以撤销，重新组成仲裁庭。

2.仲裁庭的职责

劳动争议仲裁庭在处理劳动争议案件时，应依照法定程序实施仲裁活动并正确地行使职权。劳动争议仲裁庭的职责体现在处理劳动争议案件的整个过程中。劳动争议仲裁庭并非常设机构，劳动争议仲裁委员会在接受立案后自然成立劳动争议仲裁庭，结案后仲裁庭将自然撤销，劳动争议仲裁庭的职责主要是案件本身的裁决工作。根据《劳动争议调解仲裁法》及其他相关规定，劳动争议仲裁庭的职责主要包含以下几个方面：

（1）依法进行开庭前的各项准备工作

这些准备工作包括通知当事人仲裁庭组成情况、送达各种仲裁文书（受理、应诉通知书及开庭通知）、组织证据交换等。

（2）先行调解

依照劳动争议处理着重调解的基本原则，仲裁庭应将调解贯穿于案件处理的全过程之中，在开庭前应组织当事人调解。其中，调解主要分为授权调解、委托调解和申请调解三种类型。

（3）依法审理劳动争议案件

仲裁庭在处理劳动争议时，应依法定程序公开开庭审理劳动争议案件，通过对当事人提交的证据进行质证、认证，查明案件事实和争议焦点，在开庭过程中组织当事人调解，并如实将开庭情况记入笔录。

（4）及时对劳动争议进行裁决

对于开庭后仍调解不成的案件，仲裁庭应依法及时裁决，制作裁决书，依法定程序上报仲裁委员会主任审批。对于重大疑难的案件及经仲裁庭合议后作出结论的案件，应提出裁决意见上报仲裁委员会讨论决定。

（5）应在法定审理期限内审结案件

根据《劳动争议调解仲裁法》第四十三条的规定：仲裁庭裁决劳动争议案件，应当自劳动争议仲裁委员会受理仲裁申请之日起四十五日内结束。案情复杂需要延期的，经劳动争议仲裁委员会主任批准，可以延期并书面通知当事人，但是延长期限不得超过十五日。逾期未作出仲裁裁决的，当事人可以就该劳动争议事项向人民法院提起诉讼。

（6）依法部分先行裁决

部分先行裁决是指仲裁庭在审议争议案件时，对其中已经查明的一部分事实，预先就该部分先行裁决，此职责对保护弱势劳动者当事人的权益尤为重要。在仲裁实务中，有的用人单位无故拖欠、克扣甚至停发劳动者的工资，致使劳动者的基本生活难以保障，还有的用人单位拖欠支付甚至拒不支付劳动者的医疗费用，造成劳动者生活严重困难，这些争议属于用人单位明显违反国家法律、法规规定，事实非常清楚，有充分证据证明，则仲裁庭即应就该部分先行裁决，以保障劳动者的基本合法权益。

（7）对符合条件的案件裁决先予执行

仲裁庭对于追索劳动报酬、工伤医疗费、经济补偿金或赔偿金的案件，根据当事人的申请，可以裁决先予执行，移送人民法院执行。裁决先予执行的案件有两个：一是当事人之间权利义务关系明确的；二是申请人的生活严重困难的。对于符合裁决先予执行的案件，经当事人申请，仲裁庭应裁决先予执行，从而对弱势劳动者的合法权益给予及时、有效的保护。

3.仲裁员的任职条件

仲裁员是指由劳动争议仲裁委员会依法聘任的，可以成为仲裁庭组成人员而从事劳动争议处理工作的人员。根据《劳动争议调解仲裁法》的规定，劳动争议仲裁员应符合道德条件和专业条件两方面的要求。

（1）道德条件

劳动争议仲裁员应当具备道德素养，并将其作为履行职责时应遵守的信念和原则。对于劳动争议仲裁，只有做到品德高尚、秉公执法、勤政廉洁、作风正派、善于体察民意，同时积极拥护党的路线、方针、政策，才能保证仲裁裁决的质量和公信力。

（2）专业条件

劳动争议仲裁员必须具有一定的法律、劳动关系等专业知识及分析问题、解决问题的能力，因此，在符合了道德条件的基础上还应符合以下四个条件：

①曾任审判员的

对于曾担任过人民法院审判员的人员，在以往的工作中长期接触各种权益纠纷案件，具有较高的法律专业素质和丰富的处理纠纷的经验，因此对其任职年限没有提出要求，只要其曾经担任过人民法院的审判员即可。这一条件鼓励了全国各级人民法院曾担任过审判员的退休人员广泛地参与到劳动争议仲裁工作中，从而提升了仲裁员队伍的业务素质，尤其是基层仲裁员的素质。

②从事法律研究、教学工作并具有中级以上职称的

从事法律研究、教学工作并具有中级以上职称的专家、学者，在其研究领域积累了丰富的专业知识，具有扎实的理论功底和专业背景，将其聘任为仲裁员可以充分发挥其理论和专业优势，灵活、有效地解决现实中大量复杂的劳动争议

案件。

③具有法律知识、从事人力资源管理或者工会等专业工作满五年的

具有一定法律知识，在劳动行政管理部门、人事行政管理部门、工会或企业联合会等机构工作满五年的人员，可以聘任为劳动争议仲裁员。长期从事人力资源管理、工会维权等工作的人员，在日常工作中会经常涉及劳动争议、纠纷的处理，具有相应的专业能力，同时具有丰富的处理劳动纠纷的实践经验，能够有效地解决实际中的劳动纠纷。

④律师执业满三年的

从事律师工作并执业满三年的人员，不仅具有丰富、扎实的法律专业知识，同时具有较强的思辨能力和灵活、公正解决具体案件的实践能力，同时，其职业特点又能保证担任劳动争议仲裁员的时间和精力。因此，聘任律师执业满三年的人员作为劳动争议仲裁员，不仅能够有效地解决实际的劳动纠纷案件，还有助于提高仲裁员队伍的整体素质和业务水平。

4.仲裁员的聘任

劳动争议仲裁委员会成员，自任命之日起即具备了仲裁员资格，可由劳动争议仲裁委员会根据需要聘任为专职仲裁员或兼职仲裁员，并将聘任的仲裁员按照不同专业设置仲裁员名册。其中，专职仲裁员由劳动争议仲裁委员会从劳动争议仲裁委员会专门从事劳动争议处理工作的人员中聘任；兼职仲裁员由劳动争议仲裁委员会从劳动行政部门、人事行政部门或者其他行政部门的人员，曾任审判员的人员，工会工作者、专家、学者和律师中聘任。

另外，由于劳动人事争议仲裁是一项准司法性工作，因此不仅要求仲裁员具备一定的法律知识，还需要其熟练掌握劳动人事管理方面的法律、法规和政策。为了保证新聘任的仲裁员能更好地胜任工作，人力资源和社会保障部在其制定的《劳动人事争议仲裁组织规则》中规定，要对仲裁员进行聘前培训。具体来说，担任地（市）、县（区）仲裁委员会仲裁员的，参加省、自治区、直辖市人力资源和社会保障行政部门组织的仲裁员聘前培训；担任省、自治区、直辖市仲裁委员会仲裁员和副省级城市仲裁委员会仲裁员的，参加人力资源和社会保障部组织的聘前培训。

4.3 劳动争议仲裁程序

重点提示4-1

目前我国劳动争议仲裁机构实体化建设的进程正在稳步推进中，因此劳动争议仲裁机构的名称出现了“劳动人事争议仲裁委员会”和“劳动人事争议仲裁院”两种类型，其职能没有本质区别。本节内容中涉及的法律文书一律以“劳动

人事争议仲裁院”作为仲裁机构的名称，尚未建立仲裁院的劳动人事争议仲裁委员会同样适用。

4.3.1 申请和受理

劳动争议仲裁虽然是一种非司法程序，但和司法程序一样实行“不告不理”原则，即仲裁程序因当事人提出申请而启动。如果没有当事人提出劳动争议仲裁申请，那么劳动争议仲裁机构是不会主动启动仲裁程序的。

1.仲裁时效

劳动争议申请仲裁的时效为一年。仲裁时效期间从当事人知道或者应当知道其权利被侵害之日起计算。

劳动关系存续期间因拖欠劳动报酬发生争议的，劳动者申请仲裁不受仲裁时效的限制，但是，劳动关系终止的，应当自劳动关系终止之日起一年内提出仲裁申请。

知识链接4-1 **仲裁时效的中断和中止**

1.仲裁时效的中断

如果一方当事人向对方当事人主张权利，或者向有关部门请求权利救济，或者对方当事人同意履行义务，那么仲裁时效中断，从中断时起，仲裁时效重新计算。导致仲裁时效中断的情形包括：

（1）一方当事人通过协商、申请调解等方式向对方当事人主张权利的；

（2）一方当事人向有关部门投诉；

（3）一方当事人向仲裁机构申请仲裁；

（4）一方当事人向人民法院起诉；

（5）一方当事人向人民法院申请支付令；

（6）对方当事人同意履行义务；

（7）法律规定导致仲裁时效中断的其他情形。

2.仲裁时效的中止

因不可抗力或者有其他的正当理由的，当事人不能在规定的仲裁时效期间申请仲裁的，仲裁时效中止。从中止时效的原因消除之日起，仲裁时效期间继续计算。

2.书面仲裁申请

申请劳动争议仲裁，当事人应当亲自或者书面委托代理人到有管辖权的劳动争议仲裁机构提出书面申请，按照申请书上的要求填写后递交给工作人员，然后等待是否受理的通知。

申请劳动争议仲裁应当提交下列材料：

（1）申请书

申请书一式三份，递交劳动争议仲裁机构两份，申请人留存一份。如果被申请人为共同当事人的，申请书一式四份，递交劳动争议仲裁机构三份，申请人留存一份。

申请书用蓝黑或者黑色钢笔或签字笔书写，均须本人签名并注明申请日期。申请书除应写明劳动者的姓名、性别、年龄、职业、工作单位、住所、联系电话以及用人单位的名称、住所，法定代表人或负责人的姓名、职务、联系电话等当事人的基本情况外，还应当有明确具体的申请请求及申请所依据的事实和理由。

（2）身份证明

申请人是劳动者的，应携带本人身份证明并提交复印件，有委托代理人的，还应提交授权委托书及委托代理人身份证明等；申请人是用人单位的，应携带单位营业执照副本，并提交复印件以及本单位法定代表人身份证明、授权委托书、委托代理人身份证明等。

（3）劳动关系证明

劳动关系证明如劳动合同、解除或终止劳动合同证明、工资发放证明、社会保险缴费证明、工作证、出入证等材料及相应复印件。

（4）被申请人身份证明

申请人在申请劳动争议仲裁时，劳动争议仲裁机构根据立案审查的需要，要求申请人提交能够证明被申请人身份的有关材料的，申请人应尽可能提交。如果被申请人是用人单位的，应当提交其工商注册登记相关情况的证明，包括单位名称、法定代表人、住所地、经营地等；如果被申请人是劳动者的，应当提交其本人户口所在地地址、现居住地、联系电话等。

（5）送达地址确认书

申请人在递交申请书时应填写送达地址确认书，写明自己接收仲裁法律文书的详细地址、邮政编码和联系电话等内容。

操作示例4-1　　制作劳动争议仲裁申请书

【背景】于明丽（女）是天乐公司财务处的一名会计，与本部门出纳张君（男）素来不和。于明丽的丈夫认为张君总是欺负于明丽，决定找个机会教训一下张君。为了怕于明丽阻拦，于明丽的丈夫特地在××××年××月××日下午来到天乐公司，因为他知道这天下午于明丽会去银行办事，自己可以趁此机会好好教训一下张君。于明丽的丈夫来到财务处找到张君，不问青红皂白便给了张君一拳，周围的同事赶紧把他俩拉开。正在此时，于明丽从银行回来，赶紧把丈夫拉回了家。

第二天，于明丽一上班就收到一份通知，被告知由于教唆家属到公司殴打同事，已经严重违反劳动纪律，公司决定解除于明丽的劳动合同，并让她立即办理工作交接手续。

【任务】于明丽不服，她认为丈夫来单位打人自己并不知情，更谈不上教唆，况且自己在事发后及时制止了丈夫的行为，并且于明丽认为，自己可以就打人一事向张君道歉，公司解除劳动合同的处理太过严重。于是，于明丽向劳动争议仲裁机构申请仲裁，请帮她写一份“劳动争议仲裁申请书”。

【方案】

×××劳动人事争议仲裁院

申请书

申请人				被申请人			
姓名或单位名称	于明丽			姓名或单位名称	天乐公司		
单位性质				单位性质	私营企业		
法定代表人姓名		职务	会计	法定代表人姓名	×××	职务	总经理
性别	女	年龄	27岁	性别	男	年龄	48岁
民族或国籍	汉族			民族或国籍	汉族		
工作单位	天乐公司			工作单位			
地址	北京市西城区展览路9号			地址	北京市朝阳区南大街88号		
电话	××××××××			电话	××××××××		
邮编	××××××			邮编	××××××		

请求事项：

撤销对申请人解除劳动合同的决定。

事实和理由（包括证据和证据来源、证人姓名和住址等情况）：

本人是天乐公司财务处的一名会计，与本部门的出纳张君有些私人恩怨，但本人从未因此影响工作。××××年××月××日，本人家属趁本人不在公司时，到公司对张君作出了一些不理智的举动。事发后，本人立即劝走了家属，并向张君道歉。

但天乐公司认为，是本人教唆家属来公司闹事。对此结论本人不认可，家属来公司本人确不知情，谈不上教唆。公司以本人严重违反劳动纪律为由，解除本人劳动合同缺乏依据，本人不服，特申请仲裁。

此致：

×××劳动人事争议仲裁院

申请人：于明丽

××××年××月××日

3.仲裁机构受理

劳动争议仲裁机构在立案时，只就申请人是否是本案当事人、所申请内容是否属于劳动争议的受理范围、是否属于该劳动争议仲裁机构管辖等问题进行初步审查。至于申请人的请求是否符合法律的要求，是否有相应的事实依据，是在后面的仲裁审理活动中要解决的问题。申请人所提交的“劳动争议仲裁申请书”中所写的内容未必一定就是劳动争议仲裁机构最终认定的结果。

劳动争议仲裁机构收到仲裁申请之日起五日内，认为符合受理条件的，应当受理，并通知申请人；认为不符合受理条件的，应当书面通知申请人不予受理，并说明理由。对劳动争议仲裁机构不予受理或者逾期未作出决定的，申请人可以就该劳动争议事项向人民法院提起诉讼。

劳动争议仲裁机构受理仲裁申请后，应当在五日内将仲裁申请书副本送达被申请人。

操作示例4-2　　仲裁案件的受理

【背景】根据上述的背景资料，仲裁机构受理了申请人于明丽的申请。

【任务】劳动争议仲裁机构决定将此案立案，并制作“受理案件通知书”送达给申请人，制作“立案通知书”送达给被申请人。

【方案】

1.“劳动争议仲裁机构立案审批表”参考格式

×××劳动人事争议仲裁院

立案审批表

案由			收案时间		案号	
申请人（被申请人）	姓名		性别		出生日期	
	现工作单位					
被申请人（申请人）	单位全称					
	企业性质			主管部门		
	单位全称					
	企业性质			主管部门		
请求事项	填报人：　　年　月　日					
审批意见	审批人：　　年　月　日					

2.“受理案件通知书”参考格式

×××劳动人事争议仲裁院

受理案件通知书

×劳仲案字〔 〕第 号

：

本院已经接到你（单位）申请仲裁的申请书，经审查符合规定的受理条件，本委决定立案审理。现将有关事项通知如下：

一、自收到本通知书之日起十日内，劳动者应提交身份证件复印件（A4型纸），用人单位应提交“营业执照”副本复印件（A4型纸）并填写“法定代表人身份证明书”。

二、如需委托代理人代理参加仲裁活动，一经确定具体人选，即应填写“授权委托书”并提交文本。

三、本委决定此案由仲裁员________承办，仲裁员的联系电话________。如要求回避，当事人请向本委提出回避申请。

年__月__日

（盖章）

3.“立案通知书”参考格式

×××劳动人事争议仲裁院

立案通知书

×劳仲案字〔 〕第 号

：

本院已受理申请仲裁你（单位）劳动争议案，现将申请书副本送交你（单位），并将有关事项通知如下：

一、请你（单位）自收到申请书副本之日起十日内向本委提交答辩书两份（使用A4型纸，并签名或盖章）。

二、自收到本通知书之日起十日内，劳动者应提交身份证件复印件（A4型纸），用人单位应提交“营业执照”副本复印件（A4型纸）并填写“法定代表人身份证明书”。

三、如需委托代理人代理参加仲裁活动，一经确定具体人选，即应填写“授权委托书”并提交文本。

四、本委决定此案由仲裁员________承办，仲裁员的联系电话________。如要求回避，当事人请向本委提出回避申请。

五、如对本案管辖持有异议，请自收到本通知书之日起十日内向本委书面提出并提供相关依据原件。

____年__月__日

（盖章）

重点提示4-2

“立案审批表”是劳动争议仲裁机构的工作文件，不送达给当事人，但会存入该案件的档案予以保存。对于案件是否受理，以劳动争议仲裁机构向当事人送达的通知书为准。

4.被申请人的答辩

被申请人收到仲裁申请书副本后，应当在十日内向劳动争议仲裁机构提交答辩书。劳动争议仲裁机构收到答辩书后，应当在五日内将答辩书副本送达申请人。被申请人未提交答辩书的，不影响仲裁程序的进行。

操作示例4-3　劳动争议仲裁案件的答辩

【背景】根据上述提供的背景资料，被申请人天乐公司收到了申请书副本。

【任务】以被申请人的名义制作“劳动争议仲裁答辩书”，提交给劳动争议处理机构。

【方案】

劳动争议仲裁答辩书

答辩人：天乐公司

答辩请求：驳回申请人的请求，维持公司解除劳动合同的决定。

事实和理由：

申请人于明丽在工作中没有正确处理同事间的矛盾，反而教唆家属到公司来殴打同事，造成很坏的影响。此行为已经严重违反了我公司的劳动纪律，我公司作出解除劳动合同的处理决定并无不当。理由如下：

1.无论基于什么理由，对他人进行身体攻击都是违法行为。本案中，殴打张君虽非于明丽本人所为，但其家属来单位殴打张君，如非于明丽指使，家属怎会擅自前往，所以于明丽对此事件有着不可推卸的责任。

2.由于于明丽家属的不理智行为，扰乱了我公司正常的办公秩序，在员工中也造成了很坏的影响。于明丽的行为已经严重违反了我公司的劳动纪律，我公司与其解除劳动合同既有事实上的依据，也有制度上的依据。

综上所述，申请仲裁机构驳回申请人于明丽的请求，维持我公司与其解除劳动合同的决定。

此致

×××劳动人事争议仲裁院

答辩人：天乐公司（签名或盖章）

××××年××月××日

重点提示4-3

对于被申请人而言，答辩是其权利而不是义务，即被申请人可以放弃答辩的权利。被申请人没有在规定的时限内提交答辩书，不影响劳动争议仲裁案件的审理。

5.本环节的其他法律文书

(1) 法定代表人身份证明书

在劳动争议仲裁的申请和受理环节中，当事人一方是用人单位的，需要填写“法定代表人身份证明书”。

操作示例4-4

法定代表人（或主要负责人）身份证明书

________同志现任我单位________职务，为法定代表人（或主要负责人）。

特此证明。

附：

法定代表人（或主要负责人）：

性别：

年龄：

民族：

住址：

联系电话：

邮政编码：

（单位全称，加盖印章）

年　月　日

(2) 授权委托书

根据法律的规定，劳动争议仲裁案件的当事人有权委托他人参加劳动争议仲裁活动。委托他人参加劳动争议仲裁活动的，必须填写、提交“授权委托书”。

委托代理制度是劳动争议仲裁中普遍运用的代理制度。在实际生活中，劳动争议的当事人由于某些原因难以亲自参加仲裁活动或不便亲自参加仲裁活动，或者因缺乏劳动法律常识或仲裁经验而需要在仲裁中获得法律帮助，可以委托他人代理参加仲裁活动。

委托代理是根据代理人和被代理人之间的合同成立的代理，受当事人委托代为仲裁的人，就是委托代理人。当事人在签发授权委托书前，应当就委托代理事项和代理权限同委托代理人达成协议。

委托代理的权限和事项一般由委托人自行决定，委托代理人必须在委托人的授权范围内从事代理活动，委托代理人须以委托人的名义从事仲裁活动，而仲裁活动的后果则由委托人承担。委托代理人不得超越授权委托书中约定的授权范围从事仲裁活动，超越授权范围从事代理活动的，委托代理人应当向委托人一方承担法律责任。

当事人在委托代理人时，必须如实详尽地填写委托事项和权限，委托代理人代为承认、放弃、变更仲裁请求，进行和解，必须有委托人（当事人）的特别授权，该特别授权必须如实记载于授权委托书中方产生法律效力。如果当事人仅授予委托代理人一般代理权，那么在委托事项和权限一栏可写明：代理进行仲裁活动，如进行答辩、申请回避、提供证据等。当事人授予委托代理人的是一般授权，还是特别授权，由当事人自己决定。

操作示例4-5

授权委托书

×××劳动人事争议仲裁院：

你院受理的关于________的争议一案，依照法律规定，特委托________为我（单位）的代理人，参加本案仲裁活动。

委托代理人：

姓名：

性别：

年龄：

工作单位及职务；

经常居住地：

联系电话：

委托事项和代理权如下（请在以下两项中选择其一进行勾选）：

1.一般代理。

2.代为接收法律文书；代为承认、放弃、变更仲裁请求，进行和解，提出反申请。

委托代理人在委托权限范围内签署的有关文书我方均予以承认，并承担法律责任。

委托人（签名或盖章）： 年 月 日

委托代理人（签名或盖章）： 年 月 日

4.3.2 仲裁准备工作

1.处理时限

仲裁处理时限是指劳动争议仲裁委员会处理劳动争议案件的时间要求，即在法律规定的时间内作出仲裁裁决。《劳动争议调解仲裁法》第四十三条规定：仲裁庭裁决劳动争议案件，应当自劳动争议仲裁委员会受理仲裁申请之日起四十五日内结束。案情复杂需要延期的，经劳动争议仲裁委员会主任批准，可以延期并书面通知当事人，但是延长期限不得超过十五日。逾期未作出仲裁裁决的，当事人可以就该劳动争议事项向人民法院提起诉讼。根据该法条的规定，劳动争议仲裁处理的最长期限为六十天，这有利于案件的快速解决，及时保障当事人的合法权益，体现了劳动争议仲裁快捷性的特点。

需要指出的是，由于在案件的审理过程中可能会出现一些特殊情况致使仲裁庭无法继续审理，中止仲裁审理的时间是不计算在上述期限之内的，在中止仲裁审理的情形消失之后，劳动争议仲裁审理期限继续计算。《劳动人事争议仲裁办案规则》第四十六条规定：有下列情形的，仲裁期限按照下列规定计算：（1）仲裁庭追加当事人或者第三人的，仲裁期限从决定追加之日起重新计算；（2）申请人需要补正材料的，仲裁委员会收到仲裁申请的时间从材料补正之日起重新计算；（3）增加、变更仲裁请求的，仲裁期限从受理增加、变更仲裁请求之日起重新计算；（4）仲裁申请和反申请合并处理的，仲裁期限从受理反申请之日起重新计算；（5）案件移送管辖的，仲裁期限从接受移送之日起重新计算；（6）中止审理期间、公告送达期间不计入仲裁期限内；（7）法律、法规规定应当另行计算的其他情形。

2.送达和通知

《劳动争议调解仲裁法》第三十条规定：劳动争议仲裁委员会受理仲裁申请后，应当在五日内将仲裁申请书副本送达被申请人。被申请人收到仲裁申请书副本后，应当在十日内向劳动争议仲裁委员会提交答辩书。劳动争议仲裁委员会收到答辩书后，应当在五日内将答辩书副本送达申请人。被申请人未提交答辩书的，不影响仲裁程序的进行。

劳动争议答辩是指被申请方根据申请方提出的问题，出于维护自身合法权益的目的，有针对性地对其予以反驳。但是答辩并不影响仲裁活动的进行，被申请人可以选择不进行答辩，仲裁委员会会按照程序开展下一步的审理活动。

3.组建仲裁庭

劳动争议仲裁委员会在作出受理仲裁申请的决定后，应着手建立仲裁庭，确定开庭的时间和地点，并以书面形式告知当事人。根据《劳动争议调解仲裁法》以及《劳动人事争议仲裁办案规则》的相关规定，仲裁委员会应当在受理仲裁申请之日起五日内组成仲裁庭，并将仲裁庭的组成情况书面通知当事人。仲裁庭由三名仲裁员组成，设首席仲裁员。简单劳动争议案件可以由一名仲裁员独任仲裁。

4.决定回避事宜

在仲裁庭组成之后，劳动争议仲裁委员会要对仲裁员进行审查，要求与本案有利害关系的仲裁员进行回避。回避分为仲裁员主动回避和当事人申请回避两种。《劳动争议调解仲裁法》第三十三条规定，仲裁员有下列情形之一，应当回避，当事人也有权以口头或者书面方式提出回避申请：（1）是本案当事人或者当事人、代理人的近亲属的；（2）与本案有利害关系的；（3）与本案当事人、代理人有其他关系，可能影响公正裁决的；（4）私自会见当事人、代理人，或者接受当事人、代理人的请客送礼的。《劳动人事争议仲裁办案规则》第十一条规定：当事人申请回避，应当在案件开庭审理前提出，并说明理由。回避事由在案件开庭审理后知晓的，也可以在庭审辩论终结前提出。当事人在庭审辩论终结后提出回避申请的，不影响仲裁程序的进行。被申请回避的人员在仲裁委员会作出是否回避的决定前，应当暂停参与该案的处理，但因案件需要采取紧急措施的除外。

回避需要经过严格的程序。《劳动人事争议仲裁办案规则》第十二条规定：仲裁员、记录人员是否回避，由仲裁委员会主任或者其委托的仲裁院负责人决定。仲裁委员会主任担任案件仲裁员是否回避，由仲裁委员会决定。《劳动争议调解仲裁法》第三十四条规定，仲裁员有私自会见当事人、代理人，或者接受当事人、代理人的请客送礼的，或者有索贿受贿、徇私舞弊、枉法裁决行为的，应当依法承担法律责任。劳动争议仲裁委员会应当将其解聘。

4.3.3 开庭和裁决

1.发开庭通知书

劳动争议仲裁机构应当在受理仲裁申请之日起五日内将仲裁庭的组成情况书面通知当事人。

仲裁庭应当在开庭五日前，将开庭日期、地点书面通知双方当事人，当事人有正当理由的，可以在开庭三日前请求延期开庭。是否延期，由劳动争议仲裁机构决定。

操作示例4-6

×××劳动人事争议仲裁院

开庭通知书

____：

本院受理的________一案，现决定于____年____月____日____时____分在________开庭审理，请准时出庭。

特此通知。

年 月 日

（盖章）

注：（1）申请人收到本通知，无正当理由拒不到庭或未经仲裁庭同意中途退庭的，视为撤回仲裁申请。

（2）被申请人收到本通知，无正当理由拒不到庭或未经仲裁庭同意中途退庭的，可缺席裁决。

（3）请注意遵守仲裁庭纪律。

2.仲裁庭审流程

劳动争议仲裁案件开庭审理时，仲裁员应当听取申请人的陈述和被申请人的答辩，主持庭审调查、质证和辩论，征询当事人的最后意见，并进行调解。

庭审过程是围绕案件事实进行调查的过程，重点有以下几个环节：

（1）举证

当事人提供的证据必须真实，如果提供虚假的证据要承担相应的法律责任；提供的证据要与案件争议的焦点有关，不要提供与案件无关的证据；证据的来源应当合法。另外，当事人在庭审过程中举证时，要说明证据的名称、要证明的问题和证明目的等。

（2）质证

质证是指一方当事人对另一方当事人提供证据的真实性、关联性、合法性发表意见，进行质疑、说明和辩驳；在质证过程中要尊重对方举证和质证的权利，不要打断对方，也不得对对方进行人身攻击。

（3）辩论

在辩论过程中要注意围绕案件争议的焦点进行辩论，已经陈述过的意见不要反复地说，要尊重对方，禁止发表攻击对方人格的言论。

（4）调解

在辩论程序终结后，当事人各方可以选择调解程序，调解达成协议的，仲裁庭应当制作调解书。调解书一经双方当事人签收后，就发生法律效力。如果调解不成，仲裁庭还会依法裁决。有的人认为调解不如裁决的法律效力高，其实调解与裁决是处理劳动争议的两种方式，二者具有同等的法律效力。

3.庭审中的注意事项

仲裁庭应当将开庭情况记入笔录。当事人或者其他仲裁参加人认为对自己陈述的记录有遗漏或者差错的，有权申请补正。仲裁庭认为申请无理由或者无必要的，可以不补正，但应当记录该申请。仲裁员、记录人员、当事人和其他仲裁参加人应当在庭审笔录上签名或者盖章。当事人或者其他仲裁参加人拒绝在庭审笔录上签名或者盖章的，仲裁庭应在附卷中记明情况。

操作示例4-7

×××劳动人事争议仲裁院
庭审笔录

时间：　　年　　月　　日　　时到　　时

地点：

案号：×劳仲字〔　〕第　　号

案由：

首席仲裁员：

仲裁员：

书记员：

申请人：

委托代理人：

被申请人：

委托代理人：

第三人：

委托代理人：

审理情况：

庭审笔录制作说明：

本文书是供仲裁庭开庭裁决案件时使用的。

本文书的“案号”一栏应填写本案“受理通知书”等仲裁文书的同一个编号：“×劳仲案字〔　〕第　　号”。

仲裁庭开庭裁决时做的庭审笔录应如实记录仲裁庭审理的全部活动，包括当事人和其他仲裁参加人的活动。庭审过程中再进行调解的，也应将调解过程记入本笔录，不需另记调解笔录。

庭审笔录由当事人和其他仲裁参加人阅读后在最后一页的下方签名或盖章。如他们认为记录有误或有遗漏的可以进行补正。

拒绝签名或盖章的应记明情况，由首席仲裁员或独任仲裁员、书记员签名。

增加的续页应注明页数。

仲裁庭对专门性问题认为需要鉴定的，可以交由当事人约定的鉴定机构鉴定；当事人没有约定或者无法达成约定的，由仲裁庭指定的机构鉴定。根据当事人的请求或者仲裁庭的要求，鉴定机构应当派鉴定人参加开庭。当事人经仲裁庭许可，可以向鉴定人提问。

当事人申请仲裁后，可以自行和解。双方达成和解协议的，申请人可以撤回仲裁申请，当事人也可以请求仲裁庭根据和解协议制作仲裁调解书。

4. 自行和解和仲裁调解

（1）自行和解

劳动争议自行和解是指当事人双方通过自行协商，最终达成解决劳动争议的协议，从而解决劳动争议的一种方式。我国《劳动争议调解仲裁法》第四十一条规定：当事人申请劳动争议仲裁后，可以自行和解。达成和解协议的，可以撤回仲裁申请。当事人自行和解是当事人对自己的实体劳动权利的处分，但和解内容必须符合法律、法规的规定。当事人和解后，申请人应当向劳动争议仲裁委员会提出撤诉申请。劳动争议仲裁委员会收到撤诉申请后，应当制作劳动争议仲裁决定书予以撤诉。当事人自行和解，只要符合法律、法规规定，仲裁机构都会予以批准。

劳动争议的和解与民事争议的和解等同，无法定的规则和程序，无第三人参与。协议的达成和遵守完全由双方自愿，换言之，对达成的和解协议，当事人可以履行，也可以不履行。

（2）仲裁调解

在劳动争议仲裁的过程中，仲裁调解是劳动争议仲裁委员会处理劳动争议的重要方式。《劳动争议仲裁调解法》第四十二条规定：仲裁庭在作出裁决前，应当先行调解。调解达成协议的，仲裁庭应当制作调解书。调解书应当写明仲裁请求和当事人协议的结果。调解书由仲裁员签名，加盖劳动争议仲裁委员会印章，送达双方当事人。调解书经双方当事人签收后，发生法律效力。调解不成或者调解书送达前，一方当事人反悔的，仲裁庭应当及时作出裁决。

该法条所说的先行调解是指在劳动争议仲裁委员会受理案件后，在作出裁决之前，由仲裁员一人或仲裁庭主持双方进行协商，促使双方相互谅解，达成协议，以结束劳动争议仲裁的过程。先行调解是仲裁程序中的必经程序。仲裁调解不同于自行和解，自行和解是双方自行达成和解协议，而仲裁调解则是在第三方即仲裁委员会的主持、斡旋、劝导下达成的。

根据我国的法律规定以及仲裁实践经验，仲裁调解应包含以下几个程序：①在查明案情、分清责任的基础上，仲裁委员会提前拟订调解方案，并将调解的时间和地点通知当事人双方。②由一名仲裁员或仲裁庭主持调解，向当事人说明调解的好处和意义，进行疏导工作，并提出拟订的调解方案，组织双方就调解方案进行协商，对有关问题进行讨论。③调解结束有两种情况：一是当事人经过协商达成了调解协议；二是未达成调解协议，或虽达成协议，但在调解书送达前一方反悔，这时仲裁委员会应及时以裁决的方式结束案件。

操作示例4-8

×××劳动人事争议仲裁院

调解书

×劳仲字〔 〕第 号

申请人：×××（姓名），×（性别），××××年××月××日出生，××××××（工作单位及职务），住本市××区××街××号。

委托代理人：×××（姓名），×（性别），×岁（年龄），××××××（工作单位及职务或家庭住址）。/如果是律师代理，则仅写：×××（姓名），×××律师事务所律师。

被申请人：××××公司，住所地：××××××××。

法定代表人/负责人：×××（姓名），×××（职务）。

委托代理人：×××（姓名），×（性别），×岁（年龄），××××××（工作单位及职务或家庭住址）。/如果是律师代理，则仅写：×××（姓名），×××律师事务所律师。

申请人×××（姓名）（以下简称×××）诉被申请人××××（名称全称）（以下简称××公司）劳动争议一案，本委受理后，由仲裁员×××、×××、×××（仲裁员姓名）依法组成合议庭，×××任首席仲裁员/依法由仲裁员×××（姓名）独任审理。

×××（申请人姓名）向本院提出如下仲裁请求：

一、……

二、……

⋮

经本院主持调解，双方当事人自愿达成如下协议：

一、……

二、……

⋮

上述协议不违背有关法律规定，本院予以确认。

本调解书自送达之日起具有法律效力。

首席仲裁员：×××

仲 裁 员：×××

仲 裁 员：×××

年 月 日

此处盖 此件与原本核对无异 （仲裁机构盖章）

书 记 员：×××

注：本调解书式样是以申请人为劳动者个人，被申请人为用人单位为例。

5.仲裁裁决

仲裁裁决是劳动争议仲裁委员会处理劳动争议的最终解决方式。根据《劳动争议调解仲裁法》第四十五条规定：裁决应当按照多数仲裁员的意见作出，少数仲裁员的不同意见应当记入笔录。仲裁庭不能形成多数意见时，裁决应当按照首席仲裁员的意见作出。仲裁庭作出裁决后，应当制作仲裁裁决书，送达双方当事人。当事人对仲裁裁决不服的，自收到仲裁裁决之日起十五日内可以向人民法院起诉，期满不起诉的，仲裁裁决书即发生法律效力。如一方当事人不执行的，另一方当事人可申请人民法院强制执行。

（1）仲裁裁决书

仲裁裁决书是劳动争议仲裁委员会依法对劳动争议案件进行裁决，并制作的对当事人双方及有关单位或个人具有法律约束力的文书。《劳动争议调解仲裁法》第四十六条规定：裁决书应当载明仲裁请求、争议事实、裁决理由、裁决结果和裁决日期。裁决书由仲裁员签名，加盖劳动争议仲裁委员会印章。对裁决持不同意见的仲裁员，可以签名，也可以不签名。

仲裁裁决书由三部分组成：①当事人双方的基本情况、申诉的理由、争议的事实和要求；②审理过程和裁决意见，包括裁决认定的事实，适用的法律、法规及规范性文件，裁决的理由，裁决的结果，当事人的是非责任等；③裁决日期，全体仲裁员的签名，劳动争议仲裁委员会的印章及其他说明。

仲裁裁决书和仲裁调解书都是劳动争议仲裁委员会在处理劳动争议时制作的法律文书。二者的区别在于：①出现的程序不同。仲裁调解书是在仲裁调解阶段作出的，而仲裁裁决书是在裁决阶段作出的。②依据的原则不同。仲裁调解书强调的是自愿和合法的原则，只要调解协议的内容符合法律、法规规定，双方自愿接受即可；而仲裁裁决书根据的是少数服从多数的原则作出的。③生效的时间不同。仲裁调解书自送达之日起即具有法律效力，在送达之前，当事人可以反悔，一旦送达后，当事人不得反悔；而仲裁裁决书并不是送达后立即生效，而是自作出仲裁裁决起十五日内当事人不起诉才生效。④反映的当事人的意思表示不同。仲裁调解书是在当事人协商同意的基础上达成的，反映的是当事人双方真实的意思；而仲裁裁决书是仲裁庭依法作出的公断，可能是在双方意思表达不一致的情况下作出的裁决。

操作示例4-9

×××劳动人事争议仲裁院

裁 决 书

（适用于非劳务派遣劳动争议）

×劳仲字〔 〕第 号

申请人：×××（姓名），×（性别），××××年××月××日出生，××××××（工作单位及职务)，住本市××区××街××号。

委托代理人：×××（姓名），×（性别），×岁（年龄），××××××（工作单位及职务或家庭住址)。/如果是律师代理，则仅写：×××（姓名），×××律师事务所律师。

被申请人：××××公司，住所地：××××××××。

法定代表人/负责人：×××（姓名），×××（职务）。

委托代理人：×××（姓名），×（性别），×岁（年龄），××××××（工作单位及职务或家庭住址)。/如果是律师代理，则仅写：×××（姓名），×××律师事务所律师。

第三人：××××公司，住所地：××××××。

法定代表人/负责人：×××（姓名），×××（职务）。

委托代理人：×××（姓名），×（性别），×岁（年龄），××××××（工作单位及职务或家庭住址)。/如果是律师代理，则仅写：×××（姓名），×××律师事务所律师。

申请人×××（姓名）（以下简称×××）诉被申请人××××（名称全称）（以下简称××公司）××、××、××（案由）争议一案，本委受理后，由仲裁员×××、×××、×××（仲裁员姓名）依法组成合议庭，×××任首席仲裁员/依法由仲裁员×××（姓名）独任审理。

经审查，本委认为××××公司（名称全称）（以下简称××公司）与本案的处理结果有利害关系，依据《中华人民共和国劳动争议调解仲裁法》第二十三条的规定，追加××公司为第三人。

本案经公开开庭审理，×××（申请人姓名）及其委托代理人×××（姓名）、××公司（被申请人名称简称）的委托代理人×××（姓名）、××公司（第三人名称简称）的委托代理人××（姓名）均到庭参加了仲裁活动。/如果被申请人经书面通知未到庭，在前面表述了已出庭人员后（注意不要再表述被申请人），应在此继续写明：本委××××年××月××日向××公司（被申请人名称简称）送达了出庭通知，但其无正当理由未到庭。本案现已审理终结。

×××（申请人姓名）称：……（概述申请人提出的事实和理由，并明确列出申请人的全部请求）。

××公司（被申请人名称简称）辩称：……（概述被申请人答辩的主要内容及针对申请人每一项请求的明确态度）。

××公司（第三人名称简称）述称：……（概述第三人的主要意见）。

经查：……（一般按时间发展的基本时间顺序表述劳动争议仲裁机构查明的事实。个别疑难案件，如有必要，可以采取逐一列举双方提交的证据并论述质证、认证情况的论述方式）

上述事实有各方陈述、庭审笔录、×××（证据名称）、×××（证据名称）（这类证据应该是经过确认的证据）等在案证实。

本院认为：……（首先应当有概述性语言作为观点，逐一展开论述。要求对经查事实表明态度，并针对申请人的每一项请求是否予以支持进行论述，双方意见一致的点到即可，不用展开论述。着重论述双方存在分歧的地方。写明裁决的理由和依据，要写明具体所依据的法律、法规、规章和其他规范性文件等，文件要简练、逻辑要清晰、内容要全面）

本案经调解，双方未达成协议，依据《中华人民共和国劳动争议调解仲裁法》第四十二条第四款、《××××》第××条、《××××》第××条的规定，现裁决如下：……/如果被申请人经书面通知未到庭的，则此段表述为：本案在开庭审理中，××公司（被申请人名称简称）经本委合法通知无正当理由未到庭，根据《中华人民共和国劳动争议调解仲裁法》第三十六条第二款、《××××》第××条、《××××》第××条的规定，现缺席裁决如下：

一、……

二、……

三、……

⋮

如不服本裁决，可于本裁决书送达之日起十五日内，向××法院提起诉讼，逾期不起诉，本裁决书发生法律效力。/如果系终局裁决，则此段表述为：本裁决对××公司（被申请人名称简称）为终局裁决。××公司（被申请人名称简称）有证据证明本裁决有《中华人民共和国劳动争议调解仲裁法》第四十九条第一款规定的情形之一的，可自本裁决书送达之日起三十日内向××法院申请撤销裁决。××（申请人姓名）如不服本裁决，可于本裁决书送达之日起十五日内，向××法院提起诉讼，逾期不起诉，本裁决书即发生法律效力。

首席仲裁员：×××

仲　裁　员：×××

仲　裁　员：×××

年　月　日

此处盖 此件与原本核对无异　　　　　（仲裁机构盖章）

书　记　员：×××

注：(1) 本裁决书式样是以申请人为劳动者个人，被申请人为用人单位为例。

(2) 加下划线的部分是追加第三人情况下的格式要求，如未追加，则不需要表达。

操作示例4-10

×××劳动人事争议仲裁院

裁决书

（适用于劳务派遣劳动争议）

×劳仲字〔 〕第 号

申请人：×××（姓名），×（性别），××××年××月××日出生，××××××（工作单位及职务），住本市××区××街××号。

委托代理人：×××（姓名），×（性别），×岁（年龄），××××××（工作单位及职务或家庭住址）。/如果是律师代理，则仅写：×××（姓名），×××律师事务所律师。

被申请人：××××公司，住所地：××××××××（劳务派遣单位）。

法定代表人/负责人：×××（姓名），×××（职务）。

委托代理人：×××（姓名），×（性别），×岁（年龄），××××××（工作单位及职务或家庭住址）。/如果是律师代理，则仅写：×××（姓名），×××律师事务所律师。

被申请人：××××公司，住所地：××××××××。（用工单位）

法定代表人/负责人：×××（姓名），×××（职务）。

委托代理人：×××（姓名），×（性别），×岁（年龄），××××××（工作单位及职务或家庭住址）。/如果是律师代理，则仅写：×××（姓名），×××律师事务所律师。

申请人×××（姓名）（以下简称×××）诉被申请人××××（劳务派遣单位名称全称）（以下简称××公司）及被申请人××××（用工单位名称全称）（以下简称××公司）××、××、××（案由）争议一案，本委受理后，由仲裁员×××、×××、×××（仲裁员姓名）依法组成合议庭，×××任首席仲裁员。依据《中华人民共和国劳动争议调解仲裁法》第二十二条的规定，××公司（被申请人名称简称）和××公司（被申请人名称简称）为本案共同当事人。

本案经公开开庭审理，×××（申请人姓名）及其委托代理人×××（姓名）、××公司（被申请人名称简称）的委托代理人×××（姓名）及××公司（被申请人名称简称）的委托代理人××（姓名）均到庭参加了仲裁活动。本案现已审理终结。

×××（申请人姓名）称：……（概述申请人提出的申请事实和理由，并明确列出申请人的全部申请请求）

××公司（被申请人名称简称）辩称：……（概述被申请人答辩的主要内容及针对申请人每一项申请请求的明确态度）

××公司（被申请人名称简称）辩称：……（概述被申请人答辩的主要内容及针对申请人每一项申请请求的明确态度）

经查：……（一般按时间发展的基本时间顺序表述劳动争议仲裁机构查明的事实。个别疑难案件，如有必要，可以采取逐一列举双方提交的证据并论述质证、认证情况的论述方式）

上述事实有各方陈述、庭审笔录、×××（证据名称）、×××（证据名称）（这类证据应该是经过确认的证据）等在案证实。

本院认为：……（首先应当有概述性语言作为观点，逐一展开论述。要求对经查事实表明态度，并针对申请人的每一项请求是否予以支持进行论述，双方意见一致的点到即可，不用展开论述。着重论述双方存在分歧的地方。写明裁决的理由和依据，要写明具体所依据的法律、法规、规章和其他规范性文件等，文件要简练、逻辑要清晰、内容要全面）

本案经调解，双方未达成协议，依据《中华人民共和国劳动争议调解仲裁法》第四十二条第四款、《××××》第××条，《××××》第××条的规定，现裁决如下：

一、××公司（劳务派遣单位）……

二、××公司（用工单位）对第一项裁决承担连带赔偿责任

三、……

如不服本裁决，可于本裁决书送达之日起十五日内，向××法院提起诉讼，逾期不起诉，本裁决书发生法律效力。

首席仲裁员：×××

仲　裁　员：×××

仲　裁　员：×××

年　月　日

此处盖 此件与原本核对无异　　　（仲裁机构盖章）

书　记　员：×××

注：（1）本裁决书式样是以申请人为劳动者个人，被申请人为劳务派遣单位和用工单位为例。

（2）裁决主文中关于连带责任的表述，是以用工单位需要对劳务派遣单位的某项义务承担连带责任的情况为例，若经查无须承担连带责任，则不作表述。

（2）对席裁决和缺席裁决

对席裁决是指仲裁庭在双方当事人及其代理人都到庭参加仲裁审理，进行充分陈诉与辩论，并查明争议案件事实的基础上作出的仲裁裁决。缺席裁决是指仲裁庭在非正常情况下作出的裁决，即仲裁庭在听取一方当事人的陈诉和辩论，并对未到庭一方当事人提交的书面材料进行审查的基础上，对争议案件作出的裁决。根据《劳动争议调解仲裁法》第三十六条的规定，被申请人有下列两种情形之一的，劳动争议仲裁庭可以缺席裁决：①被申请人收到书面通知，无正当理由拒不到庭；②被申请人未经仲裁庭同意中途退庭。但是，如果被申请人委托了全

权代理人，被申请人未出庭，而全权代理人出庭，不能进行缺席裁决。

（3）先行裁决和先予执行

《劳动争议仲裁调解法》第四十三条第二款规定：仲裁庭裁决劳动争议案件时，其中一部分事实已经清楚，可以就该部分先行裁决。先行裁决的目的是维护劳动者的合法权益，因为劳动争议案件中职工一方当事人一般处于弱势地位，特别是涉及工资和工伤补偿等方面的问题时，如果不能及时解决争议，将直接影响到劳动者的生活，因此对案件中事实已经清楚的部分先行裁决。

先予执行是指劳动争议仲裁委员会在审理劳动争议案件的过程中，因当事人一方的迫切需要，根据其申请，在作出判决前，裁定一方当事人给付另一方当事人一定的财物，或者立即实施或停止某种行为，并立即执行的措施。《劳动争议调解仲裁法》第四十四条规定：仲裁庭对追索劳动报酬、工伤医疗费、经济补偿或者赔偿金的案件，根据当事人的申请，可以裁决先予执行，移送人民法院执行。仲裁庭裁决先予执行的，应当符合下列条件：①当事人之间权利义务关系明确；②不先予执行将严重影响申请人的生活。劳动者申请先予执行的，可以不提供担保。

4.3.4 当事人在仲裁活动中的权利和义务

1.撤回申请

申请人在仲裁过程中有权撤销或者放弃申请请求。

撤回申请应当在劳动争议仲裁机构立案后至“调解书”或者“裁决书”送达之前提出书面申请，并经劳动争议仲裁机构批准。

2.提交答辩书及相关材料

劳动争议仲裁机构受理仲裁申请后，应当在五日内将仲裁申请书副本送达被申请人。被申请人收到仲裁申请书副本后，应当在十日内向劳动争议仲裁机构提交答辩书，该十日为答辩期。同时，被申请人还应当向劳动争议仲裁机构提交营业执照副本、法定代表人身份证明书、授权委托书等相关材料。

3.提出管辖异议

被申请人对劳动争议仲裁机构受理案件的管辖有异议的，应当在答辩期内以书面形式提出并提供相关的证据材料。劳动争议仲裁机构认为管辖异议成立的，应当停止案件的审理并通知被申请人。劳动争议仲裁机构不同意管辖异议的，被申请人应当按时出庭。逾期提出的管辖异议或者未提供必要证据材料的，劳动争议仲裁机构不予受理。

4.填写送达地址确认书

当事人在申请或者答辩时应当向劳动争议仲裁机构提供送达地址，并填写送达地址确认书，写明接受仲裁法律文书的详细地址、邮政编码和联系电话等内容。受送达人是有固定职业的自然人的，其从业场所可以视为送达地址。劳动争议仲裁机构送达仲裁法律文书时将依据实际情况，采取直接送达、邮寄送达、委托送达、公告送达等形式。

5.提出反申请

被申请人可以提出反申请。反申请应当在答辩期内向劳动争议仲裁机构提出书面申请，经劳动争议仲裁机构决定受理并批准合并审理的，一并开庭审理。逾期提出反申请，经审查符合受理条件的，另案处理。

6.委托代理人参加仲裁活动

当事人可以委托一至两名委托代理人参加仲裁活动。委托代理人为律师的，应当有律师事务所出具的出庭函和律师执照，没有上述公函和律师执照的，不能以律师的身份参加仲裁活动。

当事人委托代理人的，应当填写“授权委托书”，“授权委托书”应当写明委托事项和权限。委托代理人的代理权限为：代为进行仲裁活动；代为接收仲裁书；代为承认、放弃、变更仲裁请求，进行和解，提起反申请；确认送达地址等。

当事人更换委托代理人、变更或解除委托代理人的代理权限的，应当向劳动争议仲裁机构书面报告变更情况。

7.追加第三人

当事人申请追加第三人的，应当向劳动争议仲裁机构书面提交追加第三人的事实理由及拟追加第三人的单位名称、法定代表人、通信地址、联系电话等详细准确的情况，经劳动争议仲裁机构批准后追加第三人参加仲裁活动。

8.按时出庭、遵守仲裁庭纪律

仲裁庭在被申请人答辩期限届满后公开开庭审理，并提前五日向当事人送达“出庭通知书”，当事人收到“出庭通知书”后，应当按照规定的时间、地点准时出庭，并遵守仲裁庭纪律。

9.申请回避

仲裁员有下列情形之一的，当事人可以提出回避申请：

（1）是本案当事人或者当事人、代理人的近亲属的；

（2）与本案有利害关系的；

（3）与本案当事人、代理人有其他关系，可能影响公正裁决的；

（4）私自会见当事人、代理人，或者接受当事人、代理人的请客送礼的。

当事人申请回避，应当口头或书面向劳动争议仲裁机构提出，并说明理由。经劳动争议仲裁机构决定批准的，调整仲裁庭组成人员并重新确定开庭日期；决定不予批准的，向当事人说明理由后，继续审理。

10.阅读庭审笔录并签字

当事人和其他仲裁活动参与人应在庭审结束后阅读庭审笔录，并应签名或盖章；认为对自己陈述或记录有遗漏或者差错的，可以申请补正，补正后应签名或盖章。

11. 查阅案卷

案件当事人和与当事人有利害关系的单位及个人不得借阅仲裁案卷；当事人就劳动争议提起诉讼的，可持相关证明申请查阅案卷；担任劳动争议诉讼代理人的律师，凭代理函和表明律师身份的有效证件，可在指定地点查阅案卷。

如需摘抄或者复印案卷材料的，需经劳动争议仲裁机构办公室负责人批准。查阅案卷时，不得在案卷资料上涂改、圈点、勾画或抽出卷页等，一经发现有上述损毁案卷行为者，将取消其查阅资格，造成严重后果或丢失案卷的，要追究法律责任。

12. 参加仲裁庭调解

劳动争议案件立案后，当事人仍然有和解的权利，也可以在仲裁庭主持下进行调解。双方自行和解或者经仲裁庭调解自愿达成调解协议的，可由仲裁庭制作“调解书”，“调解书”自送达之日起即发生法律效力。当事人对发生法律效力的“调解书”，应当依照规定的期限履行。一方当事人逾期不履行，另一方当事人可以依照民事诉讼法的有关规定向人民法院申请强制执行。双方当事人无法达成调解协议的，仲裁庭依法作出裁决。

13. 向法院起诉及申请强制执行

根据《劳动争议调解仲裁法》第四十七条的规定，涉及追索劳动报酬、工伤医疗费、经济补偿或者赔偿金，不超过当地月最低工资标准十二个月金额的争议，以及因执行国家的劳动标准在工作时间、休息休假、社会保险等方面发生的争议，除劳动者对仲裁裁决不服，可以自收到仲裁裁决书之日起十五日内向人民法院提起诉讼的情况外，仲裁裁决为终局裁决，裁决书自作出之日起发生法律效力。用人单位有证据证明前述仲裁裁决有《劳动争议调解仲裁法》第四十九条第一款规定的情形之一的，可以自收到仲裁裁决书之日起三十日内向劳动争议仲裁机构所在地的中级人民法院申请撤销裁决：(1) 适用法律、法规确有错误的；(2) 劳动争议仲裁委员会无管辖权的；(3) 违反法定程序的；(4) 裁决所根据的证据是伪造的；(5) 对方当事人隐瞒了足以影响公正裁决的证据的；(6) 仲裁员在仲裁该案时有索贿受贿、徇私舞弊、枉法裁决行为的。人民法院经组成合议庭审查核实裁决有前款规定情形之一的，应当裁定撤销。仲裁裁决被人民法院裁定撤销的，当事人可以自收到裁定书之日起十五日内就该劳动争议事项向人民法院提起诉讼。

当事人对《劳动争议调解仲裁法》第四十七条规定以外的其他劳动争议案件的仲裁裁决不服的，可以自收到裁决书之日起十五日内向人民法院提起诉讼；期满不起诉的，裁决书发生法律效力。

当事人对发生法律效力的调解书、裁决书，应当依照规定的期限履行。一方当事人逾期不履行的，另一方当事人可以依照民事诉讼法的有关规定向人民法院申请强制执行。受理申请的人民法院应当依法执行。

4.3.5 劳动争议仲裁中的证据制度

1.举证责任

（1）对当事人或者代理人身份有异议的，由持有异议的一方承担举证责任。

（2）当事人对自己提出的仲裁请求所依据的事实，或者辩驳对方仲裁请求所依据的事实，有责任提供证据加以证明。没有证据或者证据不足以证明当事人的主张的，由负有举证责任的当事人承担不利后果。

（3）劳动者无法提供由用人单位掌握管理的与仲裁请求有关的证据，仲裁庭可以要求用人单位在指定的期限内提供。用人单位在指定期限内不提供的，应当承担不利后果。

（4）在劳动合同（劳动关系）争议案件中，主张劳动合同（劳动关系）成立并生效的一方当事人，对劳动合同（劳动关系）成立和生效的事实承担举证责任。主张劳动合同（劳动关系）变更、解除、终止、撤销的一方当事人，对引起劳动合同（劳动关系）变动的事实承担举证责任。

（5）因用人单位作出解除劳动合同（劳动关系）、减少劳动报酬、计算劳动者工作年限等决定而发生争议的，由用人单位对决定所依据的事实和处理依据承担举证责任。

2.证据要求

（1）当事人向劳动争议仲裁机构提供证据，应当提供证据原件以及与原件核对无异的复印件。当事人提供视听资料证据的，应当提交两份拷贝件和两份完整的书面对话记录。

（2）当事人应当对提供的证据逐一分类编号，并填写“证据材料清单”。证据原件和复印件经劳动争议仲裁机构核对后，原件退当事人，复印件由劳动争议仲裁机构留存。

（3）以外文书证或者外文说明资料作为证据的，应当附有中文译本，中文译本应是由有关机构认可的有翻译资质的单位翻译的。

（4）当事人向劳动争议仲裁机构提供的证据系在中华人民共和国领域外形成的，该证据应当经所在国公证机关予以证明，并经中华人民共和国驻该国使领馆予以认证，或者履行中华人民共和国与该所在国订立的有关条约中规定的证明手续；有关证据是在我国港澳台地区形成的，按照相关规定执行。

（5）一方当事人对另一方当事人提交的证据的真实性持有异议的，可以申请鉴定。当事人申请鉴定，应当在劳动争议仲裁机构指定的期限内提出。鉴定机构由双方当事人约定，无法达成约定的，由仲裁庭指定。对需要鉴定的事项负有举证责任的当事人，在劳动争议仲裁机构指定的期限内无正当理由不提出鉴定申请或未提供相关材料，致使对案件争议的事实无法通过鉴定结论予以认定的，应当对该事实承担举证不能的法律后果。

(6) 当事人申请证人出庭作证的，应当在举证期限届满五日前提出，并经劳动争议仲裁机构许可。当事人提供证人证言的，除法律、司法解释规定的特殊情况外，证人应当亲自到庭作证接受询问。

仲裁员和当事人可以对证人进行询问。证人不得旁听仲裁庭审理。询问证人时，其他证人不得在场。仲裁庭认为有必要时，可以让证人对质。

3.举证期限

举证期限由劳动争议仲裁机构根据案件情况指定，自当事人收到案件受理通知书或立案通知书之日起计算。当事人应在举证期限内向劳动争议仲裁机构提交证据材料，当事人在举证期限内不提交证据材料的，视为放弃举证权利。对于当事人逾期提交证据材料的，劳动争议仲裁机构审理时不组织质证，但对方当事人同意质证的除外。

4.交换证据

劳动争议仲裁机构可以组织当事人在开庭审理前交换证据。交换证据的时间可以由当事人协商一致并经劳动争议仲裁机构认可，也可以由劳动争议仲裁机构指定。

5.补充证据

仲裁庭视案情允许当事人补充证据的，应当在仲裁庭规定的时间内补充证据，如果在规定的时间内不能补证的，应当承担不利的法律后果。

4.3.6 “一裁终局”的特别规定

一般而言，劳动争议进入到仲裁程序之后，就有可能进入到诉讼程序。诉讼阶段的两审终审制使得处理劳动争议的时间大大延长，不利于劳动者的维权。为了充分发挥劳动争议仲裁程序处理劳动争议的能力，《劳动争议调解仲裁法》创设了“一裁终局”制度。

根据《劳动争议调解仲裁法》第四十七条规定：下列劳动争议，除本法另有规定的外，仲裁裁决为终局裁决，裁决书自作出之日起发生法律效力：(1) 追索劳动报酬、工伤医疗费、经济补偿或者赔偿金，不超过当地月最低工资标准十二个月金额的争议；(2) 因执行国家的劳动标准在工作时间、休息休假、社会保险等方面发生的争议。设立“一裁终局”的目的在于缩短处理劳动争议的时间，避免当事人特别是用人单位进行恶意诉讼以拖延劳动争议案件的解决时间，使当事人的合法权益得到及时、有效的保障。需要指出的是，“一裁终局”并不适合所有的劳动争议案件，只有两类劳动争议案件可以列为“一裁终局”的案件：一是小额仲裁案件，涉案标的不超过当地月最低工资标准十二个月的金额；二是涉及国家劳动标准的案件。这两类案件在全部劳动争议案件总数中所占比例较大，并且处理的标准和依据比较明确，比较容易作出仲裁裁决，因此将其列为可以进行“一裁终局”的案件。

在实行有条件的“一裁终局”制度的同时，《劳动争议调解仲裁法》又提供了其他的司法救济途径。对于劳动者而言，对于上述规定的仲裁裁决不服的，可以自收到仲裁裁决书之日起十五日内向人民法院提起诉讼。对于用人单位而言，只要其有证据证明终局裁决有下列情形之一，可以自收到仲裁裁决书之日起三十日内向劳动争议仲裁委员会所在地的中级人民法院申请撤销裁决：(1) 适用法律、法规确有错误的；(2) 劳动争议仲裁委员会无管辖权的；(3) 违反法定程序的；(4) 裁决所根据的证据是伪造的；(5) 对方当事人隐瞒了足以影响公正裁决的证据的；(6) 仲裁员在仲裁该案时有索贿受贿、徇私舞弊、枉法裁决行为的。人民法院经组成合议庭审查核实裁决有前款规定情形之一的，应当裁定撤销。仲裁裁决被人民法院裁定撤销的，当事人可以自收到裁定书之日起十五日内就该劳动争议事项向人民法院提起诉讼。

本章小结

劳动争议仲裁是处理劳动争议案件的必经环节，对劳动争议的解决起着重要的作用。我国实行强制仲裁的原则，即如果不经过仲裁处理，劳动争议当事人就无权向人民法院提起劳动争议诉讼。这样做的目的在于缩短劳动争议的解决时间，减少当事人的维权成本，减轻法院的诉讼负荷，因为同诉讼程序相比，仲裁程序更为快捷便利。

《劳动争议调解仲裁法》规定，劳动争议仲裁委员会由劳动行政部门代表、工会代表和企业方面代表组成。劳动争议仲裁委员会组成人员应当是单数。在实际中，为了保证劳动人事争议仲裁过程的公平和公正，劳动人事争议仲裁委员会主要由三方组成，即人力资源和社会保障部门代表、同级工会代表以及用人单位方面的代表。劳动人事争议仲裁委员会的主任由劳动行政部门的主要负责人担任，这种组成形式体现了劳动关系的三方协商机制。

劳动争议仲裁虽然并不属于司法程序，但也具有“准司法”特征，仲裁程序和法院的诉讼程序具有相似性。不同的是当事人对仲裁裁决不服的，自收到仲裁裁决之日起十五日内可以向人民法院起诉，期满不起诉的，仲裁裁决书即发生法律效力。另外，为了保护劳动者的合法权益，我国还针对部分特殊劳动争议案件创设了“一裁终局”制度。设立“一裁终局”的目的在于缩短处理劳动争议的时间，避免当事人特别是用人单位进行恶意诉讼以拖延劳动争议案件的解决时间，使当事人的合法权益得到及时、有效的保障。

复习思考题

1. 劳动争议仲裁程序是如何进行的？
2. 劳动争议仲裁中的证据制度有什么特别规定？
3. 规定“一裁终局”的意义是什么？
4. 劳动争议仲裁如何与劳动争议调解更好地衔接？

案例分析

用人单位组织劳动者周末开会，是否应当支付加班费？

陈某是某汽车租赁公司员工，被安排随车在客户单位提供驾驶服务。陈某与汽车租赁公司签有为期两年的劳动合同，实行标准工时制。陈某在职期间，汽车租赁公司要求他每个月的第一周周六必须到汽车租赁公司开会，主要是进行安全驾驶培训，而且没有安排补休。

2019 年 7 月 31 日，双方劳动合同期满终止，陈某向汽车租赁公司提出要求其支付休息日安排培训的加班费。公司表示陈某没有在工作岗位上提供劳动，周末开会培训不算加班。双方协商未果后陈某申请劳动争议仲裁。

本案争议的焦点是，用人单位组织劳动者周末开会，是否应当支付加班费？

仲裁委员会裁决汽车租赁公司支付陈某在职期间 24 天的休息日加班工资。

加班是基于用人单位生产经营需要，由用人单位要求劳动者在规定的工作时间外，包括工作日的工作时间以外、法定节日或公休假日工作。认定是否是加班要考虑两个要素，即工作由用人单位安排和在法定标准工作时间之外。

本案中，汽车租赁公司在休息日安排陈某进行汽车安全驾驶培训，该培训系由公司组织安排，要求陈某必须参加，并非个人自愿性质。安全培训的目的是为生产经营服务，属于员工工作的一部分。因此，公司安排的周末培训属于延长陈某的工作时间，增加了额外的工作量。

《劳动合同法》第三十一条规定，用人单位安排加班的，应当按照国家有关规定向劳动者支付加班费。《工资支付暂行规定》第十三条规定，用人单位在劳动者完成劳动定额或规定的工作任务后，根据实际需要安排劳动者在法定标准工作时间以外工作的，应按以下标准支付工资：（一）用人单位依法安排劳动者在日法定标准工作时间以外延长工作时间的，按照不低于劳动合同规定的劳动者本人小时工资标准的 150% 支付劳动者工资；（二）用人单位依法安排劳动者在休息日工作，而又不能安排补休的，按照不低于劳动合同规定的劳动者本人日或小时工资标准的 200% 支付劳动者工资；（三）用人单位依法安排劳动者在法定休假节日工作的，按照不低于劳动合同规定的劳动者本人日或小时工资标准的 300% 支付劳动者工资。

本案中，汽车租赁公司在休息日安排陈某工作又不安排补休，应当支付 200% 的休息日加班费。

资料来源 上海市人社局. 用人单位组织劳动者周末开会，是否应当支付加班费？［EB/OL］.［2019-03-11］. http：//www.mohrss.gov.cn/gkml/ldgx/ldrsdjzc/201811/t20181129_305979.html.

请思考：劳动争议仲裁的裁判尺度如何把握？

拓展阅读：创新劳动人事争议仲裁机制

拓展阅读：劳动争议仲裁庭审流程

第5章　劳动争议诉讼

学习目标

✓理解劳动争议诉讼的概念；

✓了解劳动争议诉讼与其他民事诉讼的区别；

✓了解劳动争议诉讼一审程序；

✓了解劳动争议诉讼中的特殊制度。

引例

用人单位涂改劳动合同无法作出合理解释的，法院采信劳动者主张

黄某与某科技网络公司于2015年7月签订劳动合同，担任数据中心部门算法工程师，合同期限三年。2016年9月26日，某科技网络公司以客观情况发生重大变化为由，提出解除劳动合同，通知黄某30日内办理离职手续。黄某于2016年9月27日办理了离职手续，随后双方产生纠纷并诉至法院。

黄某主张某科技网络公司系违法解除劳动合同，要求支付违法解除劳动合同赔偿金。某科技网络公司认为黄某自2016年9月28日至30日连续旷工三天，违反了公司员工手册的规定，故与黄某解除劳动合同，不应支付违法解除劳动合同赔偿金。

法院认为，某科技网络公司以电子邮件形式向黄某发出解除劳动关系通知书，黄某已办理离职交接后，又以黄某旷工为由，向黄某邮寄解除劳动关系通知，属于严重的不诚信行为。某科技网络公司解除与黄某的劳动合同缺乏事实和法律依据，属于违法解除。

在认定黄某工资标准时，黄某提交的劳动合同显示月工资为35 000元，每年发14薪。某科技网络公司提交的劳动合同显示“试用期满后，员工提供正常劳动的月劳动报酬为税前人民币叁万伍仟元”字样，但该条内容后未显示“14薪”字样。经法院核实，该条内容后有明显刮除痕迹，纸张明显比其他纸张薄，而某科技网络公司未作出合理解释，法院结合某科技网络公司的一系列不诚信行为，对黄某提交的劳动合同中约定的“14薪”予以采信。

本案中，某科技网络公司先以客观情况发生重大变化为由向黄某提出解除劳动合同，当其意识到该解除行为属违法解除需要向劳动者支付经济补偿时，在黄某已经办理完离职手续后，又编造事实，以黄某连续旷工三天，违反公司员工手册规定为由，再次向黄某邮寄解除劳动关系通知，该行为实属严重的不诚信行为。此外，某科技网络公司擅自涂改劳动合同，企图少支付劳动者应得的工资数额，弄虚作假，损害劳动者利益，应予以严惩。

资料来源　高民一. 北京市高级人民法院劳动关系诚信建设十大典型案例［EB/OL］.［2018-12-03］. http：//bjgy.chinacourt.gov.cn/article/detail/2018/12/id/3594947.shtml.

通过诉讼解决争议是每位争议当事人的权利，劳动争议诉讼作为我国劳动争议解决方式的重要环节，虽然在我国司法体系中纳入民事诉讼的范畴，但仍有其独特性。

5.1 劳动争议诉讼概述

5.1.1 劳动争议诉讼的概念

劳动争议诉讼是争议当事人就争议事项向法院起诉，法院依据相关的法律、法规对争议进行审理作出判决的司法解决方式。劳动争议诉讼程序的作用是确保当事人获得司法救济、保障当事人的权利，以及对争议仲裁裁决进行一定的监督和审查，保障裁决书、调解书的执行。

我国现行的劳动争议处理体制可以概括为“协商、调解、一裁、两审”。《劳动争议调解仲裁法》第五条规定：发生劳动争议，当事人不愿协商、协商不成或者达成和解协议后不履行的，可以向调解组织申请调解；不愿调解、调解不成或者达成调解协议后不履行的，可以向劳动争议仲裁委员会申请仲裁；对仲裁裁决不服的，除本法另有规定的外，可以向人民法院提起诉讼。可见，劳动争议仲裁是争议诉讼的强制前置程序，劳动争议诉讼是解决争议的最终方式。

5.1.2 劳动争议诉讼的受案范围

进入到劳动争议诉讼程序的案件，除了满足法律对劳动争议的范围条件外，还需要满足“仲裁前置”这一程序条件。因此，《最高人民法院关于审理劳动争议案件适用法律若干问题的解释》《最高人民法院关于审理劳动争议案件适用法律若干问题的解释（二）》《最高人民法院关于审理劳动争议案件适用法律若干问题的解释（三）》详细规定了法院受理劳动争议案件的范围：

1.《最高人民法院关于审理劳动争议案件适用法律若干问题的解释》的规定

《最高人民法院关于审理劳动争议案件适用法律若干问题的解释》（以下简称《司法解释（一）》）对人民法院受理劳动争议案件的范围作了专门规定：

（1）《司法解释（一）》第一条规定，劳动者与用人单位之间发生的下列纠纷，属于《劳动法》第二条规定的劳动争议，当事人不服劳动争议仲裁委员会作出的裁决，依法向人民法院起诉的，人民法院应当受理：

①劳动者与用人单位在履行劳动合同过程中发生的纠纷；

②劳动者与用人单位之间没有订立书面劳动合同，但已形成劳动关系后发生的纠纷；

③劳动者退休后，与尚未参加社会保险统筹的原用人单位因追索养老金、医疗费、工伤保险待遇和其他社会保险费而发生的纠纷。

（2）《司法解释（一）》第二条规定，劳动争议仲裁委员会以当事人申请仲裁的事项不属于劳动争议为由，作出不予受理的书面裁决、决定或者通知，当事人不服，依法向人民法院起诉的，人民法院应当分别情况予以处理：

①属于劳动争议案件的，应当受理；

②虽不属于劳动争议案件，但属于人民法院主管的其他案件，应当依法受理。

（3）《司法解释（一）》第三条规定，劳动争议仲裁委员会根据《劳动法》第八十二条之规定，以当事人的仲裁申请超过六十日期限为由，作出不予受理的书面裁决、决定或者通知，当事人不服，依法向人民法院起诉的，人民法院应当受理；对确已超过仲裁申请期限，又无不可抗力或者其他正当理由的，依法驳回其诉讼请求。

（4）《司法解释（一）》第四条规定，劳动争议仲裁委员会以申请仲裁的主体不适格为由，作出不予受理的书面裁决、决定或者通知，当事人不服，依法向人民法院起诉的，经审查，确属主体不适格的，裁定不予受理或者驳回起诉。

（5）《司法解释（一）》第五条规定，劳动争议仲裁委员会为纠正原仲裁裁决错误重新作出裁决，当事人不服，依法向人民法院起诉的，人民法院应当受理。

（6）《司法解释（一）》第六条规定，人民法院受理劳动争议案件后，当事人增加诉讼请求的，如该诉讼请求与讼争的劳动争议具有不可分性，应当合并审理；如属独立的劳动争议，应当告知当事人向劳动争议仲裁委员会申请仲裁。

（7）《司法解释（一）》第七条规定，劳动争议仲裁委员会仲裁的事项不属于人民法院受理的案件范围，当事人不服，依法向人民法院起诉的，裁定不予受理或者驳回起诉。

2.《最高人民法院关于审理劳动争议案件适用法律若干问题的解释（二）》的规定

《最高人民法院关于审理劳动争议案件适用法律若干问题的解释（二）》（以下简称《司法解释（二）》）对人民法院受理劳动争议的范围作了进一步规定，值得注意的是，该司法解释还特地指出了一些不属于劳动争议范围的争议类型。

(1)《司法解释（二）》第二条规定，拖欠工资争议，劳动者申请仲裁时劳动关系仍然存续，用人单位以劳动者申请仲裁超过六十日为由主张不再支付的，人民法院不予支持。但用人单位能够证明劳动者已经收到拒付工资的书面通知的除外。

(2)《司法解释（二）》第三条规定，劳动者以用人单位的工资欠条为证据直接向人民法院起诉，诉讼请求不涉及劳动关系其他争议的，视为拖欠劳动报酬争议，按照普通民事纠纷受理。

(3)《司法解释（二）》第四条规定，用人单位和劳动者因劳动关系是否已经解除或者终止，以及应否支付解除或终止劳动关系经济补偿金产生的争议，经劳动争议仲裁委员会仲裁后，当事人依法起诉的，人民法院应予受理。

(4)《司法解释（二）》第五条规定，劳动者与用人单位解除或者终止劳动关系后，请求用人单位返还其收取的劳动合同定金、保证金、抵押金、抵押物产生的争议，或者办理劳动者的人事档案、社会保险关系等移转手续产生的争议，经劳动争议仲裁委员会仲裁后，当事人依法起诉的，人民法院应予受理。

(5)《司法解释（二）》第六条规定，劳动者因为工伤、职业病，请求用人单位依法承担给予工伤保险待遇的争议，经劳动争议仲裁委员会仲裁后，当事人依法起诉的，人民法院应予受理。

(6)《司法解释（二）》第八条规定，当事人不服劳动争议仲裁委员会作出的预先支付劳动者部分工资或者医疗费用的裁决，向人民法院起诉的，人民法院不予受理。

重点提示5-1　《司法解释（二）》规定的不属于劳动争议范围的争议类型

下列纠纷不属于劳动争议：

（一）劳动者请求社会保险经办机构发放社会保险金的纠纷；

（二）劳动者与用人单位因住房制度改革产生的公有住房转让纠纷；

（三）劳动者对劳动能力鉴定委员会的伤残等级鉴定结论或者对职业病诊断鉴定委员会的职业病诊断鉴定结论的异议纠纷；

（四）家庭或者个人与家政服务人员之间的纠纷；

（五）个体工匠与帮工、学徒之间的纠纷；

（六）农村承包经营户与受雇人之间的纠纷。

3.《最高人民法院关于审理劳动争议案件适用法律若干问题的解释（三）》的规定

随着社会的发展，劳动争议的类型越来越呈现多样化的特征，原来的司法解释已经滞后，不能满足审判工作的需要，因此《最高人民法院关于审理劳动争议案件适用法律若干问题的解释（三）》（以下简称《司法解释（三）》）出台，对人民法院受理劳动争议的范围作了进一步的规定。

（1）《司法解释（三）》第一条规定，劳动者以用人单位未为其办理社会保险手续，且社会保险经办机构不能补办导致其无法享受社会保险待遇为由，要求用人单位赔偿损失而发生争议的，人民法院应予受理。

（2）《司法解释（三）》第二条规定，因企业自主进行改制引发的争议，人民法院应予受理。

（3）《司法解释（三）》第三条规定，劳动者依据《劳动合同法》第八十五条规定，向人民法院提起诉讼，要求用人单位支付加付赔偿金的，人民法院应予受理。

重点提示5-2

一般来说，人民法院受理劳动争议的范围与劳动争议调解、仲裁的受案范围是一致的，但是《最高人民法院关于审理劳动争议案件适用法律若干问题的解释》《最高人民法院关于审理劳动争议案件适用法律若干问题的解释（二）》《最高人民法院关于审理劳动争议案件适用法律若干问题的解释（三）》这几个司法解释规定人民法院处理劳动争议的范围要大于《劳动法》及《劳动争议调解仲裁法》规定的相关范围，这样会导致有些劳动争议不属于仲裁范围，但是却属于诉讼范围。

5.1.3 法院受理劳动争议案件的条件

1.起诉人必须是劳动争议当事人，并有明确被告

（1）确定劳动争议诉讼当事人的一般原则

劳动争议的诉讼当事人简单来说就是用人单位和劳动者，不服仲裁裁决的劳动者和用人单位只能以仲裁阶段的对方当事人为被告向法院起诉，而不能以劳动仲裁机构为被告人。

重点提示5-3

劳动争议案件的一方当事人对仲裁裁决不服而提起诉讼，起诉对象只能是劳动争议仲裁阶段的对方当事人，而不是劳动争议仲裁机构。劳动争议仲裁机构也不得作为诉讼程序中的第三人。

（2）确定劳动争议诉讼当事人的具体情形

①劳动者和用人单位均不服劳动争议仲裁委员会的同一裁决，向同一人民法院起诉的，人民法院应当并案审理，双方当事人互为原告和被告。在诉讼过程中，一方当事人撤诉的，人民法院应当根据另一方当事人的诉讼请求继续审理。

②劳动者与起有字号的个体工商户产生的劳动争议诉讼，人民法院应当以营业执照上登记的字号为当事人，但应同时注明该字号业主的自然情况。

③劳动者因履行劳动力派遣合同产生劳动争议而起诉，以派遣单位为被告；争议内容涉及接受单位的，以派遣单位和接受单位为共同被告。

④用人单位与其他单位合并的，合并前发生的劳动争议，由合并后的单位为当事人；用人单位分立为若干单位的，其分立前发生的劳动争议，由分立后的实际用人单位为当事人。用人单位分立为若干单位后，对承受劳动权利义务的单位不明确的，分立后的单位均为当事人。

⑤用人单位招用尚未解除劳动合同的劳动者，原用人单位与劳动者发生的劳动争议，可以列新的用人单位为第三人。原用人单位以新的用人单位侵权为由向人民法院起诉的，可以列劳动者为第三人。原用人单位以新的用人单位和劳动者共同侵权为由向人民法院起诉的，新的用人单位和劳动者列为共同被告。

⑥劳动者在用人单位与其他平等主体之间的承包经营期间，与发包方和承包方双方或者一方发生劳动争议，依法向人民法院起诉的，应当将承包方和发包方作为当事人。

2.必须已经经过仲裁程序

我国现行的“一裁两审”机制将仲裁前置，即经过仲裁审理的劳动人事争议案件，当事人不服裁决，才能向法院起诉，法院依法受理后，才真正进入诉讼程序。固然仲裁前置存在一些弊端，但由于劳动争议仲裁委员会作为劳动争议案件的纠纷处理前沿机构发挥其专业性、便捷性的特点，在双方当事人第一次对簿公堂时将纠纷化解掉，避免了劳资矛盾长期存在而致突出尖锐的倾向，仲裁前置在劳动人事争议处理机制中还是占有重要地位的。

仲裁程序与诉讼程序具有同等重要的作用，仲裁与诉讼两者协同联动运行才能构建高质量、高效率的劳动争议纠纷处理机制。

3.必须在法律规定的时限内

劳动争议当事人对仲裁裁决不服的，有权在收到裁决书之日起十五日内向法院起诉，超过这个时限的，裁决书即发生法律效力，当事人无权再向人民法院起诉。

4.起诉必须向有管辖权的法院提出

劳动争议诉讼管辖是指法院受理第一审劳动争议案件的分工和权限。

最高人民法院规定的我国现行劳动争议诉讼的管辖规则是：在级别管辖上，均由基层人民法院管辖；在地域管辖上，由用人单位所在地或者劳动合同履行地人民法院管辖，劳动合同履行地不明确的，由用人单位所在地人民法院管辖。

但在实践中各地做法不一，特别是在级别管辖问题上，许多地区都采用了区分级别管辖的做法，即县（区）级以下（含县区级）的用人单位及其他用人单位与劳动者之间发生的劳动争议案件由被告所在地基层人民法院管辖；市（地区）级以上的用人单位与劳动者之间发生的劳动争议案件由被告所在地中级人民法院管辖。

5.1.4 劳动争议诉讼与其他民事诉讼的区别

劳动关系和民事关系在主体、内容上均存在较大差别。民事关系中，主体之间彼此平等，而劳动关系的用人单位一方和劳动者一方具有明显的从属性，表现为管理与被管理的关系，地位存在差别。从内容上来看，民事关系主要涉及财产关系和人身关系，劳动关系兼有人身依附关系和财产关系。这些区别使得作为解决劳动争议的诉讼程序与民事诉讼程序也存在着众多的差异。人民法院审理民事纠纷案件时依据各类民商事法律、法规，审理劳动争议案件时则依据劳动法律、法规。由于劳动法律、法规的立法宗旨体现了侧重于保护劳动者的合法权益的精神，那么人民法院在审理劳动争议案件时的执法理念就区别于其他民事诉讼案件，使得劳动争议审判中的诉讼程序规则、证据规则也区别于普通民事审判程序。

1.诉讼起因和前提不同

民事诉讼的起因是公民或法人在进行民事交往的过程中因人身或财产权益受到了侵害，受侵害一方向人民法院请求保护而产生民事诉讼。劳动争议诉讼的起因是劳动争议当事人对通过仲裁解决争议的结果不服，不服裁决的一方向人民法院提起诉讼。

劳动争议的起因指明了争议诉讼存在一个非常重要的前提，就是仲裁，也就是通常所指的“仲裁前置”，劳动争议未经劳动仲裁机构的仲裁不能进入诉讼程序。前置条件未出现在民事诉讼中，即公民、法人只要认为自己的合法权益受到侵害就可以直接诉讼，当事人约定了其他解决争议方式的情形除外。

2.诉讼当事人不同

劳动关系当事人和民事关系当事人的差别导致劳动争议诉讼当事人与民事诉讼当事人的不同。劳动争议诉讼的当事人是具有劳动关系的双方，相对而言具有一定的特指性。民事诉讼的当事人不限定主体身份范围，只要是平等主体的公民、法人、国家、个体工商户、农村承包经营户和其他组织都可以作为民事诉讼的当事人。

知识链接5-1　　不服劳动争议仲裁而起诉，原告与被告身份确定问题

仲裁机构作出裁决书后，只有一方当事人不服仲裁裁决提起诉讼请求的情形中，原告与被告的身份较易确定，而如果双方当事人均不服仲裁分别提起诉讼的情形中，原告与被告的身份似乎比较难确定。《最高人民法院关于审理劳动争议案件适用法律若干问题的解释》和《最高人民法院关于审理劳动争议案件适用法律若干问题的解释（二）》均给出了答案。

《司法解释（一）》第九条规定："当事人双方不服劳动争议仲裁委员会作出的同一仲裁裁决，均向同一人民法院起诉的，先起诉的一方当事人为原告，但对双方的诉讼请求，人民法院应当一并作出裁决。"《司法解释（二）》第十一条规定："劳动者和用人单位均不服劳动争议仲裁委员会的同一裁决，向同一人民法院起诉的，人民法院应当并案审理，双方当事人互为原告和被告。在诉讼过程中，一方当事人撤诉的，人民法院应当根据另一方当事人的诉讼请求继续审理。"

可以看出，这两个解释有所不同，《司法解释（一）》规定是当事人双方不服劳动争议仲裁委员会作出的同一仲裁裁决，均向同一人民法院起诉的，先起诉的一方当事人为原告。《司法解释（二）》是双方当事人互为原告和被告。相比较而言，《司法解释（二）》的规定更科学，它和《最高人民法院关于适用〈中华人民共和国民事诉讼法〉若干问题的意见》第一百七十六条的精神相一致："双方当事人和第三人都提出上诉的，均为上诉人。"这就是说，只要当事人不服原判都上诉，不考虑先后顺序，都是上诉人。因此，劳动争议案件也应如此。

另外，《最高人民法院关于审理劳动争议案件适用法律若干问题的解释（三）》第六条还规定了在不服仲裁而上诉过程中追加当事人的情形："当事人不服劳动人事争议仲裁委员会作出的仲裁裁决，依法向人民法院提起诉讼，人民法院审查认为仲裁裁决遗漏了必须共同参加仲裁的当事人的，应当依法追加遗漏的人为诉讼当事人。"

3.举证责任不同

举证责任是诉讼当事人对诉讼中提出的主张提供证据加以证明的责任。民事诉讼中，举证责任遵循"谁主张、谁举证"。劳动关系或者人事关系中，用人单位是其内部规章制度的直接制定者和执行者，因此具有明显的优势地位，劳动者处于弱势地位。为了保护双方合法权益，劳动人事争议诉讼加强了企业举证的责任。

除了上述差异外，劳动争议诉讼和其他民事诉讼中审理案件的具体审判机构也不同，不过在我国，这种差异未表现出来。但是，在国外，审判机构差异的表现较为明显，主要体现在劳动争议由专门的劳动法院受理。例如在德国，由专门的劳动法院受理劳动争议，企业一方代表和劳动者一方代表作为陪审员与专业的审判人员组成合议庭。

4.劳动争议诉讼中没有反诉制度

在一般的民事诉讼中，被告在收到法院送达的原告的起诉书后，有权利对原告的起诉提出反诉。反诉是一个独立的诉讼，应具备反诉的事实、理由和请求。原告在收到被告的反诉时，同时享有被告的权利，同样有十五天的答辩期。

但是在劳动争议诉讼中，是没有反诉程序的。因为劳动争议案件有仲裁前置的要求，即当事人所有的诉讼请求都应当先经过仲裁的审理。而反诉是被告收到原告的起诉书后，针对原告的起诉提出的反诉。显然，被告提起反诉的诉讼请求是没有经过劳动仲裁前置程序处理的，因此不能直接进入劳动争议诉讼程序进行处理。

在劳动争议诉讼程序，存在区别于反诉的另外一种诉讼形态。《司法解释（一）》第九条规定："当事人双方不服劳动争议仲裁委员会作出的同一仲裁裁决，均向同一人民法院起诉的，先起诉的一方当事人为原告，但对双方的诉讼请求，人民法院应当一并作出裁决。"由此可见，在劳动争议诉讼中，被告一方也是可以提出诉讼请求的，但该诉讼请求的提出，并不是基于原告的起诉，而是和原告一样，基于同样一份仲裁裁决书。在此类诉讼中，区分原告和被告的标准是起诉立案的时间：立案在前的一方当事人，诉讼地位列为原告；立案在后的一方当事人，诉讼地位列为被告。在司法实践中，为了区别于反诉，有时候也将此种诉讼形态称为"互诉"。

5.1.5 劳动争议诉讼案件的审理机构

从世界范围来看，由于各国的社会背景、历史文化传统等的不同，处理劳动争议诉讼的司法审判机构也有所不同。总体而言，可将各国的模式归结为"普通法院式"和"特别法院（庭）式"两种。第一种模式是由普通法院审理劳动争议案件，国家设立统一的司法审判机构，其职责之一就是审理劳动争议案件。第二种模式是由专门的劳动法院（庭）审理，其中"特别法院（庭）式"的劳动审判组织又分为三种形式：一是自成体系的劳动法院（庭）；二是设在普通法院中的专门的劳动法庭；三是具有准司法性的行政机构模式。

在我国，审理劳动争议诉讼案件的机构一般是民事审判庭，个别地方的法院设立了专门审理劳动争议案件的劳动争议审判庭。长期以来，劳动争议诉讼案件被认为是"随着我国劳动用工制度的改革和劳动合同制度的建立而逐步发展起来的一种新类型民事案件"，随着人民法院内部审判职能分工的变化，一般由民事审判第一庭负责审理。

在近些年的司法实践中，法院审理的劳动争议诉讼案件迅速增加，不少法院设立了劳动争议合议庭来专门处理劳动争议诉讼案件，但是劳动争议合议庭仍属于民事审判庭的内部机构。随着《劳动合同法》和《劳动争议调解仲裁法》的颁布实施，大量劳动争议诉讼案件井喷式地涌向法院，某些地方的人民法院开始设立专门的劳动争议审判庭负责审理劳动争议诉讼案件，但这并不是普遍现象，只是在一些劳动争议诉讼案件数量特别多、审判任务特别重的法院中设立。

5.2 劳动争议诉讼一审程序

劳动争议诉讼在程序上适用《民事诉讼法》规定的程序。人民法院对劳动争议诉讼案件依照《民事诉讼法》规定的诉讼程序进行审理。首先，由一审人民法院审理、判决，当事人不服的，可以向上一级人民法院上诉，上一级人民法院的判决是终审判决，当事人不得再上诉。

5.2.1 起诉与受理

1.诉讼时效与仲裁时效的衔接

由于在劳动争议处理过程中存在仲裁前置程序，因此，劳动争议诉讼中的诉讼时效是与劳动争议的仲裁时效紧密相关的。当然，由于分属于不同的程序，在诉讼时效与仲裁时效的衔接问题上，还存在一些值得特别注意之处。

（1）劳动争议诉讼时效的原则规定

《司法解释（一）》第三条规定："劳动争议仲裁委员会根据《劳动法》第八十二条之规定，以当事人的仲裁申请超过六十日期限为由，作出不予受理的书面裁决、决定或者通知，当事人不服，依法向人民法院起诉的，人民法院应当受理；对确已超过仲裁申请期限，又无不可抗力或者其他正当理由的，依法驳回其诉讼请求。"此规定确立了劳动争议诉讼时效与仲裁时效一致的原则，当《劳动争议调解仲裁法》将仲裁时效修订为一年时，诉讼时效自然也适用一年的规定。

（2）劳动争议诉讼时效的特殊规定

①因拖欠劳动报酬发生争议的诉讼时效

根据《劳动争议调解仲裁法》第二十七条的规定，劳动关系存续期间因拖欠劳动报酬发生争议的，劳动者申请仲裁不受"一年"的仲裁时效的限制，但是劳动关系终止的，应当自劳动关系终止之日起一年内提出。

②主张未签订书面劳动合同的二倍工资差额的争议

对于未签订书面劳动合同的二倍工资差额的诉讼请求，从字面意义上解释，也属于"劳动报酬"，因此司法实践中有人认为也适用拖欠劳动报酬的时效规定。但是，从该项法律规定的立法本意而言，用人单位因未签书面劳动合同而向劳动者支付二倍的工资，属于对用人单位的惩罚，并非劳动者提供正常劳动后的工资所得。因此，主张未签订书面劳动合同的二倍工资差额的争议不属于拖欠劳动报酬的争议，诉讼时效的起算不应当考虑劳动者是否持续提供劳动，而应当按照“从当事人知道或者应当知道其权利被侵害之日起一年”的规定执行，即不能以劳动关系的解除或终止作为计算时效的起点，而应当以未签书面劳动合同的行为发生的时间作为计算时效的起点。

③法院对诉讼时效不能主动审查

根据《最高人民法院关于审理民事案件适用诉讼时效制度若干问题的规定》第三条的规定，当事人未提出诉讼时效抗辩，法院不应对诉讼时效问题进行释明及主动适用诉讼时效的规定进行裁判。也就是说，即使在劳动争议仲裁阶段，存在一方当事人的请求超过仲裁时效的情形，且仲裁机构据此作了相应的处理，也不必然导致该案件的诉讼请求在法院就一定被驳回。法院对于诉讼时效并没有主动审查的权限。只有在案件进入到诉讼程序后，当事人主动提出超过诉讼时效的抗辩事由时，法院才能对诉讼时效进行审查。因此可能出现这样的情形：劳动争议在仲裁阶段，因超过仲裁时效而未获得支持的申请请求，在诉讼过程中，又可能因为对方当事人未提出超过时效的抗辩而获得法院支持。

2.起诉

起诉是指公民、法人或其他组织认为自己的或依法由自己管理、支配的劳动权益受到侵害或与他人发生争议，以自己的名义请求人民法院行使审判权以保护自己合法权益的诉讼行为。《劳动争议调解仲裁法》规定，当事人对劳动争议案件的仲裁结果不服的，可以自收到仲裁裁决书之日起十五日内向人民法院提起诉讼。

3.受理

人民法院对于当事人的起诉经过审查后，认为符合法定条件的，应当受理，并在当事人起诉的七日内立案；认为不符合起诉条件的，也应当在七日内裁定不予受理。劳动争议当事人不服人民法院作出的不予受理或驳回起诉的裁定的，可以自收到裁决书之日起十日内向有管辖权的上一级人民法院提起上诉。此阶段涉及劳动争议诉讼案件的管辖问题及确定双方当事人问题。

5.2.2 准备与调查

这一阶段的任务主要包括：送达起诉状副本和答辩状副本；告知当事人诉讼权利和合议庭组成人员；认真审核诉讼资料，调查搜集必要的证据。

1.送达起诉状副本和答辩状副本

人民法院应当在立案之日起五日内将劳动人事争议起诉状副本发送被告，被告在收到之日起十五日内提出答辩状；被告提出答辩状的，人民法院应当在收到之日起五日内将答辩状副本发送原告。被告不提出答辩状的，不影响人民法院审理。

2. 告知当事人诉讼权利和合议庭组成人员

人民法院对决定受理的案件，应当在受理案件通知书和应诉通知书中向当事人告知有关的诉讼权利义务，或者口头告知。合议庭组成人员确定后，应在三日内告知当事人。

3. 审核资料和调查取证

调查取证是这个阶段的重要工作，法院必须坚持重证据、重调查研究的原则，对与案件有关的事实要查清，与案件有关的数据要计算准确，尤其对劳动报酬、加班费、补偿金等的金额要核清，对发生争议的前因后果要搞明。调查取证涉及诉讼举证责任的分配问题。举证责任分配是指在案件事实真伪不明的情况下，法官为依据事实进行认定并作出判决而对证明责任在当事人之间分配的行为。劳动争议诉讼举证责任分配就是争议双方当事人分担举证责任的问题。

5.2.3 开庭审理

1. 开庭准备

这是开庭的预备阶段，具体准备内容包括：①查明当事人和其他诉讼参与人是否到庭，宣布法庭纪律；②核对当事人，宣布案由、合议庭组成人员及书记员名单，告知当事人诉讼权利义务，询问当事人是否申请合议庭成员回避。

2. 法庭调查阶段

法庭调查是开庭审理的中心环节，是对案件进行实体性审理的重要阶段。法庭调查主要采用当事人陈述、证据质证、法律依据审查，并结合法庭询问的方式进行。

在法庭调查阶段，首先由原告陈述起诉的事实、理由及诉讼请求。原告陈述完毕后，再由被告针对原告的诉讼请求进行答辩。

被告答辩完后，进入法庭举证质证阶段。首先由原告出示其主张权利的证据，再由被告对原告出示的证据发表质证意见。原告出示完证据后，被告出示支持自己观点的证据，由原告进行质证。通过法庭质证，双方当事人还需要继续搜集证据的，可以向法庭申请举证期限，如果在举证期限内提交证据材料确有困难的，应当在举证期限内向法官提出申请延期举证，经法庭准许，可以适当延长举证期限。

如果有证人出庭作证，也在法庭调查阶段进行。庭审时，证人不得旁听案件审理过程，只能在发表证人证言的时候进入法庭，结束证词后应离开法庭。在证人有正当理由不能到庭的情况下，证人可以提交书面的证人证言。

如果当事人及其诉讼代理人确实因客观原因不能自行搜集证据的，可以申请法院调查搜集。法院认为审理案件需要的证据，如果是涉及可能有损害国家利益、社会公共利益或者他人合法权益的事实，涉及依职权追加当事人、中止诉讼、终结诉讼、回避等与实体争议无关的程序事项，法院可以不依当事人的申请，直接进行调查搜集。法院依职权调查搜集的证据，也需要在举证质证环节向双方当事人出示，并由双方当事人质证。如果还有鉴定结论和勘验笔录，则需要审判员在法庭调查阶段宣读，当事人也有权对这些证据发表质证意见。

3.法庭辩论阶段

法庭调查结束后，庭审进入法庭辩论阶段。审判员会告知双方应当围绕本案争议的焦点问题进行辩论，首先由原告及其诉讼代理人发表意见。原告发表完意见后，由被告及其诉讼代理人发表意见。法庭辩论阶段，审判员可能会根据双方的辩论意见恢复法庭调查，继续询问双方有关案件事实的问题。

4.法庭调解阶段

根据法律规定，在庭审中，法庭辩论终结后，审判员应当询问双方当事人是否同意调解，如果同意调解，则进入调解程序，由双方协商确定调解方案，达成调解协议，再由审判员确定双方应负担的诉讼费比例，制作民事调解书。如果当事人不同意调解，或者无法当庭形成一致调解方案，双方当事人希望法院作出判决的，则庭审进入下一阶段。

知识链接5-2　**法院调解的具体程序**

法院调解的具体程序可以依据民事调解的相关规定进行。法院调解在审判人员的主持下进行，具体而言可以由合议庭共同主持，也可以由合议庭中的一个审判员主持；调解可以在法庭上进行，也可以在当事人所在地进行。调解开始前，法院应当告知当事人主持调解人员和书记员姓名以及是否申请回避等有关诉讼权利和诉讼义务。调解过程中，法院可以邀请与当事人有特定关系或者与案件有一定联系的企事业单位、社会团体或者其他组织，以及具有专门知识、特定社会经验、与当事人有特定关系并有利于促成调解的个人协助调解工作。在经各方当事人同意，法院可以委托上述单位或者个人对案件进行调解，达成调解协议后，法院应当依法予以确认，但是出现侵害国家或社会公共利益、侵害案外人利益、违背当事人真实意思以及违反法律、行政法规禁止性规定的情况时，法院不予确认。需要注意的是，调解进行中任何一方当事人不同意继续调解，那么调解工作就要停止。调解结束后，双方自愿达成调解协议，签字确认，法院依据调解协议制作调解书。

调解书应当写明诉讼请求、案件的事实和调解结果。调解书由审判人员、书记员署名，加盖人民法院印章，送达双方当事人。双方当事人在调解书上签字认可，调解书即生效，与判决书有同等的法律效力。对于双方当事人达成调解协议但无须制作调解书的案件而言，双方当事人、审判人员、书记员在调解协议上签名或盖章后，调解书即具有法律效力。

对于诉讼过程中当事人自行达成和解的，《最高人民法院关于人民法院民事调解工作若干问题的规定》第四条规定：当事人在诉讼过程中自行达成和解协议的，人民法院可以根据当事人的申请依法确认和解协议制作调解书。双方当事人申请庭外和解的期间，不计入审限。

5.最后陈述阶段

法庭辩论终结，由审判长按照原告、被告、第三人的先后顺序征询各方最后意见。此阶段是法庭审理的最后一个阶段，仍然由原告首先发表最后陈述意见，然后再由被告发表最后陈述意见。最后陈述结束后，审判长宣布休庭，让当事人查阅庭审笔录后签字，至此庭审阶段全部结束。

5.2.4 判决和裁定

法院对当事人提起的劳动争议诉讼，经过审查，根据不同的情况会作出相应的裁判处理。一般而言，民事诉讼中的裁判包括判决、裁定和决定。劳动争议诉讼一审程序中，常见的裁判结果是判决和裁定两种。判决是法院对案件的实体问题作出的判断，裁定是法院对案件的程序问题作出的判定。

1.判决

在劳动争议诉讼中的判决是指法院对劳动争议诉讼案件进行审理后，根据认定的事实和适用的法律规定，对诉讼当事人之间的纠纷作出的权威性判断。

对一审判决书而言，判决作出后，如果双方当事人均未在法定时间内提起上诉，则一审判决生效。判决生效后，判决书主文的内容具有强制执行的效力，判决书中经审理查明的事实和法院认定的事实属于法定无须举证证明的事实，也就是说，当事人可以将生效判决作为这类事实的证据。但判决中对诉称、辩称中未经认定的事实以及未经处理的争议问题均不具备证明效力。

2.裁定

民事裁定是指法院对民事审判中和执行程序中的程序性问题作出的具有结论性、权威性的判定。

在劳动争议诉讼中，裁定书主要适用的范围包括：

（1）不予受理裁定

原告向法院起诉，必须符合法定条件，不符合法定条件的案件法院将不予受理。法院作出不予受理的书面裁定并送达当事人后，当事人对此裁定不服的，在收到裁定书十日内，可以上诉。劳动争议中常见的出具不予受理裁定的情形主要包括：①劳动争议仲裁机构以申请事项不属于劳动争议仲裁受案范围或申请仲裁的主体不适格等理由，作出不予受理的书面裁决、决定或通知，当事人不服向法院起诉，经审查，也不属于法院受案范围的，法院裁定不予受理；②劳动争议仲裁机构作出裁决，当事人不服向法院起诉，但经审查仲裁的事项不属于法院的受案范围的，法院裁定不予受理。

（2）对当事人提出的管辖异议的裁定

劳动争议案件被法院受理后，当事人认为受诉法院行使管辖权有错误的，有权提出异议。法院对于当事人的异议应当以法律规定为依据进行审查。经审查认为异议成立的，应当作出裁定将案件移送到有管辖权的法院；经审查认为异议不成立的，用裁定驳回当事人的异议。对此裁定，当事人不服的，可以上诉。

（3）驳回原告起诉的裁定

法院在受理原告起诉后，发现原告的起诉不符合法律规定的条件的，对案件的实体争议不进行审理，作出裁定驳回起诉。对于此类裁定，当事人不服的，可以上诉。劳动诉讼案件中，作出驳回原告起诉的裁定和作出不予受理的裁定的情形类似。不同之处在于，作出不予受理的裁定的时间在立案审查阶段，作出裁定后，该案件将不再进入法院的审理程序；而作出驳回原告起诉的裁定的时间，则在案件已经受理并进入审判程序之后。

（4）其他适用裁定的情形

根据《民事诉讼法》第一百五十四条的规定，其他适用裁定的情形还包括保全和先予执行、准许或者不准许撤诉、中止或者终结诉讼、补正判决书中的笔误、中止或者终结执行、撤销或者不予执行仲裁裁决、不予执行公证机关赋予强制执行效力的债权文书以及其他需要裁定解决的事项。除了上述的不予受理裁定、管辖异议裁定和驳回起诉裁定外，对于其余的裁定，当事人并不享有上诉的权利。

5.3 劳动争议诉讼中的其他制度

5.3.1 劳动争议诉讼二审程序

劳动争议当事人对于一审判决和裁定不服的，可以提起上诉。当事人在规定的期限内提起上诉的，劳动争议诉讼二审程序启动。

二审案件的审理围绕当事人上诉请求的范围进行，当事人没有提出请求的，不予审查。也就是说，二审只解决一审已经审理，但仍存在争议的问题。二审法院一律组成合议庭审理上诉案件，原则上开庭审理。如果经过阅卷和调查、询问当事人后，事实清楚的，合议庭认为不需要开庭审理的，也可以径行判决、裁定。二审法院对于上诉案件，经过审理，按照以下情形，分别处理：

①原判决认定事实清楚，适用法律正确的，判决驳回上诉，维持原判决；

②原判决适用法律错误的，依法改判；

③原判决认定事实错误，或者原判决认定事实不清，证据不足，裁定撤销原判决，发回原审法院重审，或者查清事实后改判；

④原判决违反法定程序，可能影响案件正确判决的，裁定撤销原判决，发回

原审法院重审。

二审法院审理上诉案件，可以进行调解。调解达成协议的，应当制作调解书。调解书送达后，原审法院的判决即视为撤销。

劳动争议案件经过二审法院的审理，当事人对二审法院的判决或裁定不服的，不能再提起上诉。需要指出的是，二审程序并不是劳动争议审理的必经程序。如果劳动争议当事人在一审法院判决或裁定后，没有在规定的期限内提起上诉，那么一审法院的判决或裁定即发生法律效力，二审程序将不会再产生。

5.3.2 劳动争议诉讼再审程序

再审程序是指法院对于已经发生法律效力的判决、裁定，但认为确有错误而进行重新审理的活动。劳动争议案件的再审不是处理劳动争议的必经程序，只有符合一定条件的案件，才可以进入再审程序。

再审程序的启动通常有三种方式：一是法院发现已经发生法律效力的判决或裁定确有错误，决定再审；二是检察院发现法院已经发生法律效力的判决或裁定确有错误，通过抗诉程序提出再审；三是当事人对于已经发生法律效力的判决、裁定和调解协议，认为确有错误的，向法院提出再审申请，由法院决定是否进行再审。

5.3.3 先予执行和财产保全

在劳动争议案件中往往存在着执行难的问题，劳动者好不容易打赢了官司，判决生效了，但是用人单位却以种种借口不执行。当劳动者向法院申请强制执行时，却发现或是人去楼空，或是账面上已经没有钱了，因此，采用民事诉讼中的先予执行和财产保全措施，可以有效地保护劳动者的权益。

1.先予执行

先予执行是指法院对某些案件作出判决前，为解决权利人的生活或者生产经营所需，裁定义务人履行一定义务的诉讼措施，亦称先行给付。先予执行的条件是：①当事人之间权利关系明确，不先予执行会严重影响申请人的生活或生产经营的；②被申请人有履行能力；③在作出判决之前采取。先予执行必须有当事人的申请，人民法院不能主动采取先予执行的措施。人民法院认为有必要的，可以责令申请人提供担保，不提供担保的，驳回申请。如果认为申请符合法律规定的条件，应当作出裁定。裁定一经送达当事人，即发生法律效力，不得上诉，但可以申请复议一次。复议期间，不停止执行。

先予执行是民事诉讼中的一项重要诉讼制度，劳动诉讼程序也需执行，以维护职工的合法权益。

《劳动争议调解仲裁法》规定：仲裁庭对追索劳动报酬、工伤医疗费、经济补偿或者赔偿金的案件，根据当事人的申请，可以裁决先予执行，移送人民法院执行。劳动者申请先予执行的，可以不提供担保。

2.财产保全

财产保全是指遇到有关的财产可能被转移、隐匿、毁灭等情形，从而可能造成对利害关系人权益的损害或可能使将来的判决难以执行或不能执行时，根据利害关系人或当事人的申请或人民法院的决定，而对有关财产采取的保护措施的法律制度。

人民法院采取财产保全措施，可以责令申请人提供担保；申请人不提供担保的，驳回申请。但劳动争议案件必定有其特殊性，比如很多是拖欠工资争议，如果让劳动者提供担保是非常困难的，因此，《最高人民法院关于审理劳动争议案件适用法律若干问题的解释（二）》中规定：在诉讼过程中，劳动者向人民法院申请采取财产保全措施，人民法院经审查认为申请人经济确有困难，或有证据证明用人单位存在欠薪逃匿可能的，应当减轻或者免除劳动者提供担保的义务，及时采取保全措施。

5.3.4 劳动争议诉讼的法律适用

劳动争议诉讼在程序上适用《民事诉讼法》规定的程序。

就实体法的适用来说，人民法院在审理劳动争议案件时，主要适用《劳动法》《劳动合同法》和其他劳动法律、法规，还可以参照有关的劳动政策、规章等规范性文件。

用人单位根据《劳动法》第四条的规定，通过民主程序制定的规章制度，不违反国家法律、行政法规及政策规定，并已向劳动者公示的，可以作为人民法院审理劳动争议案件的依据。

用人单位制定的内部规章制度与集体合同或者劳动合同约定的内容不一致，劳动者请求优先适用合同约定的，人民法院应予支持。

当事人在劳动争议调解委员会主持下达成的具有劳动权利义务内容的调解协议，具有劳动合同的约束力，可以作为人民法院裁判的根据。

5.3.5 劳动争议案件的强制执行

一般情况下，有关法律文书（如判决书、仲裁裁决书、仲裁调解书）可以由当事人自觉履行。但如果当事人不执行，则可以通过法院执行程序予以强制执行。

执行程序是指法院依法对生效的法律文书，通过强制措施迫使当事人履行法律文书规定义务的诉讼活动。

对劳动争议仲裁机关作出的生效的调解书、仲裁决定书和人民法院作出的生效的调解书、判决书，当事人应自觉履行，一方当事人不履行的，人民法院可以根据对方当事人的申请强制执行。

向法院申请强制执行，应当提交申请执行书和有关法律文书（判决书、裁决书、调解书等）。当申请执行法院判决时，当事人应请求第一审人民法院执行；当申请执行仲裁裁决书或仲裁调解书时，应请求被执行人住所地或者被执行的财产所在地法院执行。申请执行劳动争议法律文书的期限为一年，从法律文书规定履行期间的最后一日起计算。

知识链接5-3　劳动争议的刑事追诉

劳动争议的刑事追诉，通常是指对涉嫌“拒不支付劳动报酬罪”刑事案件的追诉。一般认为，劳动争议的刑事追诉并不属于劳动争议处理体制的一个环节，但其与拖欠劳动报酬的劳动争议具有很强的关联性。

我国《刑法》第二百七十六条规定：“以转移财产、逃匿等方法逃避支付劳动者的劳动报酬或者有能力支付而不支付劳动者的劳动报酬，数额较大，经政府有关部门责令支付仍不支付的，处三年以下有期徒刑或者拘役，并处或者单处罚金；造成严重后果的，处三年以上七年以下有期徒刑，并处罚金。单位犯前款罪的，对单位判处罚金，并对其直接负责的主管人员和其他直接责任人员，依照前款的规定处罚。有前两款行为，尚未造成严重后果，在提起公诉前支付劳动者的劳动报酬，并依法承担相应赔偿责任的，可以减轻或者免除处罚。”

上述法律规定意在用最严厉的处罚手段提醒用人单位或其他用工主体及时足额支付劳动报酬，这对于提高劳动者权益保护力度大有裨益。当然，拖欠劳动报酬的劳动争议演变为刑事追诉也需要一定的条件，具体包括：

（1）劳动报酬是指劳动者依据法律规定和合同约定应当获得的工资、奖金、津贴、补贴、延长工作时间的劳动报酬以及特殊情况下支付的工资等。

（2）用人单位或其他用工主体以逃避支付劳动者劳动报酬为目的，具有下列情形之一的，应当认定为“以转移财产、逃匿等方法逃避支付劳动者的劳动报酬”：隐匿财产、恶意清偿、虚构债务、虚假破产、虚假倒闭或者以其他方法转移、处分财产的；逃跑、藏匿的；隐匿、销毁或者篡改账目、职工名册、工资支付记录、考勤记录等与劳动报酬相关的材料的；以其他方法逃避支付劳动报酬的。

（3）数额巨大的情节认定：拒不支付1名劳动者3个月以上的劳动报酬且数额在5 000元至2万元以上的；拒不支付10名以上劳动者的劳动报酬且数额累计在3万元至10万元以上的。

（4）经劳动行政部门或者政府其他有关部门依法以限期整改指令书、行政处理决定书等文书责令支付劳动者的劳动报酬后，在指定的期限内仍不支付的，应当认定为“经政府有关部门责令支付仍不支付”，但有证据证明行为人有正常理由未知悉责令支付或者未及时支付劳动报酬的除外。行为人逃匿，无法将责令支付文书送交其本人、同住成年家属或者所在单位负责收件的人的，如果有关部门已通过在行为人的住所地、生产经营场所等地张贴责令支付文书等方式责令支付，并采用拍照、录像等方式记录的，应当视为“经政府有关部门责令支付”。

（5）造成严重后果情形的认定：造成劳动者或者其被赡养人、被扶养人和被抚养人的基本生活受到严重影响、重大疾病无法及时医治或者失学的；对要求支付劳动报酬的劳动者使用暴力或者进行暴力威胁的；造成其他严重后果的。

本章小结

劳动争议诉讼是争议当事人就争议事项向法院起诉，法院依据相关的法律、法规对争议进行审理作出判决的司法解决方式。进入到劳动争议诉讼程序的案件，除了满足法律对劳动争议的范围条件外，还需要满足“仲裁前置”这一程序条件。在我国，审理劳动争议案件的机构一般是民事审判庭，个别地方的法院设立了专门审理劳动争议诉讼案件的劳动争议审判庭。

劳动争议诉讼在程序上适用《民事诉讼法》规定的程序。人民法院对劳动争议案件，依照《民事诉讼法》规定的诉讼程序进行审理。首先，由一审人民法院审理、判决，当事人不服的，可以向上一级人民法院上诉，上一级人民法院的判决是终审判决，当事人不得再上诉。

复习思考题

1. 劳动争议诉讼与其他民事诉讼有何区别？
2. 劳动争议诉讼如何与劳动争议仲裁更好地衔接？

案例分析

劳动者违反竞业限制协议，应当承担违约责任

2012 年 3 月，闫某与某科技公司签订劳动合同，约定闫某从事开发工作，在双方解除或终止合同一年内，闫某不能以任何方式向有竞争关系的组织或者公司提供服务。双方签署《保密协议》，约定了竞业限制业务范围及情形，某科技公司在竞业限制期内支付竞业限制经济补偿，如果闫某违反约定，须向某科技公司支付违约金 20 万元，该违约金不足以弥补某公司损失的，不足部分仍应赔偿。2013 年 5 月，闫某离职，某科技公司发出《关于要求履行竞业限制以及严格遵守保密义务的通知》，同时对限制的工作内容进行了进一步明确，并告知构成竞争关系的公司包括 A 及其下属公司、B 及其下属公司、C 及其下属公司……闫某在该通知上签字，同月，闫某入职 C 集团的某下属公司。

2013 年 12 月，某科技公司以闫某违反双方的竞业限制协议为由，提出劳动仲裁申请，仲裁委员会裁决闫某继续履行与某科技公司约定的竞业限制义务，返还经济补偿金12万余元，支付违约金20万元。闫某向法院提起诉讼。

法院认为，从C集团的某下属公司股东和股权质押等情况来看，闫某和C集团存在实质关联关系；从某科技公司和C集团及其下属公司之间的业务范围来看，二者属于竞争关系。因此，闫某违反了竞业限制义务。法院驳回了闫某的诉讼请求。

劳动者在享受劳动权益的同时，应当基于诚信原则履行劳动合同义务，如果与用人单位约定了竞业限制，在用人单位按期支付竞业限制补偿时，应当遵守相关约定，在入职其他用人单位时，及时向原用人单位反映就业情况，避免不必要的纠纷。

资料来源　高民一．北京市高级人民法院劳动关系诚信建设十大典型案例［EB/OL］．［2018-12-03］．http：//bjgy.chinacourt.gov.cn/article/detail/2018/12/id/3594947.shtml.

请思考：劳动争议诉讼的裁判尺度与劳动争议仲裁是否存在差异？

拓展阅读：劳动争议审判白皮书（2010—2018）

第6章　集体劳动争议处理

学习目标

✓了解集体劳动争议的概念和分类；
✓理解普通集体劳动争议的处理程序；
✓理解集体合同争议的处理方式；
✓了解集体行动争议的处理方式。

引例

江西省规范处理集体劳动人事争议

2018年11月，江西省上高县一家陶瓷公司900余名员工向上高县劳动人事争议仲裁院提出仲裁申请，要求该公司支付拖欠的约1 400万元工资。该院迅速立案，依法依规进行处理，使案件得到妥善解决。这是江西省劳动人事争议调解仲裁机构2018年处理的第4起500人以上的集体劳动争议案件。近年来，随着各项改革不断推进，一些用人单位陆续出现经营困难、关停并转的现象，导致集体劳动人事争议多发。2018年前三季度，江西省共依法受理195件10人以上的集体劳动人事争议案件，同比增幅达54.8%。针对这种情况，江西省人社厅专门下发了《关于进一步做好重大集体（群体性）劳动人事争议仲裁工作的通知》，对集体劳动人事争议案件处理工作提出了具体要求，进一步规范案件的受理、审理和裁决程序。

调解优先　依法仲裁

在工作中，江西省始终将调解贯穿于集体劳动人事争议案件的处理过程中。在立案时或受理后庭审前，主动联系用人单位了解基本情况，并邀请乡镇（街道）或工业园区调解组织参与调解；在庭审中及下发裁决书之前，对双方有调解意愿的，采取面对面、背靠背等多种形式进行调解。据了解，近年来江西省的案件调解成功率保持在70%以上。对调解不成的，依法审理后，调解仲裁机构及时按照《仲裁裁决文书撰写标准》和《关于进一步规范仲裁裁决书文书印制格式的要求》制作裁决书，确保裁决结果的合法公正。

快立、快审、快结

集体劳动人事争议往往带有突发性质，处理不及时，容易引发群体性事件。江西省在处理这类案件时，在法律规定程序的框架内，不断优化、简化流程，力争在最短时间内化解矛盾。在立案过程中，江西省要求对符合受理条件的案件必须及时受理，对不符合受理条件的应出具不予受理通知书并引导当事人通过其他途径解决，坚决杜绝久拖不决的情况发生；案件受理后，在征得当事人的同意后，可以缩短答辩期、举证期；庭审中，试行要素式庭审模式，对双方无异议的事项，简化证据质证环节，由仲裁员引导双方围绕争议焦点举证辩论；庭审调解不成的，优先制作裁决书。近年来，江西省所有集体劳动人事争议案件均在法定的审限内结案，部分市县还做到了在30天之内结案，全省未发生因超出审理期限而导致事态加重的情形。

部门协作　多元处理

江西省在处理集体劳动人事争议时，注重发挥各部门的职能作用。2018年初，江西省人社厅与省综治办、省高院、省司法厅等8部门联合下发了《关于进一步加强劳动人事争议调解仲裁完善多元处理机制的实施意见》，从健全预防协商机制、专业性调解机制、仲裁工作机制、调裁诉衔接机制、工作基础保障机制、多元处理协调机制六个方面，完善了党委领导、政府主导、综治协调、人社部门牵头、有关部门发挥职能作用、社会力量积极参与的劳动人事争议多元处理格局。在案件受理后，人社部门积极与相关行业主管部门协调对接，形成合力，如涉及国有企业的联系国资委等部门，涉及建筑行业的联系住房和城乡建设部门，涉及招商引资的联系商务部门，涉及学校的联系教育部门，有效发挥各部门的作用，通过多种途径促成调解。

资料来源　江西省人社厅. 江西省规范处理集体劳动人事争议［EB/OL］.［2019-03-11］. http：//www.mohrss.gov.cn/tjzcgls/TJZCgongzuodongtai/201811/t20181129_305977.html.

集体劳动争议与个别劳动争议相比较而言，并没有本质的不同。只是集体劳动争议涉及人数更多，争议内容更加复杂，处理难度更大，因此在劳动争议处理体制中设置了一些特别程序来处理集体劳动争议。

6.1 集体劳动争议概述

6.1.1 集体劳动争议的概念

集体劳动争议的概念有狭义和广义之分。

狭义的集体劳动争议是指劳动者一方当事人数量在规定限额以上的，且因共同理由与用人单位发生的纠纷。根据《劳动争议调解仲裁法》第七条的规定，发生劳动争议的劳动者一方在十人以上，并有共同请求的，可以推举代表参加调解、仲裁或者诉讼活动。因此，狭义的集体劳动争议所涉及的劳动者一方当事人的人数至少为十人，且这些劳动者有共同诉求，通过推举代表参加调解、仲裁或诉讼活动。

广义的集体劳动争议除了包括狭义的集体劳动争议外，还包括集体合同争议（又称团体争议）与集体行动争议。集体合同争议是指基于集体合同发生的争议，通常发生在工会与用人单位之间。集体合同争议可分为两种情况：一是因签订集体合同发生的争议，即在集体协商过程中发生的争议；二是因履行集体合同发生的争议。集体行动争议是指由于劳动者的集体行动而引发的集体劳动争议。

6.1.2 集体劳动争议的特征

1.集体劳动争议主体的特殊性

集体劳动争议是指劳动者一方当事人数量在一定限额以上，且有共同请求的劳动争议。它对劳动者一方的人数有较为严格的限制。一般来说，集体劳动争议的一方是用人单位，另一方是有共同诉求的多个劳动者集体。

2.争议内容有特定性

集体劳动争议中的集体合同争议引起争议的标的涉及订立、变更或履行集体合同等一般劳动条件事项，其内容具有广泛性和整体性，而其他的劳动争议只涉及劳动者个人。

3.集体劳动争议影响力较广泛

集体劳动争议主体的特殊性以及内容的特定性，事关劳动者的整体权利义务，这就决定了集体劳动争议影响的广泛性。若处理不及时或不得当，极易导致出现其他激化矛盾的行为。

4.集体劳动争议突发性强，处理难度大

突发性强、处理难度大是集体劳动争议的又一特点。集体劳动争议往往是在企业、工会组织和政府毫无预防的情况下突然发生，工人自发产生停工、罢工、堵马路等集体行动，而且比较容易形成连锁反应，再加上应急处理渠道不畅通，难以通过协商方式来处理。这些群体性事件的发生，事前往往缺乏协商、谈判或者调解程序，事件一旦发生，给企业生产和管理秩序带来直接冲击，给政府和工会也带来了很大的压力。由于这类争议成因复杂，影响面广，当事人情绪容易激动，处理难度大。

6.1.3 集体劳动争议的分类

根据我国现行法律、法规的规定，我国的集体劳动争议主要分为以下三类：第一类为多个劳动者“有共同请求的”普通集体劳动争议；第二类为集体合同争议；第三类为集体行动争议。2008年开始实施的《劳动争议调解仲裁法》主要针对的是个别劳动争议的处理，对于集体劳动争议的处理没有更加具体的规定。集体劳动争议的处理主要是通过“特别程序”加以解决。下面就这些不同类型的集体劳动争议进行介绍。

1.普通集体劳动争议

普通集体劳动争议，即狭义的集体劳动争议，也称“多人争议”，指同一用人单位的多个劳动者基于共同的理由与用人单位发生的争议。通常情况下，普通集体劳动争议和个别劳动争议区分的界限在于劳动者一方的人数。我国《劳动争议调解仲裁法》第七条规定：发生劳动争议的劳动者一方在十人以上，并有共同请求的，可以推举代表参加调解、仲裁或者诉讼活动。此条规定可以看作我国区分个别劳动争议和普通集体劳动争议的标准，即劳动者一方的人数在十人以下，则为个别劳动争议；劳动者一方的人数在十人以上，且基于同样的理由与同一用人单位发生劳动争议，即可视为集体劳动争议。

《劳动争议调解仲裁法》规定，此类集体劳动争议可以代表人诉讼的方式处理。但是在实际处理当中，有可能采用化整为零的方法，即先拆解为多个个别劳动争议，再采取合并审理的方式。这种审理方式使得这一类集体劳动争议变成多个个别劳动争议的松散集合。

2.集体合同争议

集体合同争议分为签订集体合同发生的争议和履行集体合同发生的争议。这是两种不同性质的争议。

签订集体合同发生的争议是一种确权性质的争议，即利益争议。基于这种争议的不可诉性，我国《劳动法》第八十四条第一款规定：因签订集体合同发生争议，当事人协商解决不成的，当地人民政府劳动行政部门可以组织有关各方协调处理。《集体合同规定》第四十九条规定：集体协商过程中发生争议，双方当事人不能协商解决的，当事人一方或双方可以书面向劳动保障行政部门提出协调处理申请；未提出申请的，劳动保障行政部门认为必要时也可以进行协调处理。据此，因签订集体合同发生争议的处理，只能协商、协调处理。我国现行法律中还没有关于签订集体合同发生争议经协商、协调不成后如何处理的规定，在国外一般是允许以依法采取集体行动的方式向对方施压来迫使达成妥协意见，达到解决问题的目的。目前我国的一些地方，如广州、深圳、大连等地，都已经进行了这一方面的立法尝试。

履行集体合同发生的争议是一种特别的合同履行争议。对此，我国《劳动法》第八十四条第二款规定：因履行集体合同发生争议，当事人协商解决不成的，可以向劳动争议仲裁委员会申请仲裁；对仲裁裁决不服的，可以自收到仲裁裁决书之日起十五日内向人民法院提起诉讼。《集体合同规定》第五十五条规定：因履行集体合同发生的争议，当事人协商解决不成的，可以依法向劳动争议仲裁委员会申请仲裁。《劳动合同法》第五十六条规定：用人单位违反集体合同，侵犯职工劳动权益的，工会可以依法要求用人单位承担责任；因履行集体合同发生争议，经协商解决不成的，工会可以依法申请仲裁、提起诉讼。这里表明，因履行集体合同发生争议的处理，没有基层调解程序，可通过仲裁、诉讼方式解决。

3.集体行动争议

集体行动是指企事业单位的劳动者为了维护劳动权利或争取劳动利益而举行的停工、罢工或者集体怠工等行为。集体行动争议是指由于劳动者的集体行动而引发的集体劳动争议。在许多市场经济国家，劳动者的集体行动通常是由工会来组织的，并且，集体行动只是在集体谈判破裂的情况下才举行的。但在我国，集体行动往往是劳动者权利受到侵害或利益诉求无法通过正常的渠道表达和实现的情况下自发举行的。

6.2 普通集体劳动争议处理

6.2.1 普通集体劳动争议的协商

1.协商的地位

集体劳动争议产生后，协商是最快捷的解决纠纷的方式，虽然法律并未强制规定所有集体劳动争议都必须通过协商途径解决，但协商是争议双方基于相互信任，在自愿的基础上对争议事宜进行和解，具有很大的灵活性，能够降低处理集体劳动争议的成本，因此也是解决集体劳动争议的重要途径。

2.协商参与人

《劳动争议调解仲裁法》第四条规定：发生劳动争议，劳动者可以与用人单位协商，也可以请工会或者第三方共同与用人单位协商，达成和解协议。普通集体劳动争议作为劳动争议的一种类型，既可以由劳动者独立与用人单位协商，劳动者也可以邀请工会组织共同与用人单位协商，此时工会组织的角色是帮助劳动者维权，而不是中立的。此外，劳动者还可以邀请工会之外的第三方与用人单位协商，其中第三方可以是律师、专家、法律援助机构等。

第三方参与协商，是在利用自己的专业知识和经验帮助劳动者实现其利益，其地位也不是中立的。无论工会组织还是工会组织以外的第三方应劳动者之邀参与协商，其地位都只能是劳动者的委托代理人。如果工会组织或者工会组织以外的第三方是中立的，那么这种解决争议的方式就不是协商而是调解了。

3.协商的形式

由于劳动争议的具体内容及解决的难易程度千差万别，国家法律、法规对协商的形式亦无具体规定，在实践中采用的协商形式也不尽相同。通常情况下，根据参与人数以及协商流程，协商可分为即时协商和会议协商两种形式。

（1）即时协商

即时协商是指在劳动争议发生后，劳动者与用人单位立即进行协商，并在短时间内达成协议。对于争议内容单一、争议事实清楚、争议标的不大、双方分歧较小且解决难度相对容易的劳动争议，当事人双方在争议发生后，可以随时就争议事项进行协商，并在短时间内达成协议，从而避免矛盾进一步扩大，使争议圆满解决。即时协商一般只要一方当事人提出，另一方当事人同意，就可以进行。即时协商具有灵活、及时、便利、低廉、非对抗性的优点。不过，如果集体劳动争议涉及的人数较多，则不宜采用即时协商的形式。

（2）会议协商

会议协商是指集体劳动争议双方当事人的代表通过召开会议进行共同协商以解决争议的方式。会议协商方式多适用于争议内容复杂、涉及人数较多的集体劳动争议。由于此类集体劳动争议涉及的劳动者人数较多，因而可以由劳动者一方选择参加协商的代表，也可以委托单位工会干部作为代表参加协商。召开会议的地点、时间及双方参加会议的人数均由双方协商确定。采用会议协商的方式达成一致意见，应制作书面协议，以利于执行。与即时协商相比，会议协商更为正式，双方代表在会议上陈述各自的观点和理由，并提出解决争议的相应方案，达成的书面协议对所有当事人都具有约束力。

6.2.2 普通集体劳动争议的调解

根据我国《劳动争议调解仲裁法》的规定，普通的劳动争议调解程序并不区分个别劳动争议和集体劳动争议。因此，普通集体劳动争议的调解适用与个别劳动争议调解相同的程序。

1.调解普通集体劳动争议的意义

《劳动争议调解仲裁法》针对劳动争议处理中的一些突出问题，从构建和谐社会的需要出发，将调解作为劳动争议处理的基本原则和重要程序，强化了调解在争议处理过程中的地位和作用。针对频发的集体劳动争议，更应确立调解“第一道防线”的基础性地位。一方面，通过调解解决集体劳动争议，可以有效预防集体劳动争议行为的发生；另一方面，调解也是妥善处理已发生的集体劳动争议行为的最基本和最重要的方法。

近年来，我国初步构建了包括企业调解、乡镇街道调解以及基层人民调解组织调解等在内的劳动争议调解网络，在集体劳动争议行为的预防和处理中发挥了一定的作用。但是，不可否认的是，在劳动争议案件不断攀升的同时，我国通过调解解决的劳动争议案件数量却没有上升，有些地方甚至减少。可见，由于劳动争议的调解制度还不完善，特别是还没有专门的集体劳动争议调解制度，使调解这种预防和解决集体劳动争议的最基本的方式在实践中还没有充分发挥出其应有的作用。因此，在我国积极探索构建集体劳动争议调解制度的路径具有重要意义。

2.集体劳动争议调解的现状及存在的问题

“着重调解”是解决集体劳动争议的基本原则之一。但是，由于当前我国集体劳动争议调解制度建设还存在诸多问题，调解在争议解决中的作用还没有充分发挥。

（1）专门针对集体劳动争议的调解制度和机构缺位

目前，我国还没有专门针对集体劳动争议的调解制度。《劳动争议调解仲裁法》第五条规定：发生劳动争议，当事人不愿协商、协商不成或者达成和解协议后不履行的，可以向调解组织申请调解；不愿调解、调解不成或者达成调解协议后不履行的，可以向劳动争议仲裁委员会申请仲裁；对仲裁裁决不服的，除本法另有规定的外，可以向人民法院提起诉讼。《劳动争议调解仲裁法》第七条规定：发生劳动争议的劳动者一方在十人以上，并有共同请求的，可以推举代表参加调解、仲裁或者诉讼活动。分析上述相关规定，似乎可以得出如下结论：集体劳动争议的处理程序与一般劳动争议的处理程序基本一致，遵循调解、仲裁、诉讼的基本程序，没有专门针对集体劳动争议的调解制度和相应的机构。

（2）企业层面的调解优势未能充分发挥

根据我国现行的劳动争议调解制度，企业层面的调解是最基本的劳动争议调解形式。但是，由于我国企业调解组织不健全、调解程序与方式不规范，企业劳动争议调解委员会受组成人员的构成、身份的局限等原因，使得基层企业劳动争议调解组织的受理数量与调解成功率都不高，企业调解的优势未能有效发挥。根据《劳动争议调解仲裁法》的规定，企业层面的调解由企业内设的劳动争议调解委员会负责，企业劳动争议调解委员会由职工代表和企业代表组成，职工代表由工会成员担任或者由全体职工推举产生，企业代表由企业负责人指定。一方面，调解委员会主要由企业代表和职工代表组成，没有实际意义上的第三方，本质上就属于当事人和解，不具有调解的性质，一旦双方出现分歧，很难达成协议，容易导致企业内部调解流于形式。另一方面，企业劳动争议调解委员会的活动经费来源于企业，在财务上受制于企业，容易形成调解委员会对企业行政的依附。调解委员会真正发挥作用的前提条件是必须具备一定的独立性，即调解工作完全按照有关法律、法规的规定进行，不受企业行政干预。

（3）劳动争议调解人员的专业素质明显不足

当前，我国劳动争议调解人员还缺乏必要的专业培训，政策业务水平偏低，难以胜任工作。根据《劳动争议调解仲裁法》的规定，劳动争议调解组织的调解员应当由公道正派、联系群众、热心调解工作，并具有一定法律知识、政策水平和文化水平的成年公民担任，此外并无具体要求和资格认证。实践中，集体劳动争议调解人员必须具有较强的斡旋能力，从而能够在调解过程中调动当事人的主动性和创造性，去寻求一个双方都能接受的妥协方案。调解员的能力水平在很大程度上决定着调解能否达成一致，而且影响着争议双方对调解的信心。我国劳动争议调解人员专业素质的不足制约了调解的成效。

（4）劳动争议调解协议书缺乏强制约束力

通过调解达成协议后，如果一方当事人不履行协议，另一方当事人难以凭调解协议保障权利，这也是制约劳动争议调解成效的一个重要因素。《劳动争议调解仲裁法》第十六条规定："因支付拖欠劳动报酬、工伤医疗费、经济补偿或者赔偿金事项达成调解协议，用人单位在协议约定期限内不履行的，劳动者可以持调解协议书依法向人民法院申请支付令。人民法院应当依法发出支付令。"但司法解释仅将调解协议纳入办案依据的范畴，仍无强制效力，能直接进入诉讼程序的也仅是就劳动报酬达成的调解协议，范围过窄。《劳动争议调解仲裁法》虽赋予了调解协议一定的强制力，但支付令发出后，只要对方当事人提出异议，法院不审查异议是否成立，支付令的作用非常有限，反而拖延了时间。可见，调解协议的法律约束力是有限的。

6.2.3 普通集体劳动争议的仲裁和诉讼

1. 普通集体劳动争议仲裁特别规定

（1）劳动者推举代表人参加仲裁活动

《劳动人事争议仲裁办案规则》第六十三条规定，发生劳动者一方在十人以上并有共同请求的争议的，劳动者可以推举三至五名代表参加仲裁活动。代表人参加仲裁的行为对其所代表的当事人发生效力，但代表人变更、放弃仲裁请求或者承认对方当事人的仲裁请求，进行和解，必须经被代表的当事人同意。

（2）由合议庭审理

《劳动人事争议仲裁组织规则》规定，处理十人以上集体劳动争议案件应当由三名仲裁员组成仲裁庭，设首席仲裁员。由此可见，与个别劳动争议仲裁案件的审理不同，集体劳动争议案件必须由合议庭审理。

2. 普通集体劳动争议诉讼特别规定

我国劳动争议诉讼程序统一适用《民事诉讼法》，集体劳动争议诉讼的一方当事人超过两人，其相关规则参照民事诉讼中的"共同诉讼"的有关规定。

6.3 集体合同争议与集体行动争议处理

6.3.1 签订集体合同争议处理

1.争议双方协商处理

我国《劳动法》第八十四条第一款规定，因签订集体合同发生争议，当事人协商解决不成的，当地人民政府劳动行政部门可以组织有关各方协调处理。《集体合同规定》第四十九条规定，集体协商过程中发生争议，双方当事人不能协商解决的，当事人一方或双方可以书面向劳动保障行政部门提出协调处理申请；未提出申请的，劳动保障行政部门认为必要时也可以进行协调处理。

由此可见，按照法律规定，协商已经成为解决因签订集体合同发生的争议的必经途径。

因签订集体合同发生争议后，当事人双方，即用人单位工会代表与用人单位代表可以就争议事项召开专门会议进行协商，经协商达成一致意见的，应制作协议书并由双方自觉履行。协议书经工会和企业代表签字、盖章后，发生法律效力，对双方都有约束力。

2.劳动行政部门协调处理

因签订集体合同发生的争议，当事人协商不成的，由当地人民政府劳动行政部门组织有关各方协调处理。

（1）协调处理机构

劳动行政部门应当组织同级工会和企业组织等三方面的人员，共同协调处理集体协商争议。

集体协商争议处理实行属地管辖，具体管辖范围由省级劳动保障行政部门规定。中央管辖的企业以及跨省、自治区、直辖市用人单位因集体协商发生争议，由人力资源和社会保障部指定的省级人力资源和社会保障行政部门组织同级工会和企业组织等三方面的人员协调处理，必要时，人力资源和社会保障部也可以组织有关方面协调处理。

（2）协调处理的时限

协调处理集体协商争议，应当自受理协调处理申请之日起三十日内结束协调处理工作，期满未结束的，可以适当延长协调期限，但延长期限不得超过十五日。

（3）协调处理的程序

协调处理集体协商争议应当按照下列程序进行：

①受理协调处理申请；

②调查了解争议的情况；

③研究制订协调处理争议的方案；

④对争议进行协调处理；

⑤制作“协调处理协议书”。

“协调处理协议书”应当载明协调处理申请、争议的事实和协调处理结果，双方当事人就某些事项不能达成一致的，应将继续协商的有关事项予以载明。“协调处理协议书”由集体协商争议协调处理人员和争议双方首席代表签字、盖章后生效。争议双方均应遵守生效后的“协调处理协议书”。

6.3.2 履行集体合同争议处理

1.争议双方协商处理

我国《劳动法》第八十四条第二款规定：“因履行集体合同发生争议，当事人协商解决不成的，可以向劳动争议仲裁委员会申请仲裁；对仲裁裁决不服的，可以自收到仲裁裁决书之日起十五日内向人民法院提出诉讼。”《集体合同规定》第五十五条规定：“因履行集体合同发生的争议，当事人协商解决不成的，可以依法向劳动争议仲裁委员会申请仲裁。”

因此，因履行集体合同发生的争议，协商也是解决争议的必经途径。

因履行集体合同发生争议后，当事人双方，即用人单位工会代表与用人单位代表，可以就争议事项召开专门会议进行协商，经协商达成一致意见的，应制作协议书并由双方自觉履行。协议书经工会和企业代表签字、盖章后，发生法律效力，对双方都有约束力。

2.仲裁和诉讼

因履行集体合同发生的争议，当事人协商不成的，可以向劳动争议仲裁委员会申请仲裁，对仲裁裁决不服的，可以向人民法院提起诉讼。

由此可见，因履行集体合同的争议发生后，首先要求双方进行协商，如果协商不成，此类争议不能进行调解，也不能像因签订集体合同发生的争议那样由劳动行政部门协调处理，而是进入到劳动争议仲裁程序。

（1）仲裁的提起

我国《劳动合同法》第五十六条规定：“用人单位违反集体合同，侵犯职工劳动权益的，工会可以依法要求用人单位承担责任；因履行集体合同发生争议，经协商解决不成的，工会可以依法申请仲裁、提起诉讼。”

《劳动人事争议仲裁办案规则》第六十三条规定：“因履行集体合同发生的劳动争议，经协商解决不成的，工会可以依法申请仲裁；尚未建立工会的，由上级工会指导劳动者推举产生的代表依法申请仲裁。”

（2）仲裁机构的处理

我国《劳动争议调解仲裁法》并没有专门规定处理因履行集体合同发生争议的特别程序，应视为适用于一般的劳动争议仲裁程序。但是，《劳动人事争议仲裁办案规则》规定，因履行集体合同发生的劳动争议，仲裁委员会可优先立案、优先审理；仲裁委员会处理因履行集体合同发生的劳动争议，应当按照三方原则组成仲裁庭处理。

对于进入到诉讼程序的因履行集体合同发生的争议，法律并无特别规定，参照普通劳动争议诉讼程序进行。

重点提示6-1

处理因履行集体合同发生的争议，没有调解程序。

6.3.3 集体行动争议处理

对于集体行动争议的处理，我国《工会法》第二十七条规定："企业、事业单位发生停工、怠工事件，工会应当代表职工同企业、事业单位或者有关方面协商，反映职工的意见和要求并提出解决意见。对于职工的合理要求，企业、事业单位应当予以解决。工会协助企业、事业单位做好工作，尽快恢复生产、工作秩序。"据此规定：其一，说明企业、事业单位职工因其劳动权益的诉求得不到满足时，发生停工、怠工行为是一种法律上承认的、客观存在的现象；其二，在解决此类集体劳动争议的过程中，工会"应当"代表职工与所在用人单位进行协商，反映职工的合理要求，在此基础上尽快恢复生产、工作秩序。我国法律并未明确规定劳动者的罢工权和用人单位的闭厂权，因此在发生停工、怠工事件后，协商成为解决问题的唯一途径，此类争议无法适用于其他争议处理方式。

本章小结

集体劳动争议的概念有狭义和广义之分。狭义的集体劳动争议是指劳动者一方当事人数量在规定限额以上的，且因共同理由与用人单位发生的纠纷。广义的集体劳动争议除了包括狭义的集体劳动争议外，还包括集体合同争议（又称团体争议）与集体行动争议。

我国《劳动争议调解仲裁法》第七条规定："发生劳动争议的劳动者一方在十人以上，并有共同请求的，可以推举代表参加调解、仲裁或者诉讼活动。"此条规定可以看作我国区分个别劳动争议和普通集体劳动争议的标准。此类集体劳动争议可以代表人诉讼的方式处理。但是在实际处理当中，更多的是采用了化整为零的方法，即先拆解为多个个别劳动争议，再采取合并审理的方式。这种审理方式使得这一类集体劳动争议变成多个个别劳动争议的松散集合。

因签订集体合同发生的争议，当事人协商解决不成的，当地人民政府劳动行政部门可以组织有关各方协调处理。因履行集体合同发生的争议，当事人协商解决不成的，可以向劳动争议仲裁委员会申请仲裁；对仲裁裁决不服的，可以自收到仲裁裁决书之日起十五日内向人民法院提出诉讼。

对于集体行动争议的处理，我国法律并未明确规定劳动者的罢工权和用人单位的闭厂权，因此在发生停工、怠工事件后，协商成为解决问题的唯一途径，此类争议无法适用于其他争议处理方式。

复习思考题

1. 集体劳动争议有哪些类型？
2. 普通集体争议的处理程序是什么？
3. 集体合同争议和集体行动争议的处理方式有何不同？

案例分析

签订解除协议单位不付款，100余名职工经调解获300多万元

郑某等100余人是某汽车配件公司职工，2017年7月，公司因生产经营困难与郑某等人签订了解除劳动合同协议书，但公司并未在约定时间内支付拖欠的工资和解除劳动合同经济补偿。郑某等人多次找到公司催要上述款项，公司均以资金困难为由予以推托。2017年8月，郑某等人向当地劳动争议仲裁机构申请仲裁。

北京市总工会了解到此案后，派调解员在仲裁开庭审理之前积极与争议双方进行沟通。公司表示，由于目前处于停产状态，公司账户也被法院冻结，短期内确实无力支付郑某等职工的工资和经济补偿。工会调解员与郑某等职工进行沟通，耐心地讲解了法律法规和政策，分析比较了仲裁结案和调解结案的利弊。最终，争议双方达成一致意见，约定公司在一定期限内分期支付郑某等100余人的工资和经济补偿共计300多万元。双方签订了调解协议，郑某等职工撤回了仲裁申请。

集体劳动争议案件具有涉及人数众多、案情复杂、社会影响大等特点，一旦处理不当，会直接影响社会稳定。因此，调解是妥善解决集体劳动争议的有效途径。在调解的过程中，由工会、劳动行政部门、司法行政部门、信访部门等多个部门组成联动机制，在解决集体劳动争议、维护社会稳定方面发挥了非常积极的作用。

资料来源　王香阑．2017年北京工会劳动维权十大案例评析［J］．工会博览，2018（2）．

请思考：如何确定处理集体争议的最优方案？

拓展阅读：当前集体劳动争议状况及其政策建议

第 7 章　人事争议处理特别规定

学习目标

✓ 掌握人事争议的概念和范围；
✓ 了解人事争议处理的原则；
✓ 理解人事争议调解和仲裁的特别规定；
✓ 了解事业单位工作人员申诉的相关规定；
✓ 了解人事争议处理的法律适用。

引例

违约金条款须遵守，聘用合同与劳动合同有差异

吕某于2014年7月入职北京市某公立医院，获得事业单位人员编制，双方订立了为期5年的聘用合同。在聘用合同中双方约定，如果吕某违反聘用合同约定提前离职，须向医院支付违约金10万元，按工作年限递减。2017年2月，吕某向医院提出辞职，医院未同意其辞职。后经协商，双方订立了《解除聘用合同协议》，吕某向医院支付了违约金4万元，医院同意当月为其办理离职手续。2017年4月，吕某向劳动人事争议仲裁机构提出仲裁申请，要求医院返还其支付的违约金4万元。

仲裁机构审理后认为，双方订立的聘用合同及《解除聘用合同协议》是双方当事人真实意思表示，不违反法律法规的强制性规定，亦不存在采取欺诈、胁迫等手段订立或内容显失公平等情形，故该聘用合同及《解除聘用合同协议》对双方当事人具有约束力。吕某向医院支付违约金亦符合双方在聘用合同中对违约责任的约定，故裁决驳回吕某的仲裁请求。

由此可见，对于违约金条款，劳动合同与聘用合同的规定有差异。

按照《劳动合同法》的规定，除在与劳动者订立服务期协议和竞业限制协议或条款的情况下，可与劳动者约定违约金，其他情况下均不得约定由劳动者承担违约金。按照《北京市事业单位聘用合同制试行办法》第十四条规定，违反聘用合同的责任条款属于聘用合同的必备条款。该《办法》第四十三条规定：属于下列情形之一的要承担违约责任：（一）任何一方违反聘用合同规定的；（二）聘用合同未到期，又不符合解除条件，单方面解除聘用合同的；（三）由于聘用单位原因订立无效或部分无效聘用合同的。违约金数额由双方当事人在聘用合同中自行约定，在聘用合同中未约定，但造成可计算经济损失的，由责任人按照实际损失承担经济赔偿责任。从上述规定来看，事业单位与其在编工作人员可双向约定违约金，且不限于双方订立有服务期协议等情形。

资料来源　张晶. 2018年北京劳动争议仲裁10大典型案例评析［EB/OL］.［2019-03-11］. http：//acftu.workercn.cn/36/201810/22/181022150338073.shtml.

在我国，人事争议是与劳动争议并行的概念，有时并称为劳动人事争议。实践中，人事争议的发案率远远低于劳动争议。本章就人事争议的一些特殊事项予以说明。

7.1　人事争议概述

7.1.1　人事争议的概念和范围

1.人事争议概念

人事争议是与人事关系相对应的。人事争议是人事关系中双方因权利、义务发生分歧而产生的争议。人事争议的主体较为广泛，国家机关、事业单位以及其他人事行政管理的相对人都是人事争议的主体。具体而言，人事争议发生在以下主体之间：实施公务员法的机关与聘任制公务员之间、参照公务员法管理的机关（单位）与聘任工作人员之间、事业单位与工作人员之间、社会团体与工作人员之间、军队文职人员聘用单位与文职人员之间。

知识链接7-1　　**人事关系**

人事关系是我国所特有的一个概念，在法律法规中并没有统一的定义。一般来说，在旧的人事管理体制中，国家机关和事业单位对工作人员实行身份管理，通过国家统一调配、调派建立人事关系。人事关系其实包含两个层次，即平等的聘用合同关系和不平等的管理关系。按照法律的一般理论，我们认为，人事关系中涉及的聘用合同的签订、变更、解除、终止等情形，是平等的聘用合同关系；而考核、职称评定等则是一种管理关系。人事关系中的身份关系非常复杂，如“职务等级”。

2. 人事争议范围

《最高人民法院关于人民法院审理事业单位人事争议案件若干问题的规定》（法释〔2003〕13号）规定：“本规定所称的人事争议是指事业单位与其工作人员之间因辞职、辞退及履行聘用合同所发生的争议。”

《劳动人事争议仲裁办案规则》规定，仲裁机构受理的人事争议包括：（1）实施公务员法的机关与聘任制公务员之间、参照公务员法管理的机关（单位）与聘任工作人员之间因履行聘任合同发生的争议；（2）事业单位与其建立人事关系的工作人员之间因终止人事关系以及履行聘用合同发生的争议；（3）社会团体与其建立人事关系的工作人员之间因终止人事关系以及履行聘用合同发生的争议；（4）军队文职人员用人单位与聘用制文职人员之间因履行聘用合同发生的争议。

需要注意的是，上述文件只是规定了人事争议仲裁、诉讼的范围，而实践中有些争议并不能通过仲裁、诉讼的程序解决，如事业单位工作人员与所在单位因职称评定、考核纠纷所产生的争议就不属于仲裁、诉讼的受案范围，只能通过申诉等途径解决。

7.1.2 人事争议处理的方式

人事争议发生后，当事人可以协商解决；不愿协商或者协商不成的，可以向主管部门申请调解，其中军队文职人员聘用单位与文职人员的人事争议，可以向聘用单位的上一级单位申请调解；不愿调解或调解不成的，可以向人事争议仲裁委员会申请仲裁。当事人也可以直接向人事争议仲裁机构申请仲裁。当事人对仲裁裁决不服的，可以向人民法院提起诉讼。

7.1.3 人事争议处理的原则

1. 注重调解原则

人事争议发生之后，双方当事人是否协商、调解，不具有强制性。注重调解原则强调当事人尽量首选调解的方式予以解决。首先，调解解决人事争议有利于构建和谐的劳动关系。其次，调解解决人事争议快速、低廉、高效。最后，调解解决人事争议形式灵活、接受度高。当然，解决人事争议的最终目的是维护当事人的合法权益。

2. 合法公正原则

合法原则不仅要求人事争议处理实体合法，还要求处理程序合法。各级调解、仲裁、审判机构在具体处理人事争议时，要严格依据国家法律法规的相关规定行事。

人事争议处理过程中，无论是哪一级的处理机构都必须保证人事争议双方当事人处于平等的法律地位，享有平等合法的权利和履行相应的义务，当事人任何一方都不能享有超越法律规定的特权。

3. 及时原则

及时原则在一定程度上可以理解为效率原则。人事争议处理机构要力求在法律规定的时限或者合理的期限内受理、办理、处理人事争议。这样不仅节约了成本，而且对保护双方当事人的合法权益有重要意义。

7.2 人事争议处理特别规定

7.2.1 事业单位工作人员申诉

为贯彻实施《事业单位人事管理条例》，保障事业单位工作人员合法权益，中共中央组织部、人力资源和社会保障部发布了《事业单位工作人员申诉规定》（以下简称《规定》），对有关工作的管辖、申请受理、审理决定、执行监督等方面作出了规定。

1. 申诉范围

事业单位工作人员对涉及本人的处分、清退违规进人、撤销奖励、考核定为基本合格或者不合格、未按国家规定确定或者扣减工资福利待遇等几类人事处理不服的，可以申请复核；对复核结果不服的，可以提出申诉、再申诉。申请复核的由原处理单位管辖。提出申诉、再申诉的由相应的事业单位人事综合管理部门或主管部门管辖。

2. 申诉程序

《规定》要求，受理复核申请的单位应当自接到申请书之日起三十日内作出维持、撤销或者变更原人事处理的复核决定。受理申诉、再申诉申请的单位应当组成申诉公正委员会审理案件，根据申诉公正委员会的审理意见，区别不同情况，作出维持、撤销、变更原人事处理或重新处理的决定。处理决定应当在六十日内作出。案情复杂的，可以适当延长，但是延长期限不得超过三十日。

3. 执行与监督

处理决定应当在发生效力后三十日内执行。除维持原人事处理外，原处理单位应当在申诉、再申诉决定执行期满后三十日内将执行情况报申诉、再申诉受理单位备案。对事业单位工作人员处理错误的，应当及时予以纠正；造成名誉损害的，应当赔礼道歉、恢复名誉、消除影响；造成经济损失的，应当根据有关规定给予赔偿。

对申请复核或者提出申诉、再申诉的事业单位工作人员打击报复等几类情形，将对相关责任人员和直接责任人员给予批评教育、调离岗位或者处分；涉嫌犯罪的，移送司法机关处理。申请复核、提出申诉的事业单位工作人员弄虚作假、捏造事实、诬陷他人的，根据情节轻重，给予批评教育或者处分；涉嫌犯罪的，移送司法机关处理。

7.2.2 人事争议调解

人事争议调解，是指人事争议发生之后，人事争议调解机构或组织依据相关的法律法规，在双方当事人自愿、平等公正的原则下，通过与当事人进行沟通，使得双方互谅互让，自愿达成和解协议以解决劳动争议的处理方式。人事争议调解机制作为解决人事争议的“第一道防线”，操作简捷、及时，可预防矛盾进一步激化，降低当事人走诉讼程序的可能性。

1.调解机构

《关于加强劳动人事争议调解工作的意见》（人社部发〔2009〕124号）强调，事业单位要积极建立由人事部门代表、职工代表、工会代表、法律专家等组成的人事争议调解组织；加强主管部门对所属事业单位人事争议调解工作的指导；推动在教育、科技、文化、卫生等事业单位及其主管部门建立人事争议调解组织。

为了切实发挥调解组织预防争议的作用，规范事业单位人事管理，事业单位应积极探索有效化解人事争议的长效机制。

为了更好地开展人事争议调解工作，调解部门设主任一人，必要时可设立副主任。主任及副主任每三年改选一次，可以连选连任。无论是委任调解部门的主任、副主任，还是选取部门的工作人员，都应当把握几个关键点，选取那些公道正派、联系群众、热心调解工作，并有一定法律知识和人事政策水平的人员。此处需格外注意的是，军队文职人员的人事争议处理归属于上级部门负责，这一点有别于一般事业单位中的部门调解。

2.调解程序

《关于加强劳动人事争议调解工作的意见》还提出了事业单位人事争议的层级处理程序，即简单争议由事业单位内部调解解决，复杂争议由单位主管部门调解解决。

单位内发生人事争议时，当事人一方应当以书面形式向调解部门提交调解申请，调解部门及时予以登记受理。在具体的调解过程中，在查明事实的基础上，调解员分别约谈双方当事人，充分说理，耐心疏导，消除隔阂，促使当事人双方自愿达成协议。一旦双方达成调解协议，应当制作调解书，经双方当事人、调解员签字确认，调解部门、双方当事人三方各留一份。双方当事人应当按照调解协议的内容自觉履行义务，这样不仅可以增加调解的有效性，也可以避免司法资源的浪费。一般而言，调解时限为三十日，即调解部门应当自受理调解之日起三十日内完成调解。到期未完成的，视为调解不成。

7.2.3 人事争议仲裁

人事争议仲裁是根据法律规定或者人事争议当事人自愿向法律授权的专门机构提出申请，该机构以第三方的身份介入人事争议解决过程，根据相关规定就人事争议的事实与责任作出判断和裁决的法律活动。

1.仲裁机构

人事争议仲裁过程中，人事争议仲裁委员会肩负重要职责。《人事争议处理规定》指明了人事争议仲裁委员由公务员主管部门代表、聘任（用）单位代表、工会组织代表、受聘人员代表以及人事、法律专家组成。人事争议仲裁委员会组成人员应当是单数，设主任一名、副主任二至四名、委员若干名。处理人事争议时，委员会实行少数服从多数原则，不同意见应当如实记录。

人事争议仲裁制度实行仲裁庭制，这是人事争议仲裁委员会处理人事争议案件的基本形式。仲裁庭一般由三名仲裁员组成。仲裁员的职责是：受人事争议仲裁委员会的委托或当事人的选择，负责人事争议案件的具体处理工作。人事争议仲裁委员会指定一名仲裁员担任首席仲裁员，主持仲裁庭工作；另两名仲裁员可由双方当事人各选定一名，也可由人事争议仲裁委员会指定。简单的人事争议案件，经双方当事人同意，人事争议仲裁委员会可以指定一名仲裁员独任处理。除此之外，人事争议仲裁委员会可以聘任有关部门的工作人员、专家学者和律师为专职或兼职仲裁员。兼职仲裁员与专职仲裁员在仲裁活动中享有同等权利，并且兼职仲裁员进行仲裁活动时，所在单位应当给予支持。

2.仲裁管辖

法律法规对人事争议仲裁案件的受理范围与管辖进行了明确规定。中央机关、直属机构、直属事业单位及其在京所属事业单位的人事争议由中央机关及所属事业单位人事争议仲裁委员会处理。中央机关在京外垂直管理机构以及中央机关、直属机构、直属事业单位在京外所属事业单位的人事争议，由所在地的省（自治区、直辖市）设立的人事争议仲裁委员会处理，也可由省（自治区、直辖市）根据情况授权所在地的人事争议仲裁委员会处理。省（自治区、直辖市）、副省级市、地（市、州、盟）、县（市、区、旗）人事争议仲裁委员会的管辖范围，由省（自治区、直辖市）确定。军队文职人员聘用单位与文职人员的人事争议，一般由聘用单位所在地的县（市、区、旗）人事争议仲裁委员会处理，其中师级聘用单位与文职人员的人事争议，由所在地的地（市、州、盟）、副省级市人事争议仲裁委员会处理，军级以上聘用单位与文职人员的人事争议由所在地的省（自治区、直辖市）人事争议仲裁委员会处理。驻京部队聘用单位与文职人员的人事争议，由中央机关及所属事业单位人事争议仲裁委员会处理。

7.3 人事争议处理的法律适用

7.3.1 实体法依据

事业单位人事争议处理依据的实体法可以分为相关法律和人事行政法律两类。事业单位中的人事关系与劳动关系具有相似的性质，双方既是平等主体之间形成的关系，也是带有依附关系的不平等主体之间形成的关系，只不过人事关系中的这种依附关系主要是指事业单位与工作人员之间的行政管理关系，与劳动关系中的劳动者与企业之间的人身依附关系存在差异。

人事关系的这些特点决定了人事争议处理不仅要依据人事行政法律法规，也要依据民法、劳动法等相关法律。而且，人事关系形成聘用合同，处理人事争议时也需要依据合同法的相关规定。此外，国家通过法律法规对一些特殊的公共事业领域进行了约束，处理这些领域中的人事争议时也需要适时依据相关的规定，主要包括教师法、执业医师法、军队文职人员管理规定等。

1.相关法律

民法是调整平等主体间财产关系和人身关系的法律。《最高人民法院关于审理劳动争议案件诉讼当事人问题的批复》指明人事关系中双方当事人在法律适用上和诉讼地位上是平等的，由此，人事争议双方当事人处在平等的法律地位上，《民法通则》中有关保护公民和法人民事权益的规定，适用于人事争议的处理。

劳动法是调整劳动关系以及与劳动关系密切联系的其他关系的法律规范的总称。长期以来，劳动关系和人事关系并存于管理体制中，《劳动法》、《劳动合同法》和《劳动争议调解仲裁法》等劳动法律都对各自的适用范围进行了明确规定。《劳动法》规定“在中华人民共和国境内的企业、个体经济组织和与之形成劳动关系的劳动者，适用本法。国家机关、事业组织、社会团体和与之建立劳动合同关系的劳动者，依照本法执行。”《最高人民法院关于人民法院审理事业单位人事争议案件若干问题的规定》(法释〔2003〕13号）中规定：“事业单位与其工作人员之间因辞职、辞退及履行聘用合同所发生的争议，适用《中华人民共和国劳动法》的规定处理。”此外，《最高人民法院关于事业单位人事争议案件适用法律等问题的答复》(法函〔2004〕30号）规定：“人民法院对事业单位人事争议案件的实体处理应当适用人事方面的法律规定，但涉及事业单位工作人员劳动权利的内容在人事法律中没有规定的，适用《中华人民共和国劳动法》的有关规定。”这些规定拓宽了人事争议处理的法律依据，因此，人事争议涉及工作人员劳动权利的，适用《劳动法》。同时，《劳动合同法》《劳动争议调解仲裁法》分别对聘用合同、事业单位争议如何适用作出了相应的规定。

在人事争议产生的原因中，解除聘用合同、履行聘用合同占据较大比例。虽然聘用合同与一般的民事合同存在较大差别，但仍旧属于合同的范畴之内，人事争议处理过程中也可依据合同法的一般理论和原则。

2. 人事行政法律

行政法是调整行政关系以及在此基础上产生的监督行政关系的法律规范和原则的总称，是我国重要的部门法之一。其中，人事行政法律是以人事行政关系作为调整对象，专门制定人事行政活动规则的法律规范的总称。我国人事行政法律涉及的领域非常广，其中涉及事业单位人事制度改革、事业单位人员聘用制、事业单位工作人员辞职和辞退方面的人事行政法律是人事争议处理经常适用的行政法律。

（1）事业单位人员聘用制方面

《国务院办公厅转发人事部关于在事业单位试行人员聘用制度的意见的通知》（国办发〔2002〕35号）、《事业单位试行人员聘用制度有关问题的解释》（国人部发〔2003〕61号），明确了聘用制的基本原则、实施范围和制度等内容，并对相关问题作出了明确的解释。这两个文件是处理聘用合同争议的主要依据。

（2）事业单位工作人员辞职和辞退方面

《全民所有制事业单位专业技术人员和管理人员辞职暂行规定》（人调发〔1990〕19号）、《人事部关于执行〈全民所有制事业单位专业技术人员和管理人员辞职暂行规定〉中有关问题的通知》（人调发〔1991〕14号）、《全民所有制事业单位辞退专业技术人员和管理人员暂行规定》，对辞职、辞退的条件、程序等问题作出了规定，推动了事业单位辞职、辞退制度的建立，也为处理由此产生的争议提供了依据。

7.3.2 程序法依据

程序法一般规定主体实现权利义务关系的程序与方式，因此，人事争议处理的程序法依据就是处理人事争议必须依据的步骤和方法。程序法依据因不同的人事争议处理机制而不同，即人事争议调解、仲裁、诉讼分别依据的程序性法律存在较大不同。

1. 人事争议调解的程序法依据

事业单位人事争议调解所遵循的程序主要是根据《关于加强劳动人事争议调解工作的意见》《劳动人事争议仲裁办案规则》等文件和规章，以及各地方关于人事争议调解的规定中关于适用范围、机构设立与管辖、机构组成、机构职责、受理范围、受理时效等内容来进行具体设定。

2. 人事争议仲裁的程序法依据

事业单位人事争议仲裁所遵循的程序主要是根据《人事争议处理规定》（国人部发〔2007〕109号）、《劳动人事争议仲裁办案规则》，以及地方人大、政府或人事行政主管部门依据相关法律法规、文件政策中关于受案范围、仲裁机构的设立及组成、仲裁庭组成、案件管辖、受理时效、举证责任、救济途径、裁决执行等内容进行设定的。

3.人事争议诉讼的程序法依据

事业单位人事争议诉讼所遵循的程序主要是根据《最高人民法院关于人民法院审理事业单位人事争议案件若干问题的规定》《最高人民法院关于事业单位人事争议案件适用法律等问题的答复》中关于法律适用、管辖、案由、时效、受案范围等内容设定的。

此外，人事争议诉讼仍然属于民事诉讼案件，因此诉讼程序也适用于《民事诉讼法》及相关的司法解释。

精选案例7-1　自收自支事业单位能否自主决定工资待遇分配

2013年9月，王某到某省属事业单位工作，双方签订了两次事业单位聘用合同，合同期限分别为2013年9月1日至2014年8月31日和2014年9月1日至2015年8月31日。双方聘用合同期满后，王某申请仲裁，提出单位未依照规定给予其合理合法的薪酬待遇，与其他同事相比差距较大，且认为2015年8月10日单位在无正当理由的情况下通知不与其续签聘用合同的行为违法。王某要求单位补发其2013年12月至2015年8月相比较同级别岗位同事奖金差额，支付其两个月工资作为经济补偿。单位辩称：单位严格按照薪酬管理办法发放工资，单位结构规模不大，工作人员较少，不存在同级别岗位概念，王某类比其他同事不具有合理性。

庭审中查实：单位为自收自支事业单位，一人一岗，一岗位一待遇，不存在同级别岗位；单位薪酬管理办法没有明确王某的岗位奖金系数，也未明确无岗位奖金系数的工作人员可以参照其他工作人员确定奖金系数。2015年8月10日，单位提出不再与王某续签聘用合同，王某一直工作至8月31日，即聘用合同期满之日。

本案争议的焦点是：自收自支事业单位能否自主决定工作奖金发放数额？事业单位与工作人员的聘用合同到期终止，不与工作人员续订的，应否支付经济补偿？

要认定王某主张的工资待遇是否合理，关键是自收自支事业单位自主确定绩效工资待遇是否有合法依据。《事业单位人事管理条例》第三十二条规定，事业单位工资分配应当结合不同行业事业单位特点，体现岗位职责、工作业绩、实际贡献等因素。《关于事业单位试行人员聘用制度有关工资待遇等问题的处理意见（试行）》（国人部发〔2004〕63号）第一部分第三条规定，经费自理的事业单位，受聘人员的岗位工资待遇，由单位在核定的工资总额内，按照国家有关政策自主确定。根据《事业单位工作人员收入分配制度改革实施办法》(国人部发〔2006〕56号)规定，事业单位在上级主管部门核定的绩效工资总量内，按照规范的分配程序和要求，采取灵活多样的分配形式和办法，自主决定本单位绩效工资的分配。

根据上述规定，本案中，单位有权根据国家法规政策规定，制定本单位内部薪酬分配办法。按照该单位薪酬管理办法的规定，王某所在岗位并未明确奖金系数，加上双方认可一人一岗位、一岗位一待遇事实，王某要求参照其他工作人员的岗位奖金系数为其发放工作奖金的仲裁请求没有法律依据。

针对王某的第二项仲裁请求，首先要确定双方之间签订的聘用合同是否合法有效，双方之间人事关系是否可以终止。

《事业单位人事管理条例》第十二条规定，事业单位与工作人员订立的聘用合同，期限一般不低于3年。《关于在事业单位试行人员聘用制度的意见》第四部分规定，聘用合同分为短期、中长期和以完成一定工作为期限的合同。聘用单位与受聘人员经协商一致，可以订立上述任何一种期限的合同。本案中，王某与单位经协商一致，签订的两次聘用合同有效。

《事业单位人事管理条例》第十九条规定，自聘用合同依法解除、终止之日起，事业单位与被解除、终止聘用合同人员的人事关系终止。《关于在事业单位试行人员聘用制度的意见》第六部分规定了聘用单位支付经济补偿的三种情形，但均为聘用合同的解除情形。本案王某一直工作至8月31日，即聘用合同期满之日，双方符合聘用合同期满聘用合同终止的情形。故王某第二项仲裁请求，于法无据不予支持。

需要注意的是，虽然自收自支事业单位可以自主决定绩效工资的分配，但是工资分配制度的制定不能违反法律、行政法规及政策规定，除了内容合法外，尚需制定程序合法。《事业单位人事管理条例》第四条规定，事业单位应当建立健全人事管理制度。事业单位制定或者修改人事管理制度，应当通过职工代表大会或者其他形式听取工作人员意见。

资料来源　山东省人社厅. 案例|自收自支事业单位能否自主决定工资待遇分配［EB/OL］.［2019-03-11］. http://www.mohrss.gov.cn/tjzcgls/TJZCdianxingal/201707/t20170731_274969.html.

7.3.3 我国劳动争议处理与人事争议处理的异同

我国对劳动争议与人事争议的处理，既彼此区别，又存在共通之处。劳动争议处理与人事争议处理的差异，主要表现在：

第一，争议主体不同。根据《劳动争议调解仲裁法》第二条、《人事争议处理规定》第二条的规定，劳动争议主要发生在企业、个体经济组织、民办非企业单位等用人单位与劳动者之间；而人事争议主要发生在实施公务员法的机关与聘任制公务员之间、参照公务员法管理的机关（单位）与聘任工作人员之间、事业单位与工作人员之间、社会团体与工作人员之间、军队文职人员聘用单位与文职人员之间。

第二，受案范围不同。根据《劳动争议调解仲裁法》第二条、《人事争议处理规定》第二条的规定，劳动争议主要是劳动报酬、社会保险、终止和解除劳动合同等经济利益争议；而人事争议主要是除名、辞退、辞职、离职等解除人事关系以及履行聘用合同发生的争议。

第三，管辖方式不同。劳动争议主要是地域管辖；而人事争议采取地域管辖与级别管辖相结合的做法，更强调级别管辖。国家机关及其所属事业单位是按行政层级关系设立的，由较低级别的仲裁机构处理上一级甚至上几级国家机关及其所属事业单位的人事争议，不利于保证仲裁机构的中立性与独立行使仲裁权。

第四，法律适用不同。劳动争议处理主要依据《劳动合同法》《劳动法》《劳动争议调解仲裁法》及其他配套规章政策；而人事争议处理依据比较复杂，最高人民法院有关司法解释规定，人民法院对事业单位争议案件的实体处理应当适用人事方面的法律规定，但涉及事业单位工作人员劳动权利的内容在人事法律中没有规定的，适用《劳动法》的有关规定。《劳动合同法》第九十六条进一步规定，“事业单位与实行聘用制的工作人员订立、履行、变更、解除或者终止劳动合同，法律、行政法规或者国务院另有规定的，依照其规定；未作规定的，依照本法有关规定执行。”军队文职人员聘用单位与文职人员人事之间的争议处理，主要依据的是《中国人民解放军文职人员条例》。

第五，调解组织不同。劳动争议主要由企业、乡镇街道劳动争议调解组织和基层人民调解组织调解。人事争议当事人既可以在事业单位人事争议调解委员会调解，也可以向主管部门申请调解，其中军队文职人员聘用单位与文职人员的人事争议，可以向聘用单位的上一级单位申请调解。

尽管劳动争议与人事争议存在区别，但从人事争议处理的主要发展历程来看，劳动争议与人事争议处理正在不断地融合，展现了趋同的未来趋势。两者间的相同点主要表现在：第一，立法宗旨相同，即保护当事人合法权益。第二，争议处理原则相同，即遵循合法、公正、及时、着重调解的原则。第三，仲裁办案程序相同。劳动人事争议按照《劳动争议调解仲裁法》及《劳动人事争议仲裁办案规则》规定程序处理。第四，仲裁机构相同。按照《劳动人事争议仲裁组织规则》的规定，这两类争议都由劳动人事争议仲裁委员会处理。第五，争议处理基本制度相同。这两类争议的仲裁都实行仲裁庭制度、合议制度、回避制度、公开审理制度、一裁两审制度。第六，仲裁与司法的衔接相同。这两类争议当事人对仲裁裁决不服，均可以向法院提起民事诉讼寻求司法的最后保障。对生效裁决一方当事人不履行的，另一方当事人可以向法院申请强制执行。

本章小结

人事争议是与人事关系相对应的。人事争议是人事关系中双方因权利、义务发生分歧而产生的争议。人事争议的主体较为广泛，国家机关、事业单位以及其他人事行政管理的相对人都是人事争议的主体。具体而言，人事争议发生在以下主体之间：实施公务员法的机关与聘任制公务员之间、参照公务员法管理的机关（单位）与聘任工作人员之间、事业单位与工作人员之间、社会团体与工作人员之间、军队文职人员聘用单位与文职人员之间。

人事争议发生后，当事人可以协商解决；不愿协商或者协商不成的，可以向主管部门申请调解，其中军队文职人员聘用单位与文职人员的人事争议，可以向聘用单位的上一级单位申请调解；不愿调解或调解不成的，可以向人事争议仲裁委员会申请仲裁。当事人也可以直接向人事争议仲裁机构申请仲裁。当事人对仲裁裁决不服的，可以向人民法院提起诉讼。需要注意的是，实践中有些争议并不能通过仲裁、诉讼的程序解决，如事业单位工作人员与所在单位因职称评定、考核纠纷所产生的争议就不属于仲裁、诉讼的受案范围，只能通过申诉等途径解决。

人事争议调解，是指人事争议发生之后，人事争议调解机构或组织依据相关的法律法规，在双方当事人自愿、平等公正的原则下，通过与当事人进行沟通，使得双方互谅互让，自愿达成和解协议以解决劳动争议的处理方式。人事争议仲裁是根据法律规定或者人事争议当事人自愿向法律授权的专门机构提出申请，该机构以第三方的身份介入人事争议解决过程中，根据相关规定就人事争议的事实与责任作出判断和裁决的法律活动。事业单位工作人员对涉及本人的处分、清退违规进人、撤销奖励、考核定为基本合格或者不合格、未按国家规定确定或者扣减工资福利待遇等几类人事处理不服的，可以申请复核；对复核结果不服的，可以提出申诉、再申诉。

复习思考题

1. 人事争议的范围有哪些？
2. 人事争议的处理过程有什么特别之处？
3. 人事争议的法律适用有什么特别之处？

案例分析

事业单位工作人员达到退休年龄，单位应为其办理退休手续

1991年12月10日，某县人事局向某县农机水电局作出《关于招聘谭某某等48名同志为干部的通知》，同意招聘谭某某等48人为农机站干部。1991年10月20日，何某某、某乡人民政府（后变更为某街道办事处）、某县农机水电局与某县盐井区公所、某县人事局签订了《乡镇聘用干部合同书》，合同期限为1991

年 11 月 1 日至 1994 年 10 月 30 日。后来各方又多次签订《乡镇聘用干部合同书》，合同期限至 2006 年 1 月 31 日。

2016 年 3 月 15 日，何某某向当地劳动人事争议仲裁机构申请仲裁，请求某街道办事处为其办理退休手续，补发退休工资、医保费。仲裁机构未予受理，何某某遂提起诉讼。

法院判决，根据何某某先后多次与某街道办事处签订的《乡镇聘用干部合同书》等证据可以证明，何某某系某街道办事处的聘用制干部。虽然何某某存在被借调到其他单位上班的事实，但其与某街道办事处间的人事关系从未改变。何某某于 2006 年 1 月 27 日年满 55 周岁，根据相关规定，何某某可以退休并享受退休待遇。但由于某街道办事处未为何某某办理退休手续，导致其不能享受退休待遇，现何某某起诉请求某街道办事处为其办理，依法应当支持。何某某要求补发退休工资、医保费，但未举示充分证据证明，故不予支持。法院遂判决某街道办事处为何某某办理退休手续。

资料来源　根据重庆市高级人民法院发布的2017年度十大劳动争议典型案例整理。

请思考：处理事业单位人事争议应特别注意哪些问题？

拓展阅读：事业单位人事争议处理工作稳步推进

第8章　劳动争议类型分析

学习目标

✓了解各种类型劳动争议的主要法律依据；

✓理解各种类型劳动争议应查清的相关问题及举证责任；

✓能够运用相关法律法规解决实际问题。

引例

电子证据能否证明劳动者的违纪事实？

蒋某于2015年12月1日到某网约车驾驶员管理有限公司从事网约车驾驶员工作，双方订立了期限至2018年11月31日的劳动合同，蒋某月工资3 800元。

2016年9月8日，公司对蒋某作出《解除劳动合同通知书》，以蒋某“弄虚作假为自己挂单、刷工时，存在公车私用的行为”为由，依据公司《专车驾驶员管理手册》第十一条“弄虚作假为自己挂单、刷工时，公车私用的，公司有权解除劳动合同”的规定，解除了与蒋某的劳动合同。

蒋某认可公司的《专车驾驶员管理手册》经过民主程序制定并且已学习过，但蒋某认为自己不存在挂单、刷工时、公车私用等可以解除劳动合同的行为。公司为证明蒋某存在上述行为，提交了书面证明（系公司所使用的专车业务系统的开发单位某信息技术有限公司出具；公司作为系统的使用方，无更改系统生成数据的权限，亦无GPS监控定位系统运行轨迹数据的更改权限）、专车系统和GPS监控定位系统截图打印文件并现场演示。在系统演示中，显示了蒋某的姓名、工号、所驾驶的车辆牌号；蒋某驾驶的车辆10余次通过其在公司处预留的手机号码下订单，所下的订单有的经过3个多小时、6个多小时后才取消；蒋某驾驶的车辆GPS监控定位系统显示，2016年8月中有三次在蒋某下班后，其驾驶的车辆仍在运行，且运行轨迹较长。

蒋某认可公司通过专车系统对驾驶员进行管理，其上班和下班分别通过上述系统的手机端点击上班后开始工作，点击下班后结束工作，并通过该手机端进行日常工作操作。但蒋某称公司演示的均为后台管理系统，并非其日常使用的手机端，其对该系统演示情况及公司提交的证明的真实性均无法确认，不能证明其存在违纪行为。

蒋某请求确认公司解除劳动合同违法，并支付违法解除劳动合同赔偿金8 000元。

本案争议焦点：劳动者有无违纪事实？

本案裁决结果：驳回蒋某的仲裁请求。

仲裁委经审理认为，2016年9月8日，公司以蒋某“弄虚作假为自己挂单、刷工时，存在公车私用的行为”为由，依据公司《专车驾驶员管理手册》的规定，解除了与蒋某的劳动合同。蒋某认可《专车驾驶员管理手册》经过民主程序制定且已学习过，故应认定该手册对蒋某具有约束力。

蒋某否认存在《专车驾驶员管理手册》中规定的挂单、刷工时、公车私用等可以解除劳动合同的行为。公司提交了某信息技术有限公司出具的证明和其所使用的专车业务系统及GPS监控定位系统截图打印文件，并现场进行了演示。

蒋某虽对公司提交的证据的真实性不认可，称公司可以改动系统数据，但认可公司通过专车系统对其进行管理，其上班和下班分别通过上述系统的手机端点击上班后开始工作，点击下班后结束工作，并通过该手机端进行日常工作操作；而公司提交的证明系公司所使用系统的研发方出具，证明公司作为该系统的使用方，无权更改系统数据；在截图和现场演示中，显示了蒋某的姓名、工号、所驾驶的车辆牌号及蒋某存在用个人手机挂单、刷工时、公车私用的行为。蒋某未提交证据予以反驳，故仲裁委对上述证据的真实性和证明力予以确认。

仲裁委认为，以上证据可以证明蒋某存在挂单、刷工时、公车私用的行为。

因此，公司依据其经民主程序制定且已告知蒋某的《专车驾驶员管理手册》的规定解除与蒋某的劳动合同，符合《劳动合同法》第三十九条的规定，仲裁委对蒋某的仲裁请求不予支持。

本案的焦点是劳动者违纪事实的认定问题。用人单位庭审中提交的网页截图是电子证据的一种。如果用人单位仅提交该网页截图，不能证明该截图的来源，或是不能证明该截图是未经过篡改的，这样的网页截图的真实性和证明力是极低的。

但本案中，用人单位在提交网页截图的同时，将系统当庭演示，展示了与截图相关的内容，并且提交了该系统研发方的证明，以证明该系统的电子数据无法人为修改，再加上劳动者认可用人单位使用该系统进行管理，其通过该系统手机端进行日常考勤和工作，这样就形成了一个相对完整的证据链，劳动者又未提出反证，仲裁委据此认定了该截图的真实性和证明力，从而认定劳动者有违纪事实。

资料来源　山东省人社厅．案例|电子证据能否证明劳动者的违纪事实［EB/OL］．［2019-03-11］．http：//www.mohrss.gov.cn/gkml/ldgx/ldrsdjzc/201810/t20181030_303839.html.

随着法律规定的不断完善，越来越多的劳动争议能够纳入法律的调整范围，因此劳动争议的类型处于一个不断增多的过程中。本章就实践中一些典型的劳动争议所涉及的法律依据、应查清的相关问题和举证责任进行阐述。

8.1　确认劳动关系的争议

8.1.1　确认劳动关系是否存在的争议

1.主要法律依据

《关于确立劳动关系有关事项的通知》（劳社部发〔2005〕12号）。

2.应查清的相关问题及举证责任

具体情形之一：被申请单位否认与劳动者存在任何关系的。

（1）劳动者与被申请单位是否签有劳动合同。

（2）劳动者的工资支付情况：是否由被申请单位支付过工资，如工资由自然人支付，实际工资支付者是不是被申请单位的人，支付的理由是什么。

（3）劳动者的社会保险缴纳情况：是否由被申请单位缴纳了社会保险。

（4）城镇职工的档案关系是否在被申请单位处或由被申请单位委托存档。

（5）劳动者有无与被申请单位存在劳动关系的其他证据（如工作证、服务证、收入证明、介绍信、暂住证等）。

（6）被申请单位有无证据证明其主张（全体员工的花名册、工资支付记录、社保缴纳记录等）。

具体情形之二：被申请单位承认与劳动者存在关系，但否认是劳动关系（被申请单位承担举证责任）。

（1）劳动者是否已依法享受基本养老保险待遇（核查社会保险）。

（2）被申请单位主张与劳动者建立劳务关系的：

①是否签有符合法律法规规定的劳务协议；

②日常工作地点、形式、管理是否明显不同于用人单位职工；

③劳务费用结算情况。

（3）被申请单位主张劳动者与第三方建立劳动关系的：

①涉及劳务派遣的，是否有劳务派遣协议，是否有劳务派遣名单，劳动者与

劳务派遣单位是否签有劳动合同；

②涉及建筑行业发包、分包、转包的，第三方是否具有符合行业规定的资质（工伤案件），是否有符合行业规定的书面协议，劳动者与第三方是否签有劳动合同；

③涉及个人承包者所雇用人员的，承包者是否属于本单位职工，是否由承包者管理并结算费用。

8.1.2 劳动者要求订立无固定期限劳动合同的争议

1.主要法律依据

（1）《劳动合同法》第十四条；

（2）《劳动合同法实施条例》（国务院令第535号）第十一条。

2.应查清的相关问题及举证责任

（1）由用人单位举证劳动者的入职时间。

（2）是否满足订立无固定期限劳动合同的条件：

①是否在用人单位连续工作并已满十年（劳动者举证）；

②自2008年1月1日后是否连续两次订立固定期限劳动合同（劳动者举证）；

③是否未订立书面劳动合同已满一年（用人单位举证）。

（3）是否为公益性岗位。

8.1.3 劳动者要求支付未签订劳动合同双倍工资的争议

1.主要法律依据

《劳动合同法》第八十二条。

2.应查清的相关问题及举证责任

（1）劳动者与用人单位建立劳动关系的时间（用人单位举证）。

（2）劳动者的月工资标准、构成（用人单位举证）。

（3）未签订劳动合同的期间（用人单位举证）。

（4）用人单位主张签有其他协议或劳动者主张劳动合同内容不符合法律规定的：审查是否具有劳动合同的基本法定条款、欠缺部分是否实际影响劳动者的劳动权益。

（5）劳动者是否满足签订无固定期限劳动合同的条件。

（6）用人单位主张存在减免责任的情形（用人单位举证）：

①非全日制用工，每日工作时间不超过四小时，每周累计不超过二十四小时，劳动报酬的结算周期不超过十五日。

②劳动者是否已依法享受基本养老保险待遇。

③劳动者是否明确表示要继续享受未就业人员待遇：入职后仍享受社会保险

自谋职业补助。

（7）是否有倒签劳动合同的。

3.补充说明

（1）用人单位自用工之日起未与劳动者签订劳动合同的，支付未签订劳动合同双倍工资最长为十一个月。

（2）劳动合同期满后劳动关系延续但未续订劳动合同的，支付未签订劳动合同的双倍工资最长为十二个月。

（3）追索未签订劳动合同双倍工资的时效，适用《劳动争议调解仲裁法》第二十七条第一款。由于用人单位未与劳动者订立劳动合同属于违法行为，故仲裁时效自违法行为终了之日起计算。

精选案例8-1　已视同订立无固定期限合同　再追索未签劳动合同赔偿被拒

小郑于2015年4月1日入职某快销品公司，岗位为业务员，双方约定其每月工资为底薪3000元加提成。半年后，该公司注册了一家贸易公司，其资金全部由快销品公司支付。因小郑入职后业绩突出，快销品公司在2015年12月1日将她调到贸易公司做业务主管，工资也调整为底薪5 000元加提成，工作地点则变更为贸易公司的注册地。她到贸易公司工作后，工资却一直由快销品公司发放，直到2016年6月，贸易公司才开始向她支付工资并缴纳社会保险费，而之前快销品公司未给小郑缴纳社会保险费。

2017年4月15日，小郑申请离职并得到批准，当日办理了工作交接和离职手续。随后她申请劳动仲裁，要求贸易公司支付未签订劳动合同二倍工资差额。

仲裁委经过审理，裁决驳回了她的请求事项。随后她到法院起诉，法院也未支持她的诉求。

快销品公司与贸易公司均未与小郑签订过劳动合同，可她仅要求贸易公司支付未签订劳动合同赔偿，对此她解释："我是2015年4月1日入职快销品公司的，若起诉他们已经超过仲裁时效了。而贸易公司是从2016年6月开始支付我工资的，所以我现在可以主张权利。"贸易公司对此则称："我单位是快销品公司的全资子公司，两家公司是混同用工，所以无须向她支付未签劳动合同的赔偿。"庭审时，通过双方当事人的陈述及提交的证据，法院查明快销品公司与贸易公司为关联公司，小郑在职期间为这两家企业工作，并接受过这两家公司的共同管理，故快销品公司与贸易公司存在混同用工的情况。

法院认为，小郑2015年4月1日入职快销品公司，双方未签订劳动合同，依据《劳动合同法》第十四条"用人单位自用工之日起满一年不与劳动者订立书面劳动合同的，视为用人单位与劳动者已订立无固定期限劳动合同"的规定，从2016年4月1日起视为快销品公司与她已订立无固定期限劳动合同。此时，其劳动法项下的权利已经得到保障。虽然她与贸易公司存在劳动关系，但由于两家企业存在高度混同用工情形，小郑在其劳动法项下的权利已得到保障的情况下，再主张未签订劳动合同二倍工资差额缺乏法律依据。

同时，《劳动争议调解仲裁法》第二十七条规定，劳动争议申请仲裁的时效期间为一年。小郑工作的两家公司属于混同用工的关联企业，其索赔未签订劳动合同二倍工资差额的仲裁时效应从2015年4月1日入职时开始计算。她于2017年5月申请劳动仲裁，因其未举证证明有仲裁时效中止、中断的情形，所以其诉求于法无据，最终未得到法院的支持。

资料来源　王香阑. 已视同订立无固定期限合同　再追索未签劳动合同赔偿被拒［EB/OL］. 劳动午报，2018-08-03（11）.

8.2　解除和终止劳动合同的争议

8.2.1　处理此类争议的基本原则

（1）主要按照《劳动合同法》第四章的有关规定执行。

（2）《劳动合同法》增加了终止劳动合同经济补偿、违法解除劳动合同赔偿金、解除劳动合同代通知金（部分情况）等规定。

（3）《劳动合同法》取消了支付经济补偿最多不超过十二个月（部分情况）、企业月平均工资标准等规定。

8.2.2　劳动者主张解除劳动合同经济补偿的争议

1. 主要法律依据

（1）《劳动合同法》第三十六条、第三十八条至第四十三条、第四十六条、第四十七条；

（2）《劳动合同法实施条例》（国务院令第535号）；

（3）《最高人民法院关于审理劳动争议案件适用法律若干问题的解释（三）》第十条。

2. 应查清的相关问题及举证责任

（1）劳动者与用人单位建立劳动关系的期间（用人单位举证）。

（2）劳动关系是否解除（主张方举证）。

（3）解除劳动关系的时间（主张方举证）。

（4）劳动者离开用人单位前十二个月的平均工资、工资构成（用人单位举证）。

（5）是否为公益性岗位。

3.具体情形

具体情形之一：劳动者主张由用人单位提出双方协商一致解除劳动合同，应支付经济补偿的（劳动者举证）。

（1）是否由用人单位方提出。

（2）是否签订协议书，是否已实际履行。

具体情形之二：劳动者主张因用人单位存在《劳动合同法》第三十八条规定的情形提出解除劳动合同，应支付经济补偿的。

（1）劳动者提出解除劳动合同的原因是否属于《劳动合同法》第三十八条规定的情形（劳动者举证）。

（2）用人单位是否存在《劳动合同法》第三十八条规定的情形：

①劳动者主张未按照劳动合同约定提供劳动保护或劳动条件的，应由劳动者说明并承担主要举证责任；

②劳动者主张未及时足额支付劳动报酬的，用人单位承担主要举证责任；

③劳动者主张未依法为其缴纳社会保险费的，用人单位承担主要举证责任；

④劳动者主张用人单位存在《劳动合同法》第三十八条其他项规定情形的，劳动者承担举证责任。

具体情形之三：用人单位主张因劳动者存在《劳动合同法》第三十九条规定的情形提出解除劳动合同，不应支付经济补偿的（用人单位举证）。

（1）是否符合第（一）项条件：

①是否依法约定了试用期；

②能否证明劳动者不符合录用条件。

（2）是否符合第（二）项条件：

①有无经民主程序制定的规章制度（2008年1月1日之后产生的）；

②规章制度是否已经公示、送达、告知劳动者；

③劳动者是否存在严重违反规章制度的行为；

④解除程序是否符合规章制度并送达劳动者。

（3）是否符合第（三）项条件：

①劳动者的工作岗位职责；

②劳动者是否存在严重失职或营私舞弊的行为；

③是否能认定造成了重大损害。

（4）是否符合其他条件：用人单位对解除劳动合同决定的合法性负有举证责任。

具体情形之四：用人单位以《劳动合同法》第四十条规定解除劳动合同的（用人单位举证）。

（1）是否存在符合《劳动合同法》第四十条规定可以解除劳动合同的基本事实。

（2）是否存在《劳动合同法》第四十二条规定的情形。

具体情形之五：用人单位以《劳动合同法》第四十一条解除劳动合同的（用人单位举证）。

（1）是否存在符合《劳动合同法》第四十一条规定可以解除劳动合同的基本事实。

（2）是否需要裁减人员二十人以上或者裁减人员不足二十人但占企业职工总数百分之十以上。

（3）是否履行了法定程序：

①用人单位提前三十日向工会或者全体职工说明情况，听取工会或者职工的意见；

②裁减人员的方案已向劳动行政部门报告。

（4）是否存在《劳动合同法》第四十二条规定的情形。

4.补充说明

（1）下列原因劳动者提出解除劳动合同，用人单位可不支付经济补偿：

①用人单位在劳动者入职前期未为其缴纳社会保险，之后依法为劳动者缴纳社会保险已逾一年的；

②用人单位按照劳动者的实际工作年限缴纳了社会保险，劳动者主张缴费基数不符合社会保险政策的。

（2）劳动者主张计算经济补偿的工作年限高于在用人单位实际工作年限，或者经济补偿的基数高于用人单位标准的，劳动者承担举证责任。

（3）由用人单位单方解除劳动合同，还应审查是否事先将理由通知了工会，以及是否听取工会的意见。如果用人单位无工会，此项可以不审查。

（4）劳动者提出解除劳动合同时的理由为个人原因，但是在审理时却主张系因《劳动合同法》第三十八条规定的情形解除劳动合同的，对该陈述不予采信。

（5）劳动者按照《劳动合同法》第三十八条、第四十一条第一款第（三）、（四）项的规定解除劳动合同，其解除劳动合同经济补偿只计算2008年1月1日之后的连续工作年限。

8.2.3 劳动者主张终止劳动合同经济补偿的争议

1.主要法律依据

（1）《劳动合同法》第四十四条、第四十六条；

（2）《劳动合同法实施条例》（国务院令第535号）。

2.应查清的相关问题及举证责任

（1）劳动者与用人单位建立劳动关系的时间（用人单位举证）。

（2）是否符合《劳动合同法》第四十四条规定的劳动合同终止情形（主张方举证）。

（3）终止劳动合同的时间（主张方举证）。

（4）劳动者终止劳动合同前十二个月的平均工资。

（5）是否符合支付终止劳动合同经济补偿的条件：

①除用人单位维持或者提高劳动合同约定条件续订劳动合同，劳动者不同意续订的情形外，劳动合同到期终止的；

②因用人单位被依法宣告破产造成劳动合同终止的；

③因用人单位被吊销营业执照、责令关闭、撤销或者用人单位决定提前解散而造成劳动合同终止的。

（6）是否为公益性岗位。

3.补充说明

（1）终止劳动合同的经济补偿只计算 2008 年 1 月 1 日以后的工作年限。

（2）劳动者主张计算经济补偿的工作年限高于在用人单位的实际工作年限，或者经济补偿的基数高于用人单位提出的标准的，劳动者承担举证责任。

8.2.4 劳动者主张代通知金的争议

1.主要法律依据

《劳动合同法》第四十条。

2.应查清的相关问题及举证责任

（1）解除劳动合同的依据是否符合《劳动合同法》第四十条的情形。

（2）用人单位以书面形式通知劳动者解除或终止劳动合同的时间。

（3）解除劳动合同前十二个月的平均工资或解除/终止劳动合同前一个月劳动者的工资标准。

3.补充说明

提前不足三十天书面通知劳动者的，用人单位按通知期不足天数每一天支付劳动者月工资的三十分之一。

8.2.5 劳动者主张违法解除（终止）劳动合同的争议

1.主要法律依据

（1）《劳动合同法》第四十条至第四十二条、第四十五条、第四十七条、第四十八条、第八十七条；

（2）《劳动合同法实施条例》（国务院令第 535 号）；

（3）《工伤保险条例》；

（4）《企业职工患病或非因工负伤医疗期规定》（劳部发〔1994〕479 号）。

2.应查清的相关问题及举证责任

（1）劳动者与用人单位建立劳动关系的时间（用人单位举证）。

（2）解除（终止）劳动合同的时间（主张方举证）。

（3）劳动者最后十二个月的平均工资和工资构成（用人单位举证）。

（4）用人单位作出解除（终止）劳动合同决定是否符合法律规定（用人单位举证，主要从事实、规则制定、告知义务、规章制度产生的民主程序、工会意见、送达等方面）。

（5）是否属于《劳动合同法》第四十二条规定的情形之一，而用人单位以《劳动合同法》第四十条、四十一条为由解除劳动合同的情形。

（6）是否属于不得终止劳动合同的情形：

①劳动者是否患职业病或者因工负伤并被确认达到伤残等级，且可以退出工作岗位或者依法要求续订劳动合同的；

②劳动者是否处在规定的医疗期内或者女职工在孕期、产期、哺乳期内，应顺延至相应期限届满的。

3.补充说明

（1）经认定系用人单位违法解除（终止）劳动合同的，劳动者可选择要求撤销解除（终止）劳动合同决定，继续履行劳动合同。如继续履行劳动合同的条件不存在或者劳动者不要求继续履行的，其可主张支付双倍经济补偿标准的赔偿金。

（2）赔偿金的计算年限自用工之日起计算。

精选案例8-2　员工拒将社保转入单位，可否辞退？

王某于2017年3月入职北京一家公司，担任销售专员职务。正式入职以后，他一直未办理社会保险转入手续。2017年6月，公司人事专员第一次催告王某立即办理社会保险转入手续，但王某以其社保在其他单位缴纳为由未予理会。2017年9月，人事专员第二次催告王某办理社会保险转入手续，但王某以其在外地出差为由再次搁置。2017年10月18日，公司以王某“拒不配合办理社会保险转入手续，损害公司利益”“严重违反规章制度”为由，解除其劳动关系。当天，王某到当地劳动争议仲裁机构立案，申请裁决公司向其支付违法解除劳动关系赔偿金。

仲裁委审理查明，公司规章制度确实就员工社会保险转入程序及相关风险进行了约定，因此驳回了王某的仲裁请求。

本案的争议焦点是劳动者不配合用人单位办理社保转入手续，导致用人单位无法为劳动者缴纳社会保险，由此造成的法律风险由谁承担？要解决这个问题，首先要弄清楚以下两个法律概念：

1.缴纳社会保险不仅是劳动者的权利，也是义务，二者相辅相成，缺一不可。社会保险制度是国家的一项基本制度，是社会保障的重要内容，其目的是集中国家与社会力量，努力保障每个劳动者能老有所养、病有所医。《中华人民共和国社会保险法》(以下简称《社会保险法》)及《劳动法》明确约定参加社会保险并非用人单位的单方义务，而是用人单位与劳动者的共同义务。劳动者不希望缴纳社会保险的最根本原因是其认为个人经济利益受到损失。这种情形可以归纳为以下几种人群：

(1) 劳动者在其他单位或机构自行缴纳社保，缴纳基数较低，如按新的用人单位工资核算，社会保险缴费基数明显高于其他单位或机构自行缴纳的标准。出于个人目的，拒不配合办理社保转入手续。

(2) 劳动者系享受失业金、国家社会保险补贴的人员，办理社保后有可能导致无法继续享受这些待遇。例如，灵活就业人员享受国家优惠政策，一旦此类人员入职新单位，就要到国家部门办理手续，退出优惠政策，不再享受优惠待遇。他们为了自身利益，故意隐瞒入职事实，欺骗用人单位和国家机关。

(3) 还有一些劳动者仅看眼前利益，认为养老保险是许多年以后才能享受到的待遇，而现在缴纳社会保险就必然导致工资收入降低，故不同意缴纳。

这些情形都是从自身利益出发，没有将缴纳社会保险这一义务放到社会保险制度这个社会大背景之下来衡量。只有劳动者乐于且勇于承担社会保险缴纳责任，才能够使国家社会保险体系资金充裕，形成健康有序的社保缴纳、支出机制，进而维护社会保险制度覆盖下的每一个公民的切身利益。劳动者逃避缴纳社会保险，最终损害的不仅是个人利益，而且直接影响国家社会保险保障制度的实施和国计民生。

2.劳动者拒不配合办理社保转入手续，导致用人单位无法为劳动者缴纳社会保险的，不但无法降低用人单位的用工成本，反而增加了法律风险。

一方面，从用人单位的角度说，为员工缴纳社会保险是其责任分担机制的一部分，如果不参加社会保险，劳动者一旦发生工伤或者患有疾病，用人单位就必须承担全部或大部分的经济责任，这些负担可能远远超过用人单位缴纳社会保险所付出的成本。换句话说，企业为员工缴纳社保，也是通过付出相对较少成本的方式来降低企业未知的责任与风险。

另一方面，从法律管理机制角度来讲，用人单位放任个人不办理社保转入手续，导致无法为个人缴纳社会保险，依据《劳动合同法》第三十八条、第四十六条之规定，劳动者以用人单位未缴纳社会保险为由解除劳动关系的可以获得解除劳动关系经济补偿金；依据《社会保险法》中的相关规定，用人单位还面临着被行政处罚的法律风险。如果因为员工自身的问题不配合办理社保，使企业承担了不应该承担的责任，这不仅会扰乱企业正常的管理秩序，也将企业置于不可预知的风险之中。既然员工的这种行为是存在过错的，且是带有主观恶意性质的，那么，企业以严重违反公司规章制度为由解除其劳动合同也就无可厚非了。

综上所述，员工不配合企业办理社保转入手续的，企业从自身稳定、合理规避法律风险的角度出发，解除与员工的劳动关系的行为并无不妥。如果企业放任员工不办理社保转入手续仍继续用工，那就可能承担医药费、工伤补偿、生育津贴、解除劳动关系补偿金、行政处罚等多重风险。

关于企业以此为由解除劳动关系是否需要支付解除劳动关系经济补偿金这个问题，有观点认为可以参照《劳动合同法实施条例》第五条、第六条关于劳动者拒不签订劳动合同的相关规定处理。另一种观点认为，员工不配合企业办理社保转入手续而导致劳动关系解除，目前虽无明文规定是否需要支付补偿金，但此种情况应归到员工违反公司规章制度这一类型当中来，一旦发生这种情况企业不用支付解除劳动关系经济补偿金。本案的裁决即体现了这一理念。

资料来源 陈宏. 员工拒将社保转入单位，可否辞退？[N]. 工人日报，2018-07-04（11）.

8.3 劳动报酬争议

8.3.1 工资支付争议

1.主要法律依据

《劳动合同法》第三十条第一款。

2.应查清的相关问题及举证责任

（1）劳动者的工资标准、构成（用人单位举证，主要证据为劳动合同、工资支付记录）。

（2）劳动者工资的发放时间、核算周期、发放方式（用人单位举证，银行转账的劳动者有对实发工资的举证能力）。

（3）劳动者在所主张工资的期间是否正常提供了劳动：

①用人单位主张劳动关系已解除的，用人单位承担劳动关系解除情况的举证责任；

②用人单位主张劳动者未出勤的，用人单位承担出勤记录的举证责任。

（4）用人单位是否已足额支付劳动者工资：

①用人单位主张已支付的，用人单位承担工资支付记录的举证责任；

②用人单位主张已根据计件、考核等情况足额支付工资的，用人单位承担计件、考核结果合理合法性及已公示的举证责任；

③用人单位主张应扣减劳动者工资的，用人单位对减少劳动者报酬的决定负有举证责任；

④劳动者主张应发工资高于其工资标准的，劳动者对主张的依据负有举证责任。

（5）劳动者主张加发相当于工资报酬 25% 的经济补偿的（用人单位举证，用人单位证明不存在克扣或者无故拖欠劳动者工资的情形）。

8.3.2 加班工资争议

1. 主要法律依据

（1）《劳动法》第四十四条；

（2）《最高人民法院关于审理劳动争议案件适用法律若干问题的解释（三）》第九条。

2. 应查清的相关问题及举证责任

（1）劳动者执行的工时制：劳动合同约定情况，如为不定时工作制或者综合计算工时工作制，是否经过劳动行政部门审批或为《中华人民共和国公司法》规定的高级管理人员，审批的有效期间及计算周期是否向劳动者告知或者明示（用人单位举证）。

（2）加班工资的基数：按照劳动合同约定的劳动者本人所在岗位相对应的工资标准确定，劳动合同未约定的，按照集体合同约定的加班工资基数以及休假期间工资标准确定，劳动合同、集体合同均未约定的，按照劳动者本人正常劳动应得的工资确定。

3. 具体情形

具体情形之一：用人单位以不存在加班进行抗辩的。

（1）劳动者主张存在非周期性加班的，应说明具体的加班时间、加班内容，并对加班事实的存在或用人单位掌握加班事实存在的证据负有举证责任。

（2）劳动者主张周期性加班的：

①劳动者主张存在每天超过八小时工作或每周超过五天工作的加班事实的，劳动者对加班事实的存在或用人单位掌握加班事实存在的证据负有举证责任；

②用人单位主张存在每天少于八小时，每周总工作时间不超过四十小时，每周至少休息一天的，用人单位对上述主张负有举证责任。

（3）用人单位主张劳动者的超时在岗期间为值班的，用人单位承担举证责任：

①超时在岗期间的工作任务、强度是否明显区别于正常工作时间；

②超时在岗期间是否能休息；

③劳动者是否吃住在用人单位；

④用人单位是否已经支付值班津贴。

（4）用人单位以劳动者没有提交加班申请并经批准进行抗辩的，用人单位承担举证责任：

①劳动合同无约定；

②有无符合法定程序制定的规章制度的规定。

（5）用人单位主张休息日加班已倒休的，用人单位对该主张负有举证责任。

（6）劳动者主张加发相当于加班工资报酬25%的经济补偿的，用人单位举证，用人单位证明不存在克扣或者无故拖欠劳动者加班工资的情形。

具体情形之二：用人单位主张已足额支付加班工资的。

（1）劳动者的工资构成，用人单位举证。

（2）用人单位的加班工资支付情况，用人单位举证。

4.补充说明

（1）劳动者加班是否由用人单位安排，其工作内容是否属于应在正常工作时间内完成的。

（2）劳动者的工资构成是否全部或主要为计件工资，超时工作的部分是否以计件工资的形式支付了，是否有证据能证明延时、休息日、法定休假日工作时具体计件数，是不是劳动者为获取更多劳动报酬而主动申请超时计件工作。

（3）劳动者仅凭打卡记录不足以证明存在加班的事实。

8.3.3 未休年休假工资争议

1.主要法律依据

（1）《职工带薪年休假条例》（国务院令第514号）；

（2）《企业职工带薪年休假实施办法》（人力资源和社会保障部令第1号）。

2.应查清的相关问题及举证责任

（1）是否应享受带薪年休假：

①劳动者是否连续工作一年以上（劳动者举证）；

②劳动者是否存在《职工带薪年休假条例》第四条规定的情形（用人单位举证）。

（2）应享受带薪年休假的标准：

①劳动者入职用人单位前的工作年限（劳动者举证）；

②劳动者在本单位的工作年限（用人单位举证）。

（3）是否存在不应支付年休假工资的情形：

①劳动者是否已休年休假（用人单位举证）；

②劳动者是否因其本人原因书面提出不休假（用人单位举证）；

③是否由劳动者提出解除劳动合同（用人单位举证）；

④劳动者解除劳动合同的理由（劳动者举证）。

3.补充说明

（1）主张未休年休假工资的仲裁时效，适用《劳动争议调解仲裁》第二十七条第四款的规定。

（2）劳动者因个人原因提出辞职的，其辞职当年度的年休假补偿可不支付。

8.3.4 病假工资争议

1.主要法律依据

《企业职工患病或非因工负伤医疗期规定》（劳部发〔1994〕479号）。

2.应查清的相关问题及举证责任

（1）劳动者是否处在医疗期（用人单位举证）。

（2）劳动者是否持有医疗机构的诊断证明（劳动者举证）。

（3）劳动合同或集体合同中是否约定了病假工资的标准。

（4）规章制度中是否有病假工资的规定。

3.补充说明

用人单位规定的病假工资标准高于法定标准的，依照用人单位的标准执行。

8.3.5 奖金争议

1.主要法律依据

法律无明文规定。

2.应查清的相关问题及举证责任

（1）有无发放奖金的规章制度或劳动合同的约定。

（2）规章制度是否经过民主程序制定（2008年1月1日以后产生的）。

（3）规章制度是否已经公示、送达、告知劳动者。

（4）劳动者是否符合获得奖金的条件。

精选案例8-3　职工追索20万元加班费，为何只获得1.5万元的支持？

老张1986年4月经社会招工进入服务公司工作。2016年8月31日，老张从该单位退休。30年来，他先后在维修工、杂工、锅炉工等岗位工作，这些岗位有个共同特点：没有休息日，无论周末还是国家法定节假日都要照常上班。老张也愿意加班，毕竟可以多挣一些工资。退休时老张发现，单位给的加班费比国家法律规定的标准低，这些年单位少支付加班费达20余万元。

老张于是申请仲裁，仲裁委裁决公司向其支付6 000余元加班费差额。老张不服，到法院起诉。法院审理后，判决单位应支付的加班费差额增加到1.5万元。老张仍不服，又提起上诉，二审法院驳回了他的上诉。

在案件审理过程中，老张提交了自己手工制作的历年加班表格，上面无负责人签字、未加盖公章。服务公司对此证据的真实性、合法性及证明力均不认可。

同时，公司主张加班费已足额发放，并提交老张2015年3月1日至2016年8

月31日的工资表及部分月份的考勤表予以证明。

法院审理认为，《最高人民法院关于审理劳动争议案件适用法律若干问题的解释（三）》第九条规定，劳动者主张加班费的，应当就加班事实的存在承担举证责任。但劳动者有证据证明用人单位掌握加班事实存在的证据，用人单位不提供的，由用人单位承担不利后果。

由此来看，老张主张加班费，有责任提供其双休日和法定节假日加班的证据，但他提交的加班证据仅是自己手工制作的十几张加班表，上面既没有相关负责人签字、单位盖章，又不被公司认可，所以，该证据没被法院采信。

在此案审理过程中，法院经过核算，认为服务公司2015年3月1日至2016年8月31日支付给老张的双休日及法定节假日加班工资存在差额，应当予以补足，具体数额由法院依法核算，遂作出上述判决。

资料来源 王香阑. 追索加班费20万，为何法院仅支持1.5万？[N]. 工人日报，2018-06-28（11）.

8.4 社会保险待遇争议

8.4.1 处理此类案件的基本原则

（1）各项社会保险开展的时间不同，以北京市为例，城镇职工的养老保险起始于1992年10月，失业保险起始于1999年11月，农民工的养老保险和失业保险起始于1999年6月，工伤保险起始于2004年1月，生育保险起始于2005年7月，基本医疗保险起始于2001年4月。

（2）《社会保险法》于2011年7月1日起实施，取消了因地域、户籍性质等差异造成的社会保险待遇差异。

（3）用人单位依法缴纳社会保险的，相关社会保险待遇应由社会保险基金支付，劳动者要求用人单位支付没有依据，但用人单位有收到社会保险基金支付的相关待遇后转付给劳动者的义务。

（4）用人单位未依法缴纳社会保险的，劳动者满足享受社会保险待遇条件时，参照依法缴纳社会保险时劳动者应享受的社会保险待遇作为劳动者的社会保险待遇损失，由用人单位承担支付义务。

（5）劳动者因用人单位未按时缴纳社会保险要求补缴社会保险，因用人单位未足额缴纳社会保险要求补缴或支付待遇损失的，不属于劳动争议处理范围，应告知其向社会保险行政部门主张权益。

8.4.2 工伤保险待遇争议

1.主要法律依据

(1)《社会保险法》;

(2)《工伤保险条例》。

2.应查清的相关问题及举证责任

(1)工伤发生的时间(以工伤证为准)。

(2)工伤认定的情况(以工伤证为准)。

(3)劳动能力鉴定情况(以工伤证为准)。

(4)工伤保险缴费情况(用人单位举证)。

3.具体情形

具体情形之一:停工留薪期工资。

(1)工伤职工原工资待遇(用人单位举证)。

(2)工伤职工受伤情况(以工伤证为准)。

(3)用人单位是否确定停工留薪期并书面通知工伤职工(用人单位举证)。

(4)工伤职工住院情况、出院后因工伤继续休息的工伤医疗机构诊断证明(劳动者举证)。

(5)主张超过规定的停工留薪期工资的,工伤职工是否向用人单位书面提出申请并获同意,用人单位有异议时劳动能力鉴定委员会有何结论(劳动者举证)。

具体情形之二:一次性工伤医疗补助金、一次性伤残就业补助金。

劳动关系是否解除以及解除的时间(劳动者举证)。

具体情形之三:工伤医疗费。

(1)工伤医疗费用发生时间、数额(劳动者举证)。

(2)在确定工伤医疗机构后是否在工伤医疗机构治疗(劳动者举证)。

(3)社保部门审核情况(委托审核)。

具体情形之四:住院期间伙食费。

(1)住院时间(劳动者举证)。

(2)2011年1月1日以前认定工伤的:用人单位因公出差伙食补助标准(用人单位举证)。

具体情形之五:交通、食宿费。

(1)是否经医疗机构出具证明,报经办机构同意,工伤职工到统筹地区以外就医(劳动者举证)。

(2)交通费、食宿费发生的时间、数额(劳动者举证)。

具体情形之六:伤残津贴。

(1)工伤职工是否被鉴定为一级至六级伤残(以工伤证为准)。

（2）劳动者的工资标准（用人单位举证）。

具体情形之七：生活护理费。

是否经劳动能力鉴定委员会确认需要生活护理及其等级（以社保机构出具的待遇核准表为准）。

具体情形之八：工亡待遇。

申请人是否属于因工死亡职工生前提供主要生活来源且无劳动能力的亲属（由申请人举证，一般可由户籍所在地的镇级以上人民政府出具证明）。

4.补充说明

（1）2011 年 1 月 1 日修改后的《工伤保险条例》实施。用人单位在依法缴纳工伤保险费后，只承担停工留薪期工资，五、六级工伤职工的伤残津贴，一次性伤残就业补助金等三项费用。

（2）一次性伤残补助金是否采用新标准取决于工伤认定书时间是否在 2011 年 1 月 1 日之后。

（3）一次性伤残就业补助金是否采用新标准取决于劳动关系解除时间是否在 2011 年 1 月 1 日之后。

（4）住院伙食补助费是否采用新标准并由工伤保险基金支付取决于住院治疗时间是否在 2011 年 1 月 1 日之后。

（5）外埠就医的交通、食宿费是否由工伤保险基金支付取决于就医时间是否在 2011 年 1 月 1 日之后。

（6）劳动者受伤之后至劳动关系解除期间如未再向用人单位提供劳动的，且无证明其处于停工留薪期间或依据工伤医疗机构诊断证明休息，也无证明因用人单位原因造成其未上班的，可按劳动关系中止处理。

知识链接 8-1

工伤“私了”协议的效力

劳动者发生工伤事故后，用人单位私下与劳动者就工伤赔偿达成协议的情况在实践中比较常见。这种“私了”协议能够快速解决工伤赔偿的纠纷，且比较容易履行，但有可能赔偿数额与法定工伤保险待遇并不一致。因此，很多劳动者在签订“私了”协议后仍会通过仲裁和诉讼的途径请求获得相应的工伤保险待遇。对于这种工伤“私了”协议的法律效力认定，应区分几种情况：

（1）工伤发生后，尚未申请认定工伤、进行劳动能力鉴定的，这种情况下达成的“私了”协议无效。

（2）工伤发生后，已经完成工伤认定和劳动能力鉴定的，这种情况下达成的“私了”协议有效。

（3）工伤发生后，已经完成工伤认定和劳动能力鉴定的，这种情况下达成的“私了”协议有效，如果赔偿数额低于法定工伤保险待遇，劳动者可以在仲裁时效内申请变更或撤销该协议。

8.4.3 医疗保险待遇争议

1.主要法律依据

没有统一的法律法规，主要参照地方规章。

2.应查清的相关问题及举证责任

(1) 用人单位是否为劳动者依法缴纳基本医疗保险（用人单位举证）。

(2) 社保部门对医疗费单据的审核情况。

(3) 劳动者病假的情况，劳动者是否有连续完整的诊断或休假证明（劳动者举证）。

(4) 劳动关系存续情况，劳动者是否履行请假手续（劳动者主要承担举证责任）。

8.5 用人单位向劳动者主张权益的争议

8.5.1 用人单位主张劳动者违反服务期约定的争议

1.主要法律依据

(1)《劳动合同法》第二十二条；

(2)《劳动合同法实施条例》(国务院令第535号) 第十六条。

2.应查清的相关问题及举证责任

(1) 用人单位是否为劳动者提供了支出专项培训费用的专业技术培训：

①有凭证的培训费用；

②培训期间的差旅费用。

(2) 用人单位是否与劳动者签订服务期协议。

(3) 是否因劳动者原因造成双方劳动关系在劳动合同或服务期内或服务期协议届满前解除。

3.补充说明

(1) 劳动者违反服务期约定需向用人单位支付违约金的，数额不得超过用人单位提供的培训费用。

(2) 用人单位要求劳动者支付的违约金不得超过服务期尚未履行部分所应分摊的培训费用的份额。

8.5.2 用人单位主张劳动者违反竞业限制的争议

1.主要法律依据

《劳动合同法》第二十三条、第二十四条。

2.应查清的相关问题及举证责任

（1）用人单位与劳动者是否约定了竞业限制条款（协议）、竞业限制的补偿、违约金（用人单位举证）。

（2）竞业限制条款针对的劳动者是否属于用人单位的高级管理人员、高级技术人员和其他负有保密义务的人员，竞业限制期限是否超过两年（用人单位举证）。

（3）劳动合同解除或终止后，用人单位是否按月支付劳动者竞业限制经济补偿（用人单位举证）。

（4）劳动者是否存在违反竞业限制的情形：

①到与本单位生产或者经营同类产品、从事同类业务的有竞争关系的其他用人单位工作（用人单位举证）；

②自己开业生产或者经营同类产品、从事同类业务（用人单位举证）。

知识链接8-2 **未约定支付竞业限制补偿的，竞业限制协议并不必然失效**

通常情况下，用人单位与劳动者签订的竞业限制协议中会约定用人单位支付劳动者竞业限制补偿标准，但是在某些特殊情况下，双方可能会遗漏补偿标准的具体约定，此时，竞业限制协议的效力判断成了焦点问题。

根据《最高人民法院关于审理劳动争议案件适用法律若干问题的解释（四）》的规定，用人单位与劳动者在劳动合同或其他专项协议中约定了竞业限制条款，但未就经济补偿进行约定，可以在劳动关系存续期间或者劳动合同解除、终止时进行协商予以补充，如果没有协商一致进行补充，且劳动者已经履行了竞业限制义务的，可以按照劳动关系解除或终止前最后十二个月平均工资的30%确定补偿数额。

8.5.3 用人单位主张劳动者赔偿其他经济损失的争议

1.主要法律依据

法律法规没有具体规定，参见一些地方规章。

2.应查清的相关问题及举证责任

（1）是否有劳动者给用人单位造成损失的事实。

（2）损失的数额及计算依据。

（3）劳动者承担损失赔偿的比例：

①劳动合同、规章制度中有无约定；

②有无第三方的责任认定；

③有无劳动者减免责任的情形。

8.5.4 用人单位主张劳动者办理工作交接的争议

1. 主要法律依据

《劳动合同法》第五十条第二款。

2. 应查清的相关问题及举证责任

（1）劳动合同关系是否解除。

（2）双方对交接工作是否有书面约定。

3. 补充说明

劳动者拒不按照约定交接工作的，用人单位可暂不支付其经济补偿。

本章小结

本章介绍了劳动争议处理实践中典型的案件类型，介绍其处理的法律依据，阐释各种类型案件应查清的相关问题及举证责任，并通过具体案例加以说明，从而提高读者理论联系实际的能力。

复习思考题

1. 确认劳动关系争议应查清的主要问题是什么？举证责任如何分配？
2. 解除和终止劳动合同争议应查清的主要问题是什么？举证责任如何分配？
3. 劳动报酬争议应查清的主要问题是什么？举证责任如何分配？
4. 社会保险争议应查清的主要问题是什么？举证责任如何分配？
5. 用人单位主张权利的争议应查清的主要问题是什么？举证责任如何分配？

案例分析

用人单位私自拍摄的视频能否作为证据使用？

2014 年 11 月 1 日，周某至某家电公司工作。家电公司的规章制度中规定：员工在办公室、厕所、车间、食堂、仓库等非吸烟区吸烟的，直接解除劳动合同。2018 年 2 月，家电公司在日常稽核中发现周某在车间厕所内吸烟，于是拍摄其如厕视频作为证据使用，认为周某在厕所吸烟的行为严重违反公司规定，存在严重安全隐患，从而作出直接解除劳动合同的决定。

周某不服家电公司的解除决定，提出仲裁申请，要求家电公司支付违法解除劳动合同的赔偿金。

本案争议的焦点为：用人单位私自拍摄的视听资料能否作为证据使用？

本案裁决结果：裁决家电公司支付周某违法解除劳动合同的赔偿金。

根据《最高人民法院关于审理劳动争议案件适用法律若干问题的解释》第十三条的规定，因用人单位作出的开除、除名、辞退、解除劳动合同、减少劳动报酬、计算劳动者工作年限等决定而发生的劳动争议，用人单位负举证责任。

根据《最高人民法院关于民事诉讼证据的若干规定》（法释〔2001〕33 号）

第六十八条的规定，以侵害他人合法权益或者违反法律禁止性规定的方法取得的证据，不能作为认定案件事实的依据。

结合上述依据，本案中用人单位负举证责任，尽管家电公司提供的视频对查清案件事实有重要意义，甚至可能是唯一可以还原案件事实的关键证据，但该证据的取得违反法律规定。显然，这种情况下，追求实体公正与保障程序正当之间出现了冲突。仲裁委认为，家电公司提供的证明劳动者在厕所吸烟的证据，系稽核人员在周某如厕时拍摄的视听资料，目的虽为规范员工行为，却在实际上侵害了周某的隐私权，且取得证据的方法亦违反公序良俗，不能作为认定本案事实的依据。

对于员工违反规章制度的行为，企业在固定证据时一定要注重合法性。同时，对于违纪解除劳动合同的相关制度性规定，也要注意符合“情节严重”的特征。结合本案，家电公司对周某单次、偶发性的吸烟行为，且未引发安全危险后果的，应给予合理的辩解救济机会，直接适用公司规章制度予以解除劳动合同处理，过于严苛，欠缺人文关怀，不但存在法律风险，也不利于企业内部和谐劳动关系的构建。

资料来源　江苏省无锡市劳动人事争议仲裁委员会. 案例|用人单位私自拍摄的视频能否作为证据使用?［EB/OL］.［2019-03-11］. http: //www.mohrss.gov.cn/tjzcgls/TJZCdianxingal/201807/t20180729_298144.html.

请思考：劳动争议中的举证责任分配有何特点？

拓展阅读：劳动争议的案由

第9章　工作场所冲突管理

学习目标

✓了解我国劳动争议产生的原因；
✓理解劳动争议预防的意义；
✓理解不同主体的劳动争议预防措施；
✓了解协调劳动关系三方机制；
✓了解中国情境下和谐劳动关系治理体制。

引例

竞业限制生效条款附期限，限制劳动者权益属无效

周某于2015年11月1日入职某信息科技公司，从事研发类工作，双方订立了为期3年的劳动合同。合同约定，周某的月工资为3万元；离职后一年内周某承担竞业限制义务，每月竞业限制经济补偿的数额为1万元；如果周某违反竞业限制义务，则应当按照全部竞业限制经济补偿的三倍向信息科技公司支付违约金；是否需要履行竞业限制义务以离职时信息科技公司发出的通知为准。2017年5月15日，周某本人提出离职，在签署公司印制的《离职交接清单》时，其中有“如本人收到公司发出的《竞业限制补偿金通知》，则本人将严格履行竞业限制义务。如本人未收到公司发出的《竞业限制补偿金通知》，则公司无须向本人支付竞业限制补偿金且本人无须履行竞业限制义务”的规定。2017年8月15日，周某入职某快递公司。2017年9月1日，信息科技公司向周某发出履行竞业限制义务通知，其中列明某快递公司为其竞争对手。同日，信息科技公司向周某的银行账户转账支付了竞业限制经济补偿12万元。2017年9月15日，信息科技公司向劳动争议仲裁机构申请仲裁，要求周某返还竞业限制经济补偿12万元、支付违约金36万元并继续履行竞业限制义务。

劳动争议仲裁机构审理后认为，信息科技公司在周某离职后3个月才告知其需要履行竞业限制义务，这种做法明显限制了劳动者的就业权利，应属无效，故周某无须履行竞业限制义务，无须向信息科技公司支付违约金；信息科技公司也无支付竞业限制经济补偿的义务，故周某须返还该竞业限制经济补偿。

本案中，信息科技公司虽然与周某订立了竞业限制条款，但同时约定是否履行竞业限制义务应以公司发出的书面通知为准。依据《劳动合同法》第二十三条第二款的规定，用人单位在负有竞业限制义务的员工解除或终止劳动合同后即应按月向劳动者支付经济补偿。信息科技公司在周某离职3个月后才发出书面通知，这种将竞业限制义务附期限生效的行为显然让劳动者无所适从，其既担心入职新公司会被原用人单位以违反竞业限制义务为由追究违约责任，又担心不工作无经济来源，故这种限制劳动者权利、免除用人单位责任的条款或行为，应属无效。用人单位在要求劳动者履行竞业限制义务时，最迟应在解除或终止劳动合同时明确告知劳动者。

资料来源 北京市人力资源和社会保障局. 2018年北京市劳动人事争议仲裁十大典型案例[EB/OL]. [2018-10-19]. http: //rsj.beijing.gov.cn/bm/ztzl/dxal/201912/t20191206_880146.html.

劳动争议的发生贯穿于用人单位的日常管理活动中，也和劳动者的职业生涯相生相伴。一旦发生劳动争议，对双方当事人而言，无论结果胜负，都要额外的时间、精力和金钱，只有积极预防劳动争议，防患于未然，才能减少不必要的付出，从而获得更大的收益。对于整个社会而言，积极预防劳动争议，才能构建和谐稳定的劳动关系。

9.1 劳动争议产生的原因

劳动争议是多种原因共同作用造成的，包括社会经济运行环境、经济体制改革、用人单位管理效率、劳动合同和集体合同的运行状态、工会协调力度以及相关法律法规的健全程度等。梳理劳动关系产生的原因，有利于用人单位和劳动者双方共同努力厘清隐患，从源头上遏制劳动争议的发生，也有利于国家、社会以及其他相关部门制定更为有效的处理机制。

9.1.1 社会经济总体运行环境是产生劳动争议的客观原因

一方面，随着我国市场经济体制的不断完善和现代企业制度的不断推进，传统的单一型劳动关系被打破，用人制度变得灵活多样，使得劳动关系也趋于多样化，难免出现不能正确处理双方权利义务关系的情况，从而产生争议。另一方面，我国劳动力市场上劳动者和用人单位力量对比不平衡，在很多领域劳动者都处在弱势地位，权利容易被侵犯，导致劳动争议不断出现。

在市场经济建设进程中，企事业单位改制也在一定程度上导致了劳动争议的发生。例如，国有企业改制，在剩余劳动力分流安置过程中，部分群体利益受损，引发劳动争议；事业单位改制，在对人员分类管理过程中，相关法律法规不明确，导致劳动争议发生。

9.1.2 劳动关系双方不同的利益追求是产生劳动争议的根本原因

市场经济条件下，用人单位之间的竞争日益激烈，作为独立的经济体，其追求利润最大化的目标非常清晰，有降低人工成本的动力。同时，劳动关系虽然仍具有人身属性，但早已没有计划经济时代的“铁饭碗”特征，劳动者追求个人利益最大化的诉求更加强烈。劳动关系双方的利益差别所导致的相互不满发展到一定程度，就会以劳动争议的形式表现出来。

9.1.3 劳动合同和集体合同履行不规范是产生劳动争议的直接原因

劳动合同和集体合同将国家相关劳动政策法规具体化，指明了劳动关系运行过程中双方当事人的行为规范。劳动关系双方没有实际地、全面地履行劳动合同和集体合同及相关法律法规规定的义务，是产生劳动争议的直接原因。例如，劳动合同未能及时签订，劳动者和用人单位的权利义务约定不明确；用人单位没有按照劳动合同约定按时足额支付劳动报酬；劳动关系当事人解除或终止劳动合同时，并未严格按照法律规定的条件和程序进行；集体合同订立程序不合法，内容与相关法律规定不一致等。上述情形在劳动关系运行过程中经常出现，导致劳动争议发生。

9.1.4 对劳动关系运行监管不足是产生劳动争议的间接原因

政府和社会对劳动合同、集体合同的履行情况进行监督的制度不健全，不能很好地监督劳动关系双方权益受保护的程度。对劳动关系运行监管不足，导致劳动关系当事人对自身行为产生的不利后果存在侥幸心理，在冲突的萌芽状态也不能很好地化解，最后演变为劳动争议。

9.2 劳动争议的预防

劳动争议的预防，通常是指劳动行政机关、企业主管部门、工会以及劳动争议处理机构依照相关法律、法规，事先采取各种有效措施，积极防范和制止劳动争议发生的活动。同劳动争议处理相比，劳动争议的预防是解决劳动纠纷的前置活动，是为了防止劳动争议的发生及矛盾激化而预先采取的防范性措施，是一项解决劳动争议的积极措施。

9.2.1 劳动争议预防的意义

劳动争议主要涉及员工的切身利益和用人单位的经济利益，因此，劳动争议的发生不仅会对当事人双方产生消极的影响，降低员工的工作积极性，还会影响用人单位生产效率的提高以及用人单位的发展。同时，争议的解决也需要经过劳动争议仲裁、诉讼程序，耗费社会公共服务资源。此外，即使劳动争议最终得到妥善解决，但争议所带来的各项损失都已经发生，这是无法挽回的。因此，预先采取有效的措施避免和减少劳动争议的发生，在劳动争议处理中具有十分重要的意义。

1.有助于保护员工的合法权益，增加员工福利

从我国目前发生的劳动纠纷案件来看，大部分争议是由于员工的合法权益受到侵害所引起的，有的表现为经济损失，有的表现为身体损伤。劳动争议发生后，员工一般都会诉诸仲裁或司法程序，不仅会耗费大量的时间和精力，同时也进一步加重其经济负担，使得本来就处于弱势地位的员工处境更加艰难。因此，通过采取劳动争议的预防措施，避免和控制劳动争议的发生，或者尽量减少劳动争议的发生，员工就能把更多的精力投入到更有益的事情上，从而增加员工的福利。

2.有利于用人单位经济效益的提高和用人单位的发展

劳动争议一旦发生，双方当事人在坚持自身利益以及劳动争议处理的过程中，必然会对员工的工作积极性和用人单位正常的生产经营与发展造成不同程度的影响，甚至导致用人单位的生产经营陷入停滞状态。因此，通过适当的预防措施，避免和减少劳动争议发生，可以提高用人单位员工的生产积极性和劳动生产率，保证用人单位生产经营活动顺利进行，从而促进用人单位的成长和发展。

3.有利于降低争议解决的成本

我国目前处理劳动争议的机构主要有用人单位劳动争议调解委员会、劳动争议仲裁委员会和法院。劳动争议发生后，需要劳动争议处理机构按照法律程序进行解决，一般需要经历调解、仲裁和诉讼等一系列司法程序，耗费大量的人力和时间。在西方发达的市场经济国家，出现劳资纠纷后，大都在用人单位层面通过内部协商的方式加以解决，而政府的精力主要是放在执法监督上，很少对其直接干预，这样不仅有利于节约社会公共服务资源，同时也有利于劳资双方的沟通与合作。因此，采取适当的预防措施，就会使多数可能会发生的劳动纠纷在用人单位层面得到解决，从而节约争议解决的成本。

4.有利于保持劳动关系的和谐、稳定

劳动争议的产生是源于劳动关系双方主体的矛盾和摩擦，因此，劳动争议的产生同劳动关系的和谐、稳定息息相关。一方面，劳动争议本身就是劳动关系不和谐的表现；另一方面，劳动争议的产生也会影响劳动关系的稳定性。而有效的劳动争议预防措施，有助于缓和争议双方主体的矛盾和摩擦，消除对立，预防劳动争议的发生，促使用人单位内部形成相互尊重、平等协商、共谋发展的态势和格局。

9.2.2 劳动争议的预防措施

有效的劳动争议预防需要多方作出努力，尤其是政府、有关机构以及用人单位，需要各方采取措施积极预防劳动争议案件的发生，运用各项措施避免用人单位和员工产生矛盾和纠纷。根据主体的不同，我们可以将预防劳动争议的措施概括为以下几个方面：

1.政府及有关部门

（1）加强并完善我国劳动立法

虽然近年来我国颁布实施了一系列劳动法律法规，但在实践过程中，这些法律法规在操作性与可执行性方面都还存在不足，部分存在问题但没有相应立法调整的领域仍没有纳入劳动法律调整范围内。因此，政府及相关部门需要进一步完善劳动立法，对现有的劳动法律法规加以修改和补充，减少法律“真空地带”。同时，对于已不适用的、容易对劳动争议解决造成混乱的法律法规应进行修改或废止，尽量避免和消除法律法规之间的不一致性。

（2）加强法律法规的宣传、教育

大力开展劳动法制教育、宣传工作，有利于促进员工和用人单位的法律意识和法制观念，从而有效地预防劳动争议。劳动法律意识和法制观念是人们对劳动法律的认识和态度，劳动法律意识与法制观念的提高，将会增强用人单位和员工遵守劳动法的自觉性，使用人单位和员工双方能够做到知法、懂法和守法。这样，劳动关系的双方在维护自己的劳动权益时就不会侵犯对方享有的劳动权益，从而避免劳动争议的发生。

（3）建立并完善劳动监督检查制度

劳动监督检查是指法定监督主体为保护员工合法权益，依法对劳动法主体遵守劳动法的情况进行监督和检查的活动。该制度是以国家公力对劳动关系的干预，从而保证劳动法律、法规的贯彻执行和劳动关系的协调稳定。我国《劳动法》第八十五条规定，县级以上各级人民政府劳动行政部门依法对用人单位遵守劳动法律、法规的情况进行监督检查，对违反劳动法律、法规的行为有权制止，并责令改正。在我国，劳动行政部门、其他行政部门和工会部门的监督构成了一道保护双方当事人权益的“安全网”。建立并完善劳动监督检查制度，对违反劳动法律、法规的行为进行矫正和处罚，能够有效地预防劳动争议的发生，做到防患于未然。

2.用人单位

（1）依法制定并完善用人单位规章制度，注重制度化管理

基于对劳动关系的理解，用人单位的规章制度是管理用人单位与员工之间权利义务关系的重要工具。实质上，用人单位的规章制度就是用人单位管理员工的“内部法”，是用人单位进行员工关系管理的主要依据，如招聘制度、加班制度、考勤制度、薪酬福利制度、培训制度和保密制度等。因此，制定完善的规章制度，对于用人单位而言，不仅能够保证用人单位生产经营活动的顺利进行及用人单位目标的实现，也是调动职工积极性和创造性的有力措施。制度化管理对规范用人单位的管理起着至关重要的作用。

（2）加强劳动合同的管理，注重契约化运行

我国《劳动合同法》第七十三条规定，国务院劳动行政部门负责全国劳动合同制度实施的监督管理；县级以上地方人民政府劳动行政部门负责本行政区域内劳动合同制度实施的监督管理；县级以上各级人民政府劳动行政部门在劳动合同制度实施的监督管理工作中，应当听取工会、企业方面代表以及有关行业主管部门的意见。

劳动关系双方的权利义务一般都在劳动合同中作出约定，并以合同条款的形式体现，是处理劳动争议的重要依据，因此，加强劳动合同管理对预防劳动争议发生、保持劳动关系和谐稳定具有积极的作用。其中，加强劳动合同管理主要包含三个方面的内容：首先，用人单位必须签订书面劳动合同，在管理上注重劳动关系的契约化；其次，签订劳动合同要符合法律规定，坚持平等自愿、协商一致的原则，明确界定劳动合同双方的权利和义务，同时语言表述要准确、避免歧义，以免在合同中埋下发生纠纷的隐患；最后，劳动合同的履行、变更、解除、终止及续订，都需要按照法定的程序和要求办理。

（3）加强用人单位民主管理

用人单位民主管理，是指员工通过法定的职工代表大会以及工会等形式，依法参与用人单位的生产和经营管理、监督用人单位经营管理者以及协调劳动关系的活动。我国的劳动法规当中规定了用人单位必须建立职工代表大会或工会，并且要支持职工代表大会或工会的工作，接受其监督。职工代表大会以及工会可以激发员工的主人翁责任感，保证用人单位的重大决策能够代表广大职工的利益，同时，还可以对用人单位的行为进行有效监督，预防员工权益受到侵害，减少和防止劳动争议的发生。此外，用人单位实行民主管理还需要建立民主的渠道，以便用人单位和员工沟通、协调，例如设立投诉信箱、投诉专线，不定期举办用人单位与员工的座谈会等。

3.职工

（1）提高职工的自主维权意识

职工由于缺乏法律知识，在劳资关系中往往处于不利地位，导致劳动争议不

能得到有效预防。因此，政府和用人单位应发挥各自优势，积极开展法律法规以及用人单位制度规定的宣传、培训工作，帮助广大职工学习了解相关法律法规知识以及用人单位的相关制度规定，提高自主维权意识，学会运用法律手段维护自身合法经济权益，在用人单位内形成和发展和谐的劳动关系，从而有效地预防劳动争议的发生。

（2）合理引导职工诉讼诉求

职工诉讼诉求往往关系到职工的切身利益，而这些诉讼诉求往往涉及劳动合同、劳动工资、劳动安全与劳动卫生、劳动保护、劳动保险、休息休假、职业病防治、学习培训等，处理不好就会导致劳资关系紧张，进而演化为劳动争议。因此，各方应重视职工的诉讼诉求，保证用人单位同员工、工会同员工之间拥有畅通的信息沟通渠道，建立健全适应职工需求的诉求表达机制，从而预防劳动争议的发生。一方面，职工的诉求应能够得到及时传达，用人单位及相关部门也能够及时关注职工诉求并进行合理的引导，例如在用人单位内部建立职工诉求机制或成立职工诉求接待中心等，通过用人单位职工代表大会向用人单位高层反映职工诉求；另一方面，相关政府机构应积极运用其法律资源维护职工的合法权益，合理引导职工诉讼维权，如建立法律援助站、法律热线等。

9.3 协调劳动关系三方机制

以国际劳工组织的三方协商组织原则为基础，许多国家都设立了不同类型的三方协商组织机构，采取适合本国实际情况的运作方式，实现三方机制协调劳动关系的职能。我国的协调劳动关系三方机制是通过协调劳动关系三方会议制度来具体实现的。

1.三方会议工作原则

我国协调劳动关系三方会议遵循以下工作原则：

（1）合法、公正、及时原则

在三方协商过程中，要以国家法律、法规为依据，要以符合国家政策和法律为前提，所有的政策和规则必须合法；在协调过程中要公正、公平，不能有袒护任何一方的行为；三方协商过程和结果要及时、迅速，不能久议不决。

（2）相互理解、信任、支持、合作原则

在我国，协调劳动关系三方机制的各方的根本利益是一致的，这就是发展社会生产力，不断改善人民群众日益增长的物质文化生活需求。因此，在协调的过程中，要以维护各方利益为出发点，要相互理解、相互信任和相互支持，采取合作的态度，这样才能使三方机制得以正常运作。三方协商中，各方虽都有权发表意见，但必须考虑对方意见和共同利益，相互理解、相互妥协，以促进用人单位和员工共同发展为目标，不能以损害对方利益为条件。协商中，劳资双方任何一方不得有过激行为，不得互相攻击和采取不合作态度。

（3）兼顾国家、企业、职工三方利益原则

协调劳动关系要注重兼顾国家利益、企业和职工三者利益，任何决策不能损害国家利益，同样也不能损害企业集体和职工个人利益，这是三方协商的出发点和前提条件。

（4）平等协商原则

三方代表以平等的身份参加民主协商，并做到利益兼顾，共同发展。一方不能凌驾于其他方之上，这是保证协商能够顺利进行的重要条件。

2.三方机制的运行规则

我国国家级三方会议制度对三方的协商规则和程序作了如下规定：

（1）三方会议原则上每四个月召开一次。如有需要，可临时召开会议。

（2）三方会议的每季例会轮流在三方机关或其他地点召开。每次召开会议前两周，各方向三方会议办公室提出议题，办公室将各方确定的议题报告给会议主席和副主席。临时会议召开的时间、地点、议题等，由提议方提出并由办公室与另两方协商确定。会议由主席或主席委托副主席主持。

（3）每次召开三方会议，指定专人记录并形成会议纪要。根据议题的重要程度，可将会议纪要上报或下发。

各地的三方机制运行模式，基本遵循了国家级三方会议制度对三方协商规则和程序的规定。一些地区还结合当地的实际情况，进行了创新。上海市把日常管理、人员培训、信息发布、紧急约见、监督巡视、定期汇报作为三方机制的基本制度；大连市三方协调机制建立了定期例会、定期检查、定期报告、信息通报、工作部门碰头会、重大争议协商会等六项制度。

3.三方协商的职责和内容

三方机制的任务是组织三方代表共同讨论经济和社会政策，讨论涉及劳动关系的重大问题，就有关劳动关系问题达成一些协议，为政府制定和颁布劳动关系政策与法律法规服务。

（1）职责任务

我国协调劳动关系三方会议制度的职责任务有以下五项：研究分析经济体制改革政策和经济社会发展计划对劳动关系的影响，提出政策意见和建议；通报交流各自协调劳动关系工作中的情况和问题，研究分析劳动关系状况及发展趋势，对劳动关系方面带有全局性、倾向性的重大问题进行协商，形成共识；对制定并监督实施涉及调整劳动关系的法律、法规、规章和政策提出意见及建议；对地方建立三方协调机制和企业开展平等协商、签订集体合同等劳动关系协调工作进行指导、协调，指导地方的劳动争议处理工作，总结推广典型经验；对跨地区或在全国具有重大影响的集体劳动争议或群体性事件进行调查研究，提出解决的意见和建议。

(2) 协调内容

三方协调的内容主要有以下七项：推进和完善平等协商、集体合同制度以及劳动合同制度；企业改制改组过程中的劳动关系；企业工资收入分配；最低工资、工作时间和休息休假、劳动安全卫生、女性雇员和未成年雇员特殊保护、生活福利待遇、职业技能培训等劳动标准的制定和实施；劳动争议的预防和处理；雇员民主管理和工会组织建设；其他有关劳动关系调整的问题。

(3) 三方机制的实践

截至2015年3月，国家协调劳动关系三方会议已召开20次会议，就解决当前劳动关系中带有全局性、倾向性的一些重大问题进行协商，达成共识，并形成文件和经验材料，指导地方开展协调劳动关系工作。三方会同有关部门共同制定并下发了《关于建立健全劳动关系三方协调机制的指导意见》《关于进一步推行平等协商和集体合同制度的通知》《关于加强兼职劳动仲裁员队伍建设有关问题的意见》《关于规范劳动能力鉴定有关问题的通知》《关于贯彻实施〈集体合同规定〉的通知》《关于进一步推行工资集体协商工作的通知》《中共中央 国务院关于构建和谐劳动关系的意见》等部门规章，共同参与了《劳动合同法》《社会保险法》《企业最低工资规定》《集体合同规定》等法律、法规的制定与修改。为推动三方机制工作的深入开展，国家三方共同或独立开展了多次国内调研活动，对北京、上海、广东、福建、江西、温州等全国大部分省和市县推进三方机制的建设情况进行摸底，解决当地在协调劳动关系工作中存在的实际问题，及时总结地方工作经验，树立典型，为各地更好地开展协调劳动关系三方机制工作提供借鉴。

各地省市级三方根据实际情况，联合出台了一些对推动地方三方机制工作、贯彻劳动合同和集体合同、加强兼职劳动争议仲裁员队伍建设等方面的文件，如《上海市外来从业人员综合保险暂行办法》《江西省职工代表大会条例》《江西省企业劳动争议处理实施办法》《陕西省企业工资支付条例》《北京市工资支付规定》《北京市集体合同条例》《福建省企业女职工劳动保护条例》《厦门市企业工资支付条例》《浙江省关于进一步加强平等协商签订集体合同工作的通知》《山西省劳动合同管理规定》《山西省职工权益保护条例》《山西省关于提高女职工卫生费标准的建议》《黑龙江省企业工资集体协商指导意见》《黑龙江省集体合同条例》《安徽省劳动合同条例》等。这些劳动法规和条例的实施，不仅保护了职工合法权益，而且规范了企业用工，促进了企业可持续发展。各省三方还在调整劳动争议仲裁委员会组成人员，积极落实、完善劳动争议仲裁三方原则，加强对兼职劳动争议仲裁员的培训、管理，提高兼职劳动争议仲裁员办案参与率等方面做了大量的工作。

9.4 中国情境下的和谐劳动关系治理体制

中华人民共和国成立以来，以改革开放为界限，中国的劳资冲突管理机制经历了两个截然不同的三十年发展阶段：第一阶段的典型代表是“鞍钢宪法”，集中体现了社会主义特质和本土特色的企业经济民主思想；第二阶段是在市场经济条件下，在社会宏观层面上建立“协商民主”。2015 年，《中共中央 国务院关于构建和谐劳动关系的意见》下发，将我国劳动关系工作的要点总结为依法保障职工基本权益、健全劳动关系协调机制、加强企业民主管理制度建设、健全劳动关系矛盾调处机制、营造构建和谐劳动关系的良好环境等。

首先，构建和谐劳动关系过程中要保证中国特色的党政领导体制，不应当简单套用西方集体谈判理论，脱离党委和政府谈工会。习近平在中国工会十五大祝词中强调“要在党和政府主导的维护职工权益机制中发挥工会的特点和优势”，具体体现为加快健全党委领导、政府负责、社会协同、企业和职工参与、法治保障的工作体制。

其次，中国工会存在双重角色甚至多重角色。“既维护职工利益又维护全国总体利益”“既代表职工又代表党和政府”的双重角色导致中国劳资关系调节机制不会采用西方的三方协调机制，在研究中不能简单将西方工会相关的概念、职责、理论简单套用在我国工会上。

最后，中国存在形式多样而内涵统一的企业民主管理与冲突管理机制。在公有制企业领域，工会组织建设上的主要任务是组织的完善、职能的落实和民主要素的增进；但是在非公有制企业中，工会组织建设工作或者说企业民主的建立工作还不够充分，目前基本任务是组建工会与扩充会员。在工作场所民主管理、化解劳资纠纷的理念与制度扩展到更广泛类型的企业中时，主要的体现形式有团队自主管理机制、职工代表大会、共同治理制度、员工持股计划等。

本章小结

同劳动争议处理相比，劳动争议的预防是解决劳动纠纷的前置活动，是为了防止劳动争议的发生及矛盾激化而预先采取的防范性措施。做好劳动争议的预防工作可以防患于未然，大大减少劳动纠纷。

有效的劳动争议预防需要多方作出努力，尤其是政府、有关机构以及企业，需要各方采取措施积极预防劳动争议案件的发生，运用各项措施避免企业和员工产生矛盾和纠纷。根据主体的不同，我们可以将预防劳动争议的措施概括为政府及有关部门的预防措施、用人单位的预防措施、劳动者的预防措施等。

以国际劳工组织的三方协商组织原则为基础，许多国家都设立了不同类型的三方协商组织机构，采取适合本国实际情况的运作方式，实现三方机制协调劳动关系的职能。我国的协调劳动关系三方机制是通过协调劳动关系三方会议制度来具体实现的。

在今后很长一段时期内，我国劳动关系工作的要点是依法保障职工基本权益、健全劳动关系协调机制、加强企业民主管理制度建设、健全劳动关系矛盾调解机制、营造构建和谐劳动关系的良好环境等。

复习思考题

1. 劳动争议产生的原因是什么？
2. 开展劳动争议预防有什么意义？
3. 有哪些措施可以预防劳动争议？
4. 什么是协调劳动关系三方机制？

案例分析

鞍钢“网络问企”让职工随时随地参与管理

利用互联网让全体职工都有机会参与企业管理——鞍钢集团公司开展的“网络问企”新型企业民主管理模式结出硕果：从活动开始到当年10月，职工通过“网络问企”平台提意见建议，目前有效办结的意见建议达到33.61万条，有效提高了生产效率、降低了生产成本。

“网络问企”是鞍钢利用互联网为职工参与管理搭建的一个新平台。活动始于2012年11月20日，每名职工都可以通过固定或移动网络终端实名登录专网，随时随地提报提案。

设备管理、安全生产、生产组织、技术改造、产品质量、科技创新、节能、原材料采购、人力资源管理……鞍钢职工通过网络平台提出的建议几乎涵盖企业的方方面面。

炼钢厂点检工肖宇一人就提出建议2 000多条，多次成为职工提建议数量的第一名。他不仅提建议，还亲自动手搞创新。粉尘进入电机，致使电机一年烧坏十几台，修一次就得1万多元。他研究解决办法，最后采用涂密封胶的方法解决了存在多年的“进粉尘烧电机”问题。吊车电缆过去经常被喷出的炉火烧破外皮，造成短路，维修费时费力。他建议将电缆两芯、三芯改单芯，同时将电缆用石棉布包上，确保电缆不被烧，烧了也不会造成短路。建议被采纳并实施后，使炉火烧电缆问题彻底得到解决。

与传统的合理化建议活动相比，“网络问企”适应了互联网时代对企业管理模式的创新要求，具有覆盖全面、流程畅通、统计精确、反馈及时、存档持久、分析翔实等特点。

鞍钢现有兼职“网络问企”管理人员近300人，企业多次对这些管理人员进行培训，确保活动持续进行。为保证职工提出的意见建议得到及时答复和有效处理，集团工会、管理创新部、信息化管理部、人力资源部以及信息产业公司等单位，按照管理职责，密切协作，形成包括初审、审核、发布、办理、督办、汇总、表彰等环节的畅通流程。

为提高职工参与积极性，鞍钢建立了“网络问企”定期评审奖励制度，对有重大价值和推广意义的建议，给予特殊奖励。截至目前，共表彰20个优秀组织单位、10名特等奖、93名一等奖、188名二等奖。集团各下属单位、矿业公司、攀钢、工程技术发展公司重机公司、化工事业部等多家单位也积极制定奖励办法，完善激励机制。鞍钢股份炼钢总厂实施“创新积分”管理和“星级评选办法”，激发了职工献计献策的积极性。

资料来源 刘旭. 鞍钢“网络问企”让职工随时随地参与管理［N］. 工人日报，2018-12-25（2）.

请思考：企业民主管理在劳动争议预防中有何作用？

拓展阅读：涉福利劳动争议案件呈上升趋势

附录　常用法律法规

中华人民共和国劳动争议调解仲裁法

（2007年12月29日第十届全国人民代表大会常务委员会第三十一次会议通过）

第一章　总则

第一条　为了公正及时解决劳动争议，保护当事人合法权益，促进劳动关系和谐稳定，制定本法。

第二条　中华人民共和国境内的用人单位与劳动者发生的下列劳动争议，适用本法：

（一）因确认劳动关系发生的争议；

（二）因订立、履行、变更、解除和终止劳动合同发生的争议；

（三）因除名、辞退和辞职、离职发生的争议；

（四）因工作时间、休息休假、社会保险、福利、培训以及劳动保护发生的争议；

（五）因劳动报酬、工伤医疗费、经济补偿或者赔偿金等发生的争议；

（六）法律、法规规定的其他劳动争议。

第三条　解决劳动争议，应当根据事实，遵循合法、公正、及时、着重调解的原则，依法保护当事人的合法权益。

第四条　发生劳动争议，劳动者可以与用人单位协商，也可以请工会或者第三方共同与用人单位协商，达成和解协议。

第五条　发生劳动争议，当事人不愿协商、协商不成或者达成和解协议后不履行的，可以向调解组织申请调解；不愿调解、调解不成或者达成调解协议后不履行的，可以向劳动争议仲裁委员会申请仲裁；对仲裁裁决不服的，除本法另有规定的外，可以向人民法院提起诉讼。

第六条　发生劳动争议，当事人对自己提出的主张，有责任提供证据。与争议事项有关的证据属于用人单位掌握管理的，用人单位应当提供；用人单位不提供的，应当承担不利后果。

第七条　发生劳动争议的劳动者一方在十人以上，并有共同请求的，可以推举代表参加调解、仲裁或者诉讼活动。

第八条　县级以上人民政府劳动行政部门会同工会和企业方面代表建立协调劳动关系三方机制，共同研究解决劳动争议的重大问题。

第九条　用人单位违反国家规定，拖欠或者未足额支付劳动报酬，或者拖欠工伤医疗费、经济补偿或者赔偿金的，劳动者可以向劳动行政部门投诉，劳动行政部门应当依法处理。

第二章　调解

第十条　发生劳动争议，当事人可以到下列调解组织申请调解：

（一）企业劳动争议调解委员会；

（二）依法设立的基层人民调解组织；

（三）在乡镇、街道设立的具有劳动争议调解职能的组织。

企业劳动争议调解委员会由职工代表和企业代表组成。职工代表由工会成员担任或者由全体职工推举产生，企业代表由企业负责人指定。企业劳动争议调解委员会主任由工会成员或者双方推举的人员担任。

第十一条　劳动争议调解组织的调解员应当由公道正派、联系群众、热心调解工作，并具有一定法律知识、政策水平和文化水平的成年公民担任。

第十二条　当事人申请劳动争议调解可以书面申请，也可以口头申请。口头申请的，调解组织应当当场记录申请人基本情况、申请调解的争议事项、理由和时间。

第十三条　调解劳动争议，应当充分听取双方当事人对事实和理由的陈述，耐心疏导，帮助其达成协议。

第十四条　经调解达成协议的，应当制作调解协议书。

调解协议书由双方当事人签名或者盖章，经调解员签名并加盖调解组织印章后生效，对双方当事人具有约束力，当事人应当履行。

自劳动争议调解组织收到调解申请之日起十五日内未达成调解协议的，当事人可以依法申请仲裁。

第十五条　达成调解协议后，一方当事人在协议约定期限内不履行调解协议的，另一方当事人可以依法申请仲裁。

第十六条　因支付拖欠劳动报酬、工伤医疗费、经济补偿或者赔偿金事项达成调解协议，用人单位在协议约定期限内不履行的，劳动者可以持调解协议书依法向人民法院申请支付令。人民法院应当依法发出支付令。

第三章 仲裁

第一节 一般规定

第十七条 劳动争议仲裁委员会按照统筹规划、合理布局和适应实际需要的原则设立。省、自治区人民政府可以决定在市、县设立；直辖市人民政府可以决定在区、县设立。直辖市、设区的市也可以设立一个或者若干个劳动争议仲裁委员会。劳动争议仲裁委员会不按行政区划层层设立。

第十八条 国务院劳动行政部门依照本法有关规定制定仲裁规则。省、自治区、直辖市人民政府劳动行政部门对本行政区域的劳动争议仲裁工作进行指导。

第十九条 劳动争议仲裁委员会由劳动行政部门代表、工会代表和企业方面代表组成。劳动争议仲裁委员会组成人员应当是单数。

劳动争议仲裁委员会依法履行下列职责：

（一）聘任、解聘专职或者兼职仲裁员；

（二）受理劳动争议案件；

（三）讨论重大或者疑难的劳动争议案件；

（四）对仲裁活动进行监督。

劳动争议仲裁委员会下设办事机构，负责办理劳动争议仲裁委员会的日常工作。

第二十条 劳动争议仲裁委员会应当设仲裁员名册。

仲裁员应当公道正派并符合下列条件之一：

（一）曾任审判员的；

（二）从事法律研究、教学工作并具有中级以上职称的；

（三）具有法律知识、从事人力资源管理或者工会等专业工作满五年的；

（四）律师执业满三年的。

第二十一条 劳动争议仲裁委员会负责管辖本区域内发生的劳动争议。

劳动争议由劳动合同履行地或者用人单位所在地的劳动争议仲裁委员会管辖。双方当事人分别向劳动合同履行地和用人单位所在地的劳动争议仲裁委员会申请仲裁的，由劳动合同履行地的劳动争议仲裁委员会管辖。

第二十二条 发生劳动争议的劳动者和用人单位为劳动争议仲裁案件的双方当事人。

劳务派遣单位或者用工单位与劳动者发生劳动争议的，劳务派遣单位和用工单位为共同当事人。

第二十三条 与劳动争议案件的处理结果有利害关系的第三人，可以申请参加仲裁活动或者由劳动争议仲裁委员会通知其参加仲裁活动。

第二十四条 当事人可以委托代理人参加仲裁活动。委托他人参加仲裁活动，应当向劳动争议仲裁委员会提交有委托人签名或者盖章的委托书，委托书应当载明委托事项和权限。

第二十五条 丧失或者部分丧失民事行为能力的劳动者，由其法定代理人代为参加仲裁活动；无法定代理人的，由劳动争议仲裁委员会为其指定代理人。劳动者死亡的，由其近亲属或者代理人参加仲裁活动。

第二十六条 劳动争议仲裁公开进行，但当事人协议不公开进行或者涉及国家秘密、商业秘密和个人隐私的除外。

第二节 申请和受理

第二十七条 劳动争议申请仲裁的时效期间为一年。仲裁时效期间从当事人知道或者应当知道其权利被侵害之日起计算。

前款规定的仲裁时效，因当事人一方向对方当事人主张权利，或者向有关部门请求权利救济，或者对方当事人同意履行义务而中断。从中断时起，仲裁时效期间重新计算。

因不可抗力或者有其他正当理由，当事人不能在本条第一款规定的仲裁时效期间申请仲裁的，仲裁时效中止。从中止时效的原因消除之日起，仲裁时效期间继续计算。

劳动关系存续期间因拖欠劳动报酬发生争议的，劳动者申请仲裁不受本条第一款规定的仲裁时效期间的限制；但是，劳动关系终止的，应当自劳动关系终止之日起一年内提出。

第二十八条 申请人申请仲裁应当提交书面仲裁申请，并按照被申请人人数提交副本。

仲裁申请书应当载明下列事项：

（一）劳动者的姓名、性别、年龄、职业、工作单位和住所，用人单位的名称、住所和法定代表人或者主要负责人的姓名、职务；

（二）仲裁请求和所根据的事实、理由；

（三）证据和证据来源、证人姓名和住所。

书写仲裁申请确有困难的，可以口头申请，由劳动争议仲裁委员会记入笔录，并告知对方当事人。

第二十九条 劳动争议仲裁委员会收到仲裁申请之日起五日内，认为符合受理条件的，应当受理，并通知申请人；认为不符合受理条件的，应当书面通知申请人不予受理，并说明理由。对劳动争议仲裁委员会不予受理或者逾期未作出决定的，申请人可以就该劳动争议事项向人民法院提起诉讼。

第三十条 劳动争议仲裁委员会受理仲裁申请后，应当在五日内将仲裁申请书副本送达被申请人。

被申请人收到仲裁申请书副本后，应当在十日内向劳动争议仲裁委员会提交答辩书。劳动争议仲裁委员会收到答辩书后，应当在五日内将答辩书副本送达申请人。被申请人未提交答辩书的，不影响仲裁程序的进行。

第三节　开庭和裁决

第三十一条　劳动争议仲裁委员会裁决劳动争议案件实行仲裁庭制。仲裁庭由三名仲裁员组成，设首席仲裁员。简单劳动争议案件可以由一名仲裁员独任仲裁。

第三十二条　劳动争议仲裁委员会应当在受理仲裁申请之日起五日内将仲裁庭的组成情况书面通知当事人。

第三十三条　仲裁员有下列情形之一，应当回避，当事人也有权以口头或者书面方式提出回避申请：

（一）是本案当事人或者当事人、代理人的近亲属的；

（二）与本案有利害关系的；

（三）与本案当事人、代理人有其他关系，可能影响公正裁决的；

（四）私自会见当事人、代理人，或者接受当事人、代理人的请客送礼的。

劳动争议仲裁委员会对回避申请应当及时作出决定，并以口头或者书面方式通知当事人。

第三十四条　仲裁员有本法第三十三条第四项规定情形，或者有索贿受贿、徇私舞弊、枉法裁决行为的，应当依法承担法律责任。劳动争议仲裁委员会应当将其解聘。

第三十五条　仲裁庭应当在开庭五日前，将开庭日期、地点书面通知双方当事人。当事人有正当理由的，可以在开庭三日前请求延期开庭。是否延期，由劳动争议仲裁委员会决定。

第三十六条　申请人收到书面通知，无正当理由拒不到庭或者未经仲裁庭同意中途退庭的，可以视为撤回仲裁申请。

被申请人收到书面通知，无正当理由拒不到庭或者未经仲裁庭同意中途退庭的，可以缺席裁决。

第三十七条　仲裁庭对专门性问题认为需要鉴定的，可以交由当事人约定的鉴定机构鉴定；当事人没有约定或者无法达成约定的，由仲裁庭指定的鉴定机构鉴定。

根据当事人的请求或者仲裁庭的要求，鉴定机构应当派鉴定人参加开庭。当事人经仲裁庭许可，可以向鉴定人提问。

第三十八条　当事人在仲裁过程中有权进行质证和辩论。质证和辩论终结时，首席仲裁员或者独任仲裁员应当征询当事人的最后意见。

第三十九条　当事人提供的证据经查证属实的，仲裁庭应当将其作为认定事实的根据。

劳动者无法提供由用人单位掌握管理的与仲裁请求有关的证据，仲裁庭可以要求用人单位在指定期限内提供。用人单位在指定期限内不提供的，应当承担不利后果。

第四十条　仲裁庭应当将开庭情况记入笔录。当事人和其他仲裁参加人认为对自己陈述的记录有遗漏或者差错的，有权申请补正。如果不予补正，应当记录该申请。

笔录由仲裁员、记录人员、当事人和其他仲裁参加人签名或者盖章。

第四十一条　当事人申请劳动争议仲裁后，可以自行和解。达成和解协议的，可以撤回仲裁申请。

第四十二条　仲裁庭在作出裁决前，应当先行调解。

调解达成协议的，仲裁庭应当制作调解书。

调解书应当写明仲裁请求和当事人协议的结果。调解书由仲裁员签名，加盖劳动争议仲裁委员会印章，送达双方当事人。调解书经双方当事人签收后，发生法律效力。

调解不成或者调解书送达前，一方当事人反悔的，仲裁庭应当及时作出裁决。

第四十三条　仲裁庭裁决劳动争议案件，应当自劳动争议仲裁委员会受理仲裁申请之日起四十五日内结束。案情复杂需要延期的，经劳动争议仲裁委员会主任批准，可以延期并书面通知当事人，但是延长期限不得超过十五日。逾期未作出仲裁裁决的，当事人可以就该劳动争议事项向人民法院提起诉讼。

仲裁庭裁决劳动争议案件时，其中一部分事实已经清楚，可以就该部分先行裁决。

第四十四条　仲裁庭对追索劳动报酬、工伤医疗费、经济补偿或者赔偿金的案件，根据当事人的申请，可以裁决先予执行，移送人民法院执行。

仲裁庭裁决先予执行的，应当符合下列条件：

（一）当事人之间权利义务关系明确；

（二）不先予执行将严重影响申请人的生活。

劳动者申请先予执行的，可以不提供担保。

第四十五条　裁决应当按照多数仲裁员的意见作出，少数仲裁员的不同意见应当记入笔录。仲裁庭不能形成多数意见时，裁决应当按照首席仲裁员的意见作出。

第四十六条　裁决书应当载明仲裁请求、争议事实、裁决理由、裁决结果和裁决日期。裁决书由仲裁员签名，加盖劳动争议仲裁委员会印章。对裁决持不同意见的仲裁员，可以签名，也可以不签名。

第四十七条　下列劳动争议，除本法另有规定的外，仲裁裁决为终局裁决，裁决书自作出之日起发生法律效力：

（一）追索劳动报酬、工伤医疗费、经济补偿或者赔偿金，不超过当地月最低工资标准十二个月金额的争议；

（二）因执行国家的劳动标准在工作时间、休息休假、社会保险等方面发生的争议。

第四十八条 劳动者对本法第四十七条规定的仲裁裁决不服的，可以自收到仲裁裁决书之日起十五日内向人民法院提起诉讼。

第四十九条 用人单位有证据证明本法第四十七条规定的仲裁裁决有下列情形之一，可以自收到仲裁裁决书之日起三十日内向劳动争议仲裁委员会所在地的中级人民法院申请撤销裁决：

（一）适用法律、法规确有错误的；

（二）劳动争议仲裁委员会无管辖权的；

（三）违反法定程序的；

（四）裁决所根据的证据是伪造的；

（五）对方当事人隐瞒了足以影响公正裁决的证据的；

（六）仲裁员在仲裁该案时有索贿受贿、徇私舞弊、枉法裁决行为的。

人民法院经组成合议庭审查核实裁决有前款规定情形之一的，应当裁定撤销。

仲裁裁决被人民法院裁定撤销的，当事人可以自收到裁定书之日起十五日内就该劳动争议事项向人民法院提起诉讼。

第五十条 当事人对本法第四十七条规定以外的其他劳动争议案件的仲裁裁决不服的，可以自收到仲裁裁决书之日起十五日内向人民法院提起诉讼；期满不起诉的，裁决书发生法律效力。

第五十一条 当事人对发生法律效力的调解书、裁决书，应当依照规定的期限履行。一方当事人逾期不履行的，另一方当事人可以依照民事诉讼法的有关规定向人民法院申请执行。受理申请的人民法院应当依法执行。

第四章 附则

第五十二条 事业单位实行聘用制的工作人员与本单位发生劳动争议的，依照本法执行；法律、行政法规或者国务院另有规定的，依照其规定。

第五十三条 劳动争议仲裁不收费。劳动争议仲裁委员会的经费由财政予以保障。

第五十四条 本法自2008年5月1日起施行。

劳动人事争议仲裁办案规则

中华人民共和国人力资源和社会保障部令第33号

《劳动人事争议仲裁办案规则》已经2017年4月24日人力资源和社会保障部第123次部务会审议通过，现予公布，自2017年7月1日起施行。

部长　尹蔚民

2017年5月8日

第一章　总则

第一条　为公正及时处理劳动人事争议（以下简称争议），规范仲裁办案程序，根据《中华人民共和国劳动争议调解仲裁法》（以下简称调解仲裁法）以及《中华人民共和国公务员法》（以下简称公务员法）、《事业单位人事管理条例》、《中国人民解放军文职人员条例》和有关法律、法规、国务院有关规定，制定本规则。

第二条　本规则适用下列争议的仲裁：

（一）企业、个体经济组织、民办非企业单位等组织与劳动者之间，以及机关、事业单位、社会团体与其建立劳动关系的劳动者之间，因确认劳动关系，订立、履行、变更、解除和终止劳动合同，工作时间、休息休假、社会保险、福利、培训以及劳动保护，劳动报酬、工伤医疗费、经济补偿或者赔偿金等发生的争议；

（二）实施公务员法的机关与聘任制公务员之间、参照公务员法管理的机关（单位）与聘任工作人员之间因履行聘任合同发生的争议；

（三）事业单位与其建立人事关系的工作人员之间因终止人事关系以及履行聘用合同发生的争议；

（四）社会团体与其建立人事关系的工作人员之间因终止人事关系以及履行聘用合同发生的争议；

（五）军队文职人员用人单位与聘用制文职人员之间因履行聘用合同发生的争议；

（六）法律、法规规定由劳动人事争议仲裁委员会（以下简称仲裁委员会）处理的其他争议。

第三条　仲裁委员会处理争议案件，应当遵循合法、公正的原则，先行调解，及时裁决。

第四条　仲裁委员会下设实体化的办事机构，称为劳动人事争议仲裁院（以下简称仲裁院）。

第五条　劳动者一方在十人以上并有共同请求的争议，或者因履行集体合同发生的劳动争议，仲裁委员会应当优先立案，优先审理。

第二章　一般规定

第六条　发生争议的用人单位未办理营业执照、被吊销营业执照、营业执照到期继续经营、被责令关闭、被撤销以及用人单位解散、歇业，不能承担相关责任的，应当将用人单位和其出资人、开办单位或者主管部门作为共同当事人。

第七条　劳动者与个人承包经营者发生争议，依法向仲裁委员会申请仲裁的，应当将发包的组织和个人承包经营者作为共同当事人。

第八条　劳动合同履行地为劳动者实际工作场所地，用人单位所在地为用人单位注册、登记地或者主要办事机构所在地。用人单位未经注册、登记的，其出资人、开办单位或者主管部门所在地为用人单位所在地。

双方当事人分别向劳动合同履行地和用人单位所在地的仲裁委员会申请仲裁的，由劳动合同履行地的仲裁委员会管辖。有多个劳动合同履行地的，由最先受理的仲裁委员会管辖。劳动合同履行地不明确的，由用人单位所在地的仲裁委员会管辖。

案件受理后，劳动合同履行地或者用人单位所在地发生变化的，不改变争议仲裁的管辖。

第九条　仲裁委员会发现已受理案件不属于其管辖范围的，应当移送至有管辖权的仲裁委员会，并书面通知当事人。

对上述移送案件，受移送的仲裁委员会应当依法受理。受移送的仲裁委员会认为移送的案件按照规定不属于其管辖，或者仲裁委员会之间因管辖争议协商不成的，应当报请共同的上一级仲裁委员会主管部门指定管辖。

第十条　当事人提出管辖异议的，应当在答辩期满前书面提出。仲裁委员会应当审查当事人提出的管辖异议，异议成立的，将案件移送至有管辖权的仲裁委员会并书面通知当事人；异议不成立的，应当书面决定驳回。

当事人逾期提出的，不影响仲裁程序的进行。

第十一条　当事人申请回避，应当在案件开庭审理前提出，并说明理由。回避事由在案件开庭审理后知晓的，也可以在庭审辩论终结前提出。

当事人在庭审辩论终结后提出回避申请的，不影响仲裁程序的进行。

仲裁委员会应当在回避申请提出的三日内，以口头或者书面形式作出决定。以口头形式作出的，应当记入笔录。

第十二条　仲裁员、记录人员是否回避，由仲裁委员会主任或者其委托的仲裁院负责人决定。仲裁委员会主任担任案件仲裁员是否回避，由仲裁委员会决定。

在回避决定作出前，被申请回避的人员应当暂停参与该案处理，但因案件需要采取紧急措施的除外。

第十三条　当事人对自己提出的主张有责任提供证据。与争议事项有关的证据属于用人单位掌握管理的，用人单位应当提供；用人单位不提供的，应当承担不利后果。

第十四条　法律没有具体规定、按照本规则第十三条规定无法确定举证责任承担的，仲裁庭可以根据公平原则和诚实信用原则，综合当事人举证能力等因素确定举证责任的承担。

第十五条　承担举证责任的当事人应当在仲裁委员会指定的期限内提供有关证据。当事人在该期限内提供证据确有困难的，可以向仲裁委员会申请延长期限，仲裁委员会根据当事人的申请适当延长。当事人逾期提供证据的，仲裁委员会应当责令其说明理由；拒不说明理由或者理由不成立的，仲裁委员会可以根据不同情形不予采纳该证据，或者采纳该证据但予以训诫。

第十六条　当事人因客观原因不能自行收集的证据，仲裁委员会可以根据当事人的申请，参照民事诉讼有关规定予以收集；仲裁委员会认为有必要的，也可以决定参照民事诉讼有关规定予以收集。

第十七条　仲裁委员会依法调查取证时，有关单位和个人应当协助配合。

仲裁委员会调查取证时，不得少于两人，并应当向被调查对象出示工作证件和仲裁委员会出具的介绍信。

第十八条　争议处理中涉及证据形式、证据提交、证据交换、证据质证、证据认定等事项，本规则未规定的，可以参照民事诉讼证据规则的有关规定执行。

第十九条　仲裁期间包括法定期间和仲裁委员会指定期间。

仲裁期间的计算，本规则未规定的，仲裁委员会可以参照民事诉讼关于期间计算的有关规定执行。

第二十条　仲裁委员会送达仲裁文书必须有送达回证，由受送达人在送达回证上记明收到日期，并签名或者盖章。受送达人在送达回证上的签收日期为送达日期。

因企业停业等原因导致无法送达且劳动者一方在十人以上的，或者受送达人拒绝签收仲裁文书的，通过在受送达人住所留置、张贴仲裁文书，并采用拍照、录像等方式记录的，自留置、张贴之日起经过三日即视为送达，不受本条第一款的限制。

仲裁文书的送达方式，本规则未规定的，仲裁委员会可以参照民事诉讼关于送达方式的有关规定执行。

第二十一条　案件处理终结后，仲裁委员会应当将处理过程中形成的全部材料立卷归档。

第二十二条　仲裁案卷分正卷和副卷装订。

正卷包括：仲裁申请书、受理（不予受理）通知书、答辩书、当事人及其他仲裁参加人的身份证明材料、授权委托书、调查证据、勘验笔录、当事人提供的证据材料、委托鉴定材料、开庭通知、庭审笔录、延期通知书、撤回仲裁申请书、调解书、裁决书、决定书、案件移送函、送达回证等。

副卷包括：立案审批表、延期审理审批表、中止审理审批表、调查提纲、阅卷笔录、会议笔录、评议记录、结案审批表等。

第二十三条 仲裁委员会应当建立案卷查阅制度。对案卷正卷材料，应当允许当事人及其代理人依法查阅、复制。

第二十四条 仲裁裁决结案的案卷，保存期不少于十年；仲裁调解和其他方式结案的案卷，保存期不少于五年；国家另有规定的，从其规定。

保存期满后的案卷，应当按照国家有关档案管理的规定处理。

第二十五条 在仲裁活动中涉及国家秘密或者军事秘密的，按照国家或者军队有关保密规定执行。

当事人协议不公开或者涉及商业秘密和个人隐私的，经相关当事人书面申请，仲裁委员会应当不公开审理。

第三章 仲裁程序

第一节 申请和受理

第二十六条 本规则第二条第（一）、（三）、（四）、（五）项规定的争议，申请仲裁的时效期间为一年。仲裁时效期间从当事人知道或者应当知道其权利被侵害之日起计算。

本规则第二条第（二）项规定的争议，申请仲裁的时效期间适用公务员法有关规定。

劳动人事关系存续期间因拖欠劳动报酬发生争议的，劳动者申请仲裁不受本条第一款规定的仲裁时效期间的限制；但是，劳动人事关系终止的，应当自劳动人事关系终止之日起一年内提出。

第二十七条 在申请仲裁的时效期间内，有下列情形之一的，仲裁时效中断：

（一）一方当事人通过协商、申请调解等方式向对方当事人主张权利的；

（二）一方当事人通过向有关部门投诉，向仲裁委员会申请仲裁，向人民法院起诉或者申请支付令等方式请求权利救济的；

（三）对方当事人同意履行义务的。

从中断时起，仲裁时效期间重新计算。

第二十八条 因不可抗力，或者有无民事行为能力或者限制民事行为能力劳动者的法定代理人未确定等其他正当理由，当事人不能在规定的仲裁时效期间申请仲裁的，仲裁时效中止。从中止时效的原因消除之日起，仲裁时效期间继续计算。

第二十九条　申请人申请仲裁应当提交书面仲裁申请，并按照被申请人人数提交副本。

仲裁申请书应当载明下列事项：

（一）劳动者的姓名、性别、出生日期、身份证件号码、住所、通讯地址和联系电话，用人单位的名称、住所、通讯地址、联系电话和法定代表人或者主要负责人的姓名、职务；

（二）仲裁请求和所根据的事实、理由；

（三）证据和证据来源，证人姓名和住所。

书写仲裁申请确有困难的，可以口头申请，由仲裁委员会记入笔录，经申请人签名、盖章或者捺印确认。

对于仲裁申请书不规范或者材料不齐备的，仲裁委员会应当当场或者在五日内一次性告知申请人需要补正的全部材料。

仲裁委员会收取当事人提交的材料应当出具收件回执。

第三十条　仲裁委员会对符合下列条件的仲裁申请应当予以受理，并在收到仲裁申请之日起五日内向申请人出具受理通知书：

（一）属于本规则第二条规定的争议范围；

（二）有明确的仲裁请求和事实理由；

（三）申请人是与本案有直接利害关系的自然人、法人或者其他组织，有明确的被申请人；

（四）属于本仲裁委员会管辖范围。

第三十一条　对不符合本规则第三十条第（一）、（二）、（三）项规定之一的仲裁申请，仲裁委员会不予受理，并在收到仲裁申请之日起五日内向申请人出具不予受理通知书；对不符合本规则第三十条第（四）项规定的仲裁申请，仲裁委员会应当在收到仲裁申请之日起五日内，向申请人作出书面说明并告知申请人向有管辖权的仲裁委员会申请仲裁。

对仲裁委员会逾期未作出决定或者决定不予受理的，申请人可以就该争议事项向人民法院提起诉讼。

第三十二条　仲裁委员会受理案件后，发现不应当受理的，除本规则第九条规定外，应当撤销案件，并自决定撤销案件后五日内，以决定书的形式通知当事人。

第三十三条　仲裁委员会受理仲裁申请后，应当在五日内将仲裁申请书副本送达被申请人。

被申请人收到仲裁申请书副本后，应当在十日内向仲裁委员会提交答辩书。仲裁委员会收到答辩书后，应当在五日内将答辩书副本送达申请人。被申请人逾期未提交答辩书的，不影响仲裁程序的进行。

第三十四条　符合下列情形之一，申请人基于同一事实、理由和仲裁请求又申请仲裁的，仲裁委员会不予受理：

（一）仲裁委员会已经依法出具不予受理通知书的；

（二）案件已在仲裁、诉讼过程中或者调解书、裁决书、判决书已经发生法律效力的。

第三十五条　仲裁处理结果作出前，申请人可以自行撤回仲裁申请。申请人再次申请仲裁的，仲裁委员会应当受理。

第三十六条　被申请人可以在答辩期间提出反申请，仲裁委员会应当自收到被申请人反申请之日起五日内决定是否受理并通知被申请人。

决定受理的，仲裁委员会可以将反申请和申请合并处理。

反申请应当另行申请仲裁的，仲裁委员会应当书面告知被申请人另行申请仲裁；反申请不属于本规则规定应当受理的，仲裁委员会应当向被申请人出具不予受理通知书。

被申请人答辩期满后对申请人提出反申请的，应当另行申请仲裁。

第二节　开庭和裁决

第三十七条　仲裁委员会应当在受理仲裁申请之日起五日内组成仲裁庭并将仲裁庭的组成情况书面通知当事人。

第三十八条　仲裁庭应当在开庭五日前，将开庭日期、地点书面通知双方当事人。当事人有正当理由的，可以在开庭三日前请求延期开庭。是否延期，由仲裁委员会根据实际情况决定。

第三十九条　申请人收到书面开庭通知，无正当理由拒不到庭或者未经仲裁庭同意中途退庭的，可以按撤回仲裁申请处理；申请人重新申请仲裁的，仲裁委员会不予受理。被申请人收到书面开庭通知，无正当理由拒不到庭或者未经仲裁庭同意中途退庭的，仲裁庭可以继续开庭审理，并缺席裁决。

第四十条　当事人申请鉴定的，鉴定费由申请鉴定方先行垫付，案件处理终结后，由鉴定结果对其不利方负担。鉴定结果不明确的，由申请鉴定方负担。

第四十一条　开庭审理前，记录人员应当查明当事人和其他仲裁参与人是否到庭，宣布仲裁庭纪律。

开庭审理时，由仲裁员宣布开庭、案由和仲裁员、记录人员名单，核对当事人，告知当事人有关的权利义务，询问当事人是否提出回避申请。

开庭审理中，仲裁员应当听取申请人的陈述和被申请人的答辩，主持庭审调查、质证和辩论、征询当事人最后意见，并进行调解。

第四十二条　仲裁庭应当将开庭情况记入笔录。当事人或者其他仲裁参与人认为对自己陈述的记录有遗漏或者差错的，有权当庭申请补正。仲裁庭认为申请无理由或者无必要的，可以不予补正，但是应当记录该申请。

仲裁员、记录人员、当事人和其他仲裁参与人应当在庭审笔录上签名或者盖章。当事人或者其他仲裁参与人拒绝在庭审笔录上签名或者盖章的，仲裁庭应当记明情况附卷。

第四十三条　仲裁参与人和其他人应当遵守仲裁庭纪律，不得有下列行为：

（一）未经准许进行录音、录像、摄影；

（二）未经准许以移动通信等方式现场传播庭审活动；

（三）其他扰乱仲裁庭秩序、妨害审理活动进行的行为。

仲裁参与人或者其他人有前款规定的情形之一的，仲裁庭可以训诫、责令退出仲裁庭，也可以暂扣进行录音、录像、摄影、传播庭审活动的器材，并责令其删除有关内容。拒不删除的，可以采取必要手段强制删除，并将上述事实记入庭审笔录。

第四十四条　申请人在举证期限届满前可以提出增加或者变更仲裁请求；仲裁庭对申请人增加或者变更的仲裁请求审查后认为应当受理的，应当通知被申请人并给予答辩期，被申请人明确表示放弃答辩期的除外。

申请人在举证期限届满后提出增加或者变更仲裁请求的，应当另行申请仲裁。

第四十五条　仲裁庭裁决案件，应当自仲裁委员会受理仲裁申请之日起四十五日内结束。案情复杂需要延期的，经仲裁委员会主任或者其委托的仲裁院负责人书面批准，可以延期并书面通知当事人，但延长期限不得超过十五日。

第四十六条　有下列情形的，仲裁期限按照下列规定计算：

（一）仲裁庭追加当事人或者第三人的，仲裁期限从决定追加之日起重新计算；

（二）申请人需要补正材料的，仲裁委员会收到仲裁申请的时间从材料补正之日起重新计算；

（三）增加、变更仲裁请求的，仲裁期限从受理增加、变更仲裁请求之日起重新计算；

（四）仲裁申请和反申请合并处理的，仲裁期限从受理反申请之日起重新计算；

（五）案件移送管辖的，仲裁期限从接受移送之日起重新计算；

（六）中止审理期间、公告送达期间不计入仲裁期限内；

（七）法律、法规规定应当另行计算的其他情形。

第四十七条　有下列情形之一的，经仲裁委员会主任或者其委托的仲裁院负责人批准，可以中止案件审理，并书面通知当事人：

（一）劳动者一方当事人死亡，需要等待继承人表明是否参加仲裁的；

（二）劳动者一方当事人丧失民事行为能力，尚未确定法定代理人参加仲裁的；

（三）用人单位终止，尚未确定权利义务承继者的；

（四）一方当事人因不可抗拒的事由，不能参加仲裁的；

（五）案件审理需要以其他案件的审理结果为依据，且其他案件尚未审结的；

（六）案件处理需要等待工伤认定、伤残等级鉴定以及其他鉴定结论的；

（七）其他应当中止仲裁审理的情形。

中止审理的情形消除后，仲裁庭应当恢复审理。

第四十八条　当事人因仲裁庭逾期未作出仲裁裁决而向人民法院提起诉讼并立案受理的，仲裁委员会应当决定该案件终止审理；当事人未就该争议事项向人民法院提起诉讼的，仲裁委员会应当继续处理。

第四十九条　仲裁庭裁决案件时，其中一部分事实已经清楚的，可以就该部分先行裁决。当事人对先行裁决不服的，可以按照调解仲裁法有关规定处理。

第五十条　仲裁庭裁决案件时，申请人根据调解仲裁法第四十七条第（一）项规定，追索劳动报酬、工伤医疗费、经济补偿或者赔偿金，如果仲裁裁决涉及数项，对单项裁决数额不超过当地月最低工资标准十二个月金额的事项，应当适用终局裁决。

前款经济补偿包括《中华人民共和国劳动合同法》（以下简称劳动合同法）规定的竞业限制期限内给予的经济补偿、解除或者终止劳动合同的经济补偿等；赔偿金包括劳动合同法规定的未签订书面劳动合同第二倍工资、违法约定试用期的赔偿金、违法解除或者终止劳动合同的赔偿金等。

根据调解仲裁法第四十七条第（二）项的规定，因执行国家的劳动标准在工作时间、休息休假、社会保险等方面发生的争议，应当适用终局裁决。

仲裁庭裁决案件时，裁决内容同时涉及终局裁决和非终局裁决的，应当分别制作裁决书，并告知当事人相应的救济权利。

第五十一条　仲裁庭对追索劳动报酬、工伤医疗费、经济补偿或者赔偿金的案件，根据当事人的申请，可以裁决先予执行，移送人民法院执行。

仲裁庭裁决先予执行的，应当符合下列条件：

（一）当事人之间权利义务关系明确；

（二）不先予执行将严重影响申请人的生活。

劳动者申请先予执行的，可以不提供担保。

第五十二条　裁决应当按照多数仲裁员的意见作出，少数仲裁员的不同意见应当记入笔录。仲裁庭不能形成多数意见时，裁决应当按照首席仲裁员的意见作出。

第五十三条　裁决书应当载明仲裁请求、争议事实、裁决理由、裁决结果、当事人权利和裁决日期。裁决书由仲裁员签名，加盖仲裁委员会印章。对裁决持不同意见的仲裁员，可以签名，也可以不签名。

第五十四条　对裁决书中的文字、计算错误或者仲裁庭已经裁决但在裁决书中遗漏的事项，仲裁庭应当及时制作决定书予以补正并送达当事人。

第五十五条　当事人对裁决不服向人民法院提起诉讼的，按照调解仲裁法有关规定处理。

第三节　简易处理

第五十六条　争议案件符合下列情形之一的，可以简易处理：

（一）事实清楚、权利义务关系明确、争议不大的；

（二）标的额不超过本省、自治区、直辖市上年度职工年平均工资的；

（三）双方当事人同意简易处理的。

仲裁委员会决定简易处理的，可以指定一名仲裁员独任仲裁，并应当告知当事人。

第五十七条　争议案件有下列情形之一的，不得简易处理：

（一）涉及国家利益、社会公共利益的；

（二）有重大社会影响的；

（三）被申请人下落不明的；

（四）仲裁委员会认为不宜简易处理的。

第五十八条　简易处理的案件，经与被申请人协商同意，仲裁庭可以缩短或者取消答辩期。

第五十九条　简易处理的案件，仲裁庭可以用电话、短信、传真、电子邮件等简便方式送达仲裁文书，但送达调解书、裁决书除外。

以简便方式送达的开庭通知，未经当事人确认或者没有其他证据证明当事人已经收到的，仲裁庭不得按撤回仲裁申请处理或者缺席裁决。

第六十条　简易处理的案件，仲裁庭可以根据案件情况确定举证期限、开庭日期、审理程序、文书制作等事项，但应当保障当事人陈述意见的权利。

第六十一条　仲裁庭在审理过程中，发现案件不宜简易处理的，应当在仲裁期限届满前决定转为按照一般程序处理，并告知当事人。

案件转为按照一般程序处理的，仲裁期限自仲裁委员会受理仲裁申请之日起计算，双方当事人已经确认的事实，可以不再进行举证、质证。

第四节　集体劳动人事争议处理

第六十二条　处理劳动者一方在十人以上并有共同请求的争议案件，或者因履行集体合同发生的劳动争议案件，适用本节规定。

符合本规则第五十六条第一款规定情形之一的集体劳动人事争议案件，可以简易处理，不受本节规定的限制。

第六十三条　发生劳动者一方在十人以上并有共同请求的争议的，劳动者可以推举三至五名代表参加仲裁活动。代表人参加仲裁的行为对其所代表的当事人发生效力，但代表人变更、放弃仲裁请求或者承认对方当事人的仲裁请求，进行和解，必须经被代表的当事人同意。

因履行集体合同发生的劳动争议，经协商解决不成的，工会可以依法申请仲裁；尚未建立工会的，由上级工会指导劳动者推举产生的代表依法申请仲裁。

第六十四条　仲裁委员会应当自收到当事人集体劳动人事争议仲裁申请之日起五日内作出受理或者不予受理的决定。决定受理的，应当自受理之日起五日内将仲裁庭组成人员、答辩期限、举证期限、开庭日期和地点等事项一次性通知当事人。

第六十五条　仲裁委员会处理集体劳动人事争议案件，应当由三名仲裁员组成仲裁庭，设首席仲裁员。

仲裁委员会处理因履行集体合同发生的劳动争议，应当按照三方原则组成仲裁庭处理。

第六十六条　仲裁庭处理集体劳动人事争议，开庭前应当引导当事人自行协商，或者先行调解。

仲裁庭处理集体劳动人事争议案件，可以邀请法律工作者、律师、专家学者等第三方共同参与调解。

协商或者调解未能达成协议的，仲裁庭应当及时裁决。

第六十七条　仲裁庭开庭场所可以设在发生争议的用人单位或者其他便于及时处理争议的地点。

第四章　调解程序

第一节　仲裁调解

第六十八条　仲裁委员会处理争议案件，应当坚持调解优先，引导当事人通过协商、调解方式解决争议，给予必要的法律释明以及风险提示。

第六十九条　对未经调解、当事人直接申请仲裁的争议，仲裁委员会可以向当事人发出调解建议书，引导其到调解组织进行调解。当事人同意先行调解的，应当暂缓受理；当事人不同意先行调解的，应当依法受理。

第七十条　开庭之前，经双方当事人同意，仲裁庭可以委托调解组织或者其他具有调解能力的组织、个人进行调解。

自当事人同意之日起十日内未达成调解协议的，应当开庭审理。

第七十一条　仲裁庭审理争议案件时，应当进行调解。必要时可以邀请有关单位、组织或者个人参与调解。

第七十二条　仲裁调解达成协议的，仲裁庭应当制作调解书。

调解书应当写明仲裁请求和当事人协议的结果。调解书由仲裁员签名，加盖仲裁委员会印章，送达双方当事人。调解书经双方当事人签收后，发生法律效力。

调解不成或者调解书送达前，一方当事人反悔的，仲裁庭应当及时作出裁决。

第七十三条　当事人就部分仲裁请求达成调解协议的，仲裁庭可以就该部分先行出具调解书。

第二节 调解协议的仲裁审查

第七十四条 经调解组织调解达成调解协议的，双方当事人可以自调解协议生效之日起十五日内，共同向有管辖权的仲裁委员会提出仲裁审查申请。

当事人申请审查调解协议，应当向仲裁委员会提交仲裁审查申请书、调解协议和身份证明、资格证明以及其他与调解协议相关的证明材料，并提供双方当事人的送达地址、电话号码等联系方式。

第七十五条 仲裁委员会收到当事人仲裁审查申请，应当及时决定是否受理。决定受理的，应当出具受理通知书。

有下列情形之一的，仲裁委员会不予受理：

（一）不属于仲裁委员会受理争议范围的；

（二）不属于本仲裁委员会管辖的；

（三）超出规定的仲裁审查申请期间的；

（四）确认劳动关系的；

（五）调解协议已经人民法院司法确认的。

第七十六条 仲裁委员会审查调解协议，应当自受理仲裁审查申请之日起五日内结束。因特殊情况需要延期的，经仲裁委员会主任或者其委托的仲裁院负责人批准，可以延长五日。

调解书送达前，一方或者双方当事人撤回仲裁审查申请的，仲裁委员会应当准许。

第七十七条 仲裁委员会受理仲裁审查申请后，应当指定仲裁员对调解协议进行审查。

仲裁委员会经审查认为调解协议的形式和内容合法有效的，应当制作调解书。调解书的内容应当与调解协议的内容相一致。调解书经双方当事人签收后，发生法律效力。

第七十八条 调解协议具有下列情形之一的，仲裁委员会不予制作调解书：

（一）违反法律、行政法规强制性规定的；

（二）损害国家利益、社会公共利益或者公民、法人、其他组织合法权益的；

（三）当事人提供证据材料有弄虚作假嫌疑的；

（四）违反自愿原则的；

（五）内容不明确的；

（六）其他不能制作调解书的情形。

仲裁委员会决定不予制作调解书的，应当书面通知当事人。

第七十九条 当事人撤回仲裁审查申请或者仲裁委员会决定不予制作调解书的，应当终止仲裁审查。

第五章 附则

第八十条 本规则规定的“三日”、“五日”、“十日”指工作日，“十五日”、“四十五日”指自然日。

第八十一条 本规则自2017年7月1日起施行。2009年1月1日人力资源社会保障部公布的《劳动人事争议仲裁办案规则》（人力资源和社会保障部令第2号）同时废止。

劳动人事争议仲裁组织规则

中华人民共和国人力资源和社会保障部令第34号

《劳动人事争议仲裁组织规则》已经2017年4月24日人力资源和社会保障部第123次部务会审议通过，现予公布，自2017年7月1日起施行。

部长　尹蔚民

2017年5月8日

第一章　总则

第一条　为公正及时处理劳动人事争议（以下简称争议），根据《中华人民共和国劳动争议调解仲裁法》（以下简称调解仲裁法）和《中华人民共和国公务员法》、《事业单位人事管理条例》、《中国人民解放军文职人员条例》等有关法律、法规，制定本规则。

第二条　劳动人事争议仲裁委员会（以下简称仲裁委员会）由人民政府依法设立，专门处理争议案件。

第三条　人力资源社会保障行政部门负责指导本行政区域的争议调解仲裁工作，组织协调处理跨地区、有影响的重大争议，负责仲裁员的管理、培训等工作。

第二章　仲裁委员会及其办事机构

第四条　仲裁委员会按照统筹规划、合理布局和适应实际需要的原则设立，由省、自治区、直辖市人民政府依法决定。

第五条　仲裁委员会由干部主管部门代表、人力资源社会保障等相关行政部门代表、军队文职人员工作管理部门代表、工会代表和用人单位方面代表等组成。

仲裁委员会组成人员应当是单数。

第六条　仲裁委员会设主任一名，副主任和委员若干名。

仲裁委员会主任由政府负责人或者人力资源社会保障行政部门主要负责人担任。

第七条　仲裁委员会依法履行下列职责：

（一）聘任、解聘专职或者兼职仲裁员；

（二）受理争议案件；

（三）讨论重大或者疑难的争议案件；

（四）监督本仲裁委员会的仲裁活动；

（五）制定本仲裁委员会的工作规则；

（六）其他依法应当履行的职责。

第八条　仲裁委员会应当每年至少召开两次全体会议，研究本仲裁委员会职责履行情况和重要工作事项。

仲裁委员会主任或者三分之一以上的仲裁委员会组成人员提议召开仲裁委员会会议的，应当召开。

仲裁委员会的决定实行少数服从多数原则。

第九条　仲裁委员会下设实体化的办事机构，具体承担争议调解仲裁等日常工作。办事机构称为劳动人事争议仲裁院（以下简称仲裁院），设在人力资源社会保障行政部门。

仲裁院对仲裁委员会负责并报告工作。

第十条　仲裁委员会的经费依法由财政予以保障。仲裁经费包括人员经费、公用经费、仲裁专项经费等。

仲裁院可以通过政府购买服务等方式聘用记录人员、安保人员等办案辅助人员。

第十一条　仲裁委员会组成单位可以派兼职仲裁员常驻仲裁院，参与争议调解仲裁活动。

第三章　仲裁庭

第十二条　仲裁委员会处理争议案件实行仲裁庭制度，实行一案一庭制。

仲裁委员会可以根据案件处理实际需要设立派驻仲裁庭、巡回仲裁庭、流动仲裁庭，就近就地处理争议案件。

第十三条　处理下列争议案件应当由三名仲裁员组成仲裁庭，设首席仲裁员：

（一）十人以上并有共同请求的争议案件；

（二）履行集体合同发生的争议案件；

（三）有重大影响或者疑难复杂的争议案件；

（四）仲裁委员会认为应当由三名仲裁员组庭处理的其他争议案件。

简单争议案件可以由一名仲裁员独任仲裁。

第十四条　记录人员负责案件庭审记录等相关工作。

记录人员不得由本庭仲裁员兼任。

第十五条　仲裁庭组成不符合规定的，仲裁委员会应当予以撤销并重新组庭。

第十六条　仲裁委员会应当有专门的仲裁场所。仲裁场所应当悬挂仲裁徽章，张贴仲裁庭纪律及注意事项等，并配备仲裁庭专业设备、档案储存设备、安全监控设备和安检设施等。

第十七条　仲裁工作人员在仲裁活动中应当统一着装，佩戴仲裁徽章。

第四章 仲裁员

第十八条 仲裁员是由仲裁委员会聘任、依法调解和仲裁争议案件的专业工作人员。

仲裁员分为专职仲裁员和兼职仲裁员。专职仲裁员和兼职仲裁员在调解仲裁活动中享有同等权利，履行同等义务。

兼职仲裁员进行仲裁活动，所在单位应当予以支持。

第十九条 仲裁委员会应当依法聘任一定数量的专职仲裁员，也可以根据办案工作需要，依法从干部主管部门、人力资源社会保障行政部门、军队文职人员工作管理部门、工会、企业组织等相关机构的人员以及专家学者、律师中聘任兼职仲裁员。

第二十条 仲裁员享有以下权利：

（一）履行职责应当具有的职权和工作条件；

（二）处理争议案件不受干涉；

（三）人身、财产安全受到保护；

（四）参加聘前培训和在职培训；

（五）法律、法规规定的其他权利。

第二十一条 仲裁员应当履行以下义务：

（一）依法处理争议案件；

（二）维护国家利益和公共利益，保护当事人合法权益；

（三）严格执行廉政规定，恪守职业道德；

（四）自觉接受监督；

（五）法律、法规规定的其他义务。

第二十二条 仲裁委员会聘任仲裁员时，应当从符合调解仲裁法第二十条规定的仲裁员条件的人员中选聘。

仲裁委员会应当根据工作需要，合理配备专职仲裁员和办案辅助人员。专职仲裁员数量不得少于三名，办案辅助人员不得少于一名。

第二十三条 仲裁委员会应当设仲裁员名册，并予以公告。

省、自治区、直辖市人力资源社会保障行政部门应当将本行政区域内仲裁委员会聘任的仲裁员名单报送人力资源社会保障部备案。

第二十四条 仲裁员聘期一般为五年。仲裁委员会负责仲裁员考核，考核结果作为解聘和续聘仲裁员的依据。

第二十五条 仲裁委员会应当制定仲裁员工作绩效考核标准，重点考核办案质量和效率、工作作风、遵纪守法情况等。考核结果分为优秀、合格、不合格。

第二十六条 仲裁员有下列情形之一的，仲裁委员会应当予以解聘：

（一）聘期届满不再续聘的；

（二）在聘期内因工作岗位变动或者其他原因不再履行仲裁员职责的；

（三）年度考核不合格的；

（四）因违纪、违法犯罪不能继续履行仲裁员职责的；

（五）其他应当解聘的情形。

第二十七条　人力资源社会保障行政部门负责对拟聘任的仲裁员进行聘前培训。

拟聘为省、自治区、直辖市仲裁委员会仲裁员及副省级市仲裁委员会仲裁员的，参加人力资源社会保障部组织的聘前培训；拟聘为地（市）、县（区）仲裁委员会仲裁员的，参加省、自治区、直辖市人力资源社会保障行政部门组织的仲裁员聘前培训。

第二十八条　人力资源社会保障行政部门负责每年对本行政区域内的仲裁员进行政治思想、职业道德、业务能力和作风建设培训。

仲裁员每年脱产培训的时间累计不少于四十学时。

第二十九条　仲裁委员会应当加强仲裁员作风建设，培育和弘扬具有行业特色的仲裁文化。

第三十条　人力资源社会保障部负责组织制定仲裁员培训大纲，开发培训教材，建立师资库和考试题库。

第三十一条　建立仲裁员职业保障机制，拓展仲裁员职业发展空间。

第五章　仲裁监督

第三十二条　仲裁委员会应当建立仲裁监督制度，对申请受理、办案程序、处理结果、仲裁工作人员行为等进行监督。

第三十三条　仲裁员不得有下列行为：

（一）徇私枉法，偏袒一方当事人；

（二）滥用职权，侵犯当事人合法权益；

（三）利用职权为自己或者他人谋取私利；

（四）隐瞒证据或者伪造证据；

（五）私自会见当事人及其代理人，接受当事人及其代理人的请客送礼；

（六）故意拖延办案、玩忽职守；

（七）泄露案件涉及的国家秘密、商业秘密和个人隐私或者擅自透露案件处理情况；

（八）在受聘期间担任所在仲裁委员会受理案件的代理人；

（九）其他违法违纪的行为。

第三十四条　仲裁员有本规则第三十三条规定情形的，仲裁委员会视情节轻重，给予批评教育、解聘等处理；被解聘的，五年内不得再次被聘为仲裁员。仲裁员所在单位根据国家有关规定对其给予处分；构成犯罪的，依法追究刑事责任。

第三十五条　记录人员等办案辅助人员应当认真履行职责，严守工作纪律，不得有玩忽职守、偏袒一方当事人、泄露案件涉及的国家秘密、商业秘密和个人隐私或者擅自透露案件处理情况等行为。

办案辅助人员违反前款规定的，应当按照有关法律法规和本规则第三十四条的规定处理。

第六章 附则

第三十六条 被聘任为仲裁员的，由人力资源社会保障部统一免费发放仲裁员证和仲裁徽章。

第三十七条 仲裁委员会对被解聘、辞职以及其他原因不再聘任的仲裁员，应当及时收回仲裁员证和仲裁徽章，并予以公告。

第三十八条 本规则自2017年7月1日起施行。2010年1月20日人力资源社会保障部公布的《劳动人事争议仲裁组织规则》（人力资源和社会保障部令第5号）同时废止。

企业劳动争议协商调解规定

中华人民共和国人力资源和社会保障部令第17号

《企业劳动争议协商调解规定》已经人力资源和社会保障部第76次部务会审议通过，现予公布，自2012年1月1日起施行。

部长 尹蔚民

二〇一一年十一月三十日

第一章 总则

第一条 为规范企业劳动争议协商、调解行为，促进劳动关系和谐稳定，根据《中华人民共和国劳动争议调解仲裁法》，制定本规定。

第二条 企业劳动争议协商、调解，适用本规定。

第三条 企业应当依法执行职工大会、职工代表大会、厂务公开等民主管理制度，建立集体协商、集体合同制度，维护劳动关系和谐稳定。

第四条 企业应当建立劳资双方沟通对话机制，畅通劳动者利益诉求表达渠道。

劳动者认为企业在履行劳动合同、集体合同，执行劳动保障法律、法规和企业劳动规章制度等方面存在问题的，可以向企业劳动争议调解委员会（以下简称调解委员会）提出。调解委员会应当及时核实情况，协调企业进行整改或者向劳动者做出说明。

劳动者也可以通过调解委员会向企业提出其他合理诉求。调解委员会应当及时向企业转达，并向劳动者反馈情况。

第五条 企业应当加强对劳动者的人文关怀，关心劳动者的诉求，关注劳动者的心理健康，引导劳动者理性维权，预防劳动争议发生。

第六条 协商、调解劳动争议，应当根据事实和有关法律法规的规定，遵循平等、自愿、合法、公正、及时的原则。

第七条 人力资源和社会保障行政部门应当指导企业开展劳动争议预防调解工作，具体履行下列职责：

（一）指导企业遵守劳动保障法律、法规和政策；

（二）督促企业建立劳动争议预防预警机制；

（三）协调工会、企业代表组织建立企业重大集体性劳动争议应急调解协调机制，共同推动企业劳动争议预防调解工作；

（四）检查辖区内调解委员会的组织建设、制度建设和队伍建设情况。

第二章 协商

第八条 发生劳动争议，一方当事人可以通过与另一方当事人约见、面谈等方式协商解决。

第九条　劳动者可以要求所在企业工会参与或者协助其与企业进行协商。工会也可以主动参与劳动争议的协商处理，维护劳动者合法权益。

劳动者可以委托其他组织或者个人作为其代表进行协商。

第十条　一方当事人提出协商要求后，另一方当事人应当积极做出口头或者书面回应。5日内不做出回应的，视为不愿协商。协商的期限由当事人书面约定，在约定的期限内没有达成一致的，视为协商不成。当事人可以书面约定延长期限。

第十一条　协商达成一致，应当签订书面和解协议。和解协议对双方当事人具有约束力，当事人应当履行。

经仲裁庭审查，和解协议程序和内容合法有效的，仲裁庭可以将其作为证据使用。但是，当事人为达成和解的目的作出妥协所涉及的对争议事实的认可，不得在其后的仲裁中作为对其不利的证据。

第十二条　发生劳动争议，当事人不愿协商、协商不成或者达成和解协议后，一方当事人在约定的期限内不履行和解协议的，可以依法向调解委员会或者乡镇、街道劳动就业社会保障服务所（中心）等其他依法设立的调解组织申请调解，也可以依法向劳动人事争议仲裁委员会（以下简称仲裁委员会）申请仲裁。

第三章　调解

第十三条　大中型企业应当依法设立调解委员会，并配备专职或者兼职工作人员。

有分公司、分店、分厂的企业，可以根据需要在分支机构设立调解委员会。总部调解委员会指导分支机构调解委员会开展劳动争议预防调解工作。

调解委员会可以根据需要在车间、工段、班组设立调解小组。

第十四条　小微型企业可以设立调解委员会，也可以由劳动者和企业共同推举人员，开展调解工作。

第十五条　调解委员会由劳动者代表和企业代表组成，人数由双方协商确定，双方人数应当对等。劳动者代表由工会委员会成员担任或者由全体劳动者推举产生，企业代表由企业负责人指定。调解委员会主任由工会委员会成员或者双方推举的人员担任。

第十六条　调解委员会履行下列职责：

（一）宣传劳动保障法律、法规和政策；

（二）对本企业发生的劳动争议进行调解；

（三）监督和解协议、调解协议的履行；

（四）聘任、解聘和管理调解员；

（五）参与协调履行劳动合同、集体合同、执行企业劳动规章制度等方面出现的问题；

（六）参与研究涉及劳动者切身利益的重大方案；

（七）协助企业建立劳动争议预防预警机制。

第十七条 调解员履行下列职责：

（一）关注本企业劳动关系状况，及时向调解委员会报告；

（二）接受调解委员会指派，调解劳动争议案件；

（三）监督和解协议、调解协议的履行；

（四）完成调解委员会交办的其他工作。

第十八条 调解员应当公道正派、联系群众、热心调解工作，具有一定劳动保障法律政策知识和沟通协调能力。调解员由调解委员会聘任的本企业工作人员担任，调解委员会成员均为调解员。

第十九条 调解员的聘期至少为1年，可以续聘。调解员不能履行调解职责时，调解委员会应当及时调整。

第二十条 调解员依法履行调解职责，需要占用生产或者工作时间的，企业应当予以支持，并按照正常出勤对待。

第二十一条 发生劳动争议，当事人可以口头或者书面形式向调解委员会提出调解申请。

申请内容应当包括申请人基本情况、调解请求、事实与理由。

口头申请的，调解委员会应当当场记录。

第二十二条 调解委员会接到调解申请后，对属于劳动争议受理范围且双方当事人同意调解的，应当在3个工作日内受理。对不属于劳动争议受理范围或者一方当事人不同意调解的，应当做好记录，并书面通知申请人。

第二十三条 发生劳动争议，当事人没有提出调解申请，调解委员会可以在征得双方当事人同意后主动调解。

第二十四条 调解委员会调解劳动争议一般不公开进行。但是，双方当事人要求公开调解的除外。

第二十五条 调解委员会根据案件情况指定调解员或者调解小组进行调解，在征得当事人同意后，也可以邀请有关单位和个人协助调解。

调解员应当全面听取双方当事人的陈述，采取灵活多样的方式方法，开展耐心、细致的说服疏导工作，帮助当事人自愿达成调解协议。

第二十六条 经调解达成调解协议的，由调解委员会制作调解协议书。调解协议书应当写明双方当事人基本情况、调解请求事项、调解的结果和协议履行期限、履行方式等。

调解协议书由双方当事人签名或者盖章，经调解员签名并加盖调解委员会印章后生效。

调解协议书一式三份，双方当事人和调解委员会各执一份。

第二十七条 生效的调解协议对双方当事人具有约束力，当事人应当履行。

双方当事人可以自调解协议生效之日起15日内共同向仲裁委员会提出仲裁审查申请。仲裁委员会受理后，应当对调解协议进行审查，并根据《劳动人事争议仲裁办案规则》第五十四条规定，对程序和内容合法有效的调解协议，出具调解书。

第二十八条　双方当事人未按前条规定提出仲裁审查申请，一方当事人在约定的期限内不履行调解协议的，另一方当事人可以依法申请仲裁。

仲裁委员会受理仲裁申请后，应当对调解协议进行审查，调解协议合法有效且不损害公共利益或者第三人合法利益的，在没有新证据出现的情况下，仲裁委员会可以依据调解协议作出仲裁裁决。

第二十九条　调解委员会调解劳动争议，应当自受理调解申请之日起15日内结束。但是，双方当事人同意延期的可以延长。

在前款规定期限内未达成调解协议的，视为调解不成。

第三十条　当事人不愿调解、调解不成或者达成调解协议后，一方当事人在约定的期限内不履行调解协议的，调解委员会应当做好记录，由双方当事人签名或者盖章，并书面告知当事人可以向仲裁委员会申请仲裁。

第三十一条　有下列情形之一的，按照《劳动人事争议仲裁办案规则》第十条的规定属于仲裁时效中断，从中断时起，仲裁时效期间重新计算：

（一）一方当事人提出协商要求后，另一方当事人不同意协商或者在5日内不做出回应的；

（二）在约定的协商期限内，一方或者双方当事人不同意继续协商的；

（三）在约定的协商期限内未达成一致的；

（四）达成和解协议后，一方或者双方当事人在约定的期限内不履行和解协议的；

（五）一方当事人提出调解申请后，另一方当事人不同意调解的；

（六）调解委员会受理调解申请后，在第二十九条规定的期限内一方或者双方当事人不同意调解的；

（七）在第二十九条规定的期限内未达成调解协议的；

（八）达成调解协议后，一方当事人在约定期限内不履行调解协议的。

第三十二条　调解委员会应当建立健全调解登记、调解记录、督促履行、档案管理、业务培训、统计报告、工作考评等制度。

第三十三条　企业应当支持调解委员会开展调解工作，提供办公场所，保障工作经费。

第三十四条　企业未按照本规定成立调解委员会，劳动争议或者群体性事件频发，影响劳动关系和谐，造成重大社会影响的，由县级以上人力资源和社会保障行政部门予以通报；违反法律法规规定的，依法予以处理。

第三十五条　调解员在调解过程中存在严重失职或者违法违纪行为，侵害当事人合法权益的，调解委员会应当予以解聘。

第四章 附则

第三十六条 民办非企业单位、社会团体开展劳动争议协商、调解工作参照本规定执行。

第三十七条 本规定自2012年1月1日起施行。

事业单位工作人员申诉规定

（中共中央组织部、人力资源和社会保障部2014年6月27日发布）

第一章 总则

第一条 为保障事业单位工作人员合法权益，依法处理事业单位工作人员的申诉，促进事业单位及其主管部门依法行使职权，根据《事业单位人事管理条例》，制定本规定。

第二条 事业单位工作人员对涉及本人的人事处理不服的，可以依照本规定申请复核；对复核结果不服的，可以依照本规定提出申诉、再申诉。

法律法规对事业单位工作人员申诉另有规定的，从其规定。

各级党委管理的事业单位领导人员的申诉，依照干部人事管理权限，按照有关规定办理。

第三条 处理事业单位工作人员申诉，应当坚持合法、公正、公平、及时的原则，依照规定的权限、条件和程序进行。

第四条 事业单位工作人员提出申诉，应当以事实为依据，不得捏造事实，诬告、陷害他人。

第五条 复核、申诉、再申诉期间不停止人事处理的执行。

事业单位工作人员不因申请复核或者提出申诉、再申诉而被加重处理。

第六条 复核、申诉、再申诉应当由事业单位工作人员本人申请。本人丧失行为能力、部分丧失行为能力或者死亡的，可以由其近亲属或监护人代为申请。

第二章 管辖

第七条 事业单位工作人员对人事处理不服申请复核的，由原处理单位管辖。

第八条 事业单位工作人员对中央和地方直属事业单位作出的复核决定不服提出的申诉，由同级事业单位人事综合管理部门管辖。

事业单位工作人员对中央和地方各部门所属事业单位作出的复核决定不服提出的申诉，由主管部门管辖。

事业单位工作人员对主管部门或者其他有关部门作出的复核决定不服提出的申诉，由同级事业单位人事综合管理部门管辖。

事业单位工作人员对乡镇党委和人民政府作出的复核决定不服提出的申诉，由县级事业单位人事综合管理部门管辖。

第九条 事业单位工作人员对主管部门作出的申诉处理决定不服提出的再申诉，由同级事业单位人事综合管理部门管辖。

事业单位工作人员对市级、县级事业单位人事综合管理部门作出的申诉处理决定不服提出的再申诉，由上一级事业单位人事综合管理部门管辖。

第十条 事业单位工作人员对中央垂直管理部门省级以下机关作出的复核决定不服提出的申诉，由上一级机关管辖；对申诉处理决定不服提出的再申诉，由作出申诉处理决定机关的同级事业单位人事综合管理部门或者上一级机关管辖。

第三章 申请与受理

第十一条 事业单位工作人员对涉及本人的下列人事处理不服，可以申请复核或者提出申诉、再申诉：

（一）处分；

（二）清退违规进人；

（三）撤销奖励；

（四）考核定为基本合格或者不合格；

（五）未按国家规定确定或者扣减工资福利待遇；

（六）法律、法规、规章规定可以提出申诉的其他人事处理。

第十二条 申请复核或者提出申诉、再申诉的时效期间为三十日。复核的时效期间自申请人知道或者应当知道人事处理之日起计算；申诉、再申诉的时效期间自申请人收到复核决定、申诉处理决定之日起计算。

因不可抗力或者有其他正当理由，当事人不能在本条规定的时效期间内申请复核或者提出申诉、再申诉的，经受理机关批准可以延长期限。

第十三条 申请人申请复核和提出申诉、再申诉，应当提交申请书，同时提交原人事处理决定、复核决定或者申诉处理决定等材料的复印件。申请书可以通过当面提交、邮寄或者传真等方式提出。

申请人当面递交申请书的，受理单位应当场出具收件回执。

第十四条 申请书应当载明下列内容：

（一）申请人的姓名、出生年月、单位、岗位、政治面貌、联系方式、住址及其他基本情况；

（二）原处理单位的名称、地址、联系方式；

（三）复核、申诉、再申诉的事项、理由和要求；

（四）申请日期。

第十五条 受理单位应当对申请人提交的申请书是否符合受理条件进行审查，在接到申请书之日起十五日内，作出受理或者不予受理的决定，并以书面形式通知申请人。不予受理的，应当说明理由。

第十六条 符合以下条件的复核、申诉、再申诉，应予受理：

（一）申请人符合本规定第六条的规定；

（二）复核、申诉、再申诉事项属于本规定第十一条规定的受理范围；

（三）在规定的期限内提出；

（四）属于受理单位管辖范围；

（五）材料齐备。

凡不符合上述条件之一的，不予受理。申请材料不齐备的，应当一次性告知申请人所需补正的全部材料，申请人按照要求补正全部材料的，应予受理。

第十七条　在处理决定作出前，申请人可以以书面形式提出撤回复核、申诉、再申诉的申请。

受理单位在接到申请人关于撤回复核、申诉、再申诉的书面申请后，可以决定终结处理工作。

终结复核决定应当以书面形式告知申请人；终结申诉处理决定应以书面形式告知申请人和原处理单位；终结再申诉处理决定应当以书面形式告知申请人、申诉受理单位和原处理单位。

第四章　审理与决定

第十八条　受理复核申请的单位应当自接到申请书之日起三十日内作出维持、撤销或者变更原人事处理的复核决定，并以书面形式通知申请人。

受理申诉、再申诉申请的单位应当自决定受理之日起六十日内作出处理决定。案情复杂的，可以适当延长，但是延长期限不得超过三十日。

第十九条　受理申诉、再申诉的单位应当组成申诉公正委员会审理案件。

申诉公正委员会由受理申诉、再申诉的单位相关工作人员组成，必要时可以吸收其他相关人员参加。申诉公正委员会组成人数应当是单数，不得少于三人。申诉公正委员会负责人一般由主管申诉、再申诉工作的单位负责人或者负责申诉、再申诉的工作机构负责人担任。

第二十条　受理申诉、再申诉的单位有权要求有关单位提交答辩材料，有权对申诉、再申诉事项进行相关调查。

调查应当由两名以上工作人员进行，接受调查的单位或者个人有配合调查的义务，应当如实提供情况和证据。

第二十一条　申诉公正委员会应当根据调查情况对下列事项进行审议：

（一）原人事处理认定的事实是否存在、清楚，证据是否确实充分；

（二）原人事处理适用的法律、法规、规章和有关规定是否正确；

（三）原人事处理的程序是否符合规定；

（四）原人事处理是否显失公正；

（五）被申诉单位有无超越或者滥用职权的情形；

（六）其他需要审议的事项。

在审理对复核决定、申诉处理决定不服的申诉、再申诉时，申诉公正委员会还应当对复核决定、申诉处理决定进行审议。

审理期间，申诉公正委员会应当允许申请人进行必要的陈述或者申辩。

第二十二条　申诉公正委员会应当按照客观公正和少数服从多数的原则，提出审理意见。

第二十三条 受理单位应当根据申诉公正委员会的审理意见，区别不同情况，作出下列申诉处理决定：

（一）原人事处理认定事实清楚，适用法律、法规、规章和有关规定正确，处理恰当、程序合法的，维持原人事处理；

（二）原人事处理认定事实不存在的，或者超越职权、滥用职权作出处理的，按照管理权限责令原处理单位撤销或者直接撤销原人事处理；

（三）原人事处理认定事实清楚，但认定情节有误，或者适用法律、法规、规章和有关规定有错误，或者处理明显不当的，按照管理权限责令原处理单位变更或者直接变更原人事处理；

（四）原人事处理认定事实不清，证据不足，或者违反规定程序和权限的，责令原处理单位重新处理。

再申诉处理决定应当参照前款规定作出。

事业单位工作人员对重新处理后作出的处理决定不服，可以提出申诉或者再申诉。

第二十四条 作出申诉处理决定后，应当制作申诉处理决定书。申诉处理决定书应当载明下列内容：

（一）申诉人的姓名、出生年月、单位、岗位及其他基本情况；

（二）原处理单位的名称、地址、联系方式、人事处理和复核决定所认定的事实、理由及适用的法律、法规、规章和有关规定；

（三）申诉的事项、理由及要求；

（四）申诉公正委员会认定的事实、理由及适用的法律、法规、规章和有关规定；

（五）申诉处理决定；

（六）作出决定的日期；

（七）其他需要载明的内容。

再申诉处理决定作出后，应当制作再申诉处理决定书。再申诉处理决定书除前款规定内容外，还应当载明申诉处理决定的内容和作出申诉处理决定的日期。

申诉、再申诉处理决定书应当加盖受理申诉、再申诉单位或者申诉公正委员会的印章。

第二十五条 复核决定应当及时送达申请人。

申诉处理决定书应当及时送达申请人和原处理单位。

再申诉处理决定书应当及时送达申请人、申诉受理单位和原处理单位。

第二十六条 复核决定、申诉处理决定书、再申诉处理决定书按照下列规定送达：

（一）直接送达申请人本人，受送达人在送达回证上签名或者盖章，签收日期为送达日期；

（二）申请人本人不在的，可以由其同住的具有完全民事行为能力的近亲属在送达回证上签名或者盖章，视为送达，签收日期为送达日期；

（三）申请人或者其同住的具有完全民事行为能力的近亲属拒绝接收或者拒绝签名、盖章的，送达人应当邀请有关基层组织的代表或者其他有关人员到场，见证现场情况，由送达人在送达回证上记明拒收事由和日期，由送达人、见证人签名或者盖章，将处理决定留在申请人的住所或者所在单位，视为送达。送达人、见证人签名或者盖章日期为送达日期；

（四）直接送达确有困难的，可以通过邮寄送达。以回执上注明的收件日期为送达日期；

（五）上述规定的方式无法送达的，可以在相关媒体上公告送达，并在案卷中记明原因和经过。自公告发布之日起，经过六十日，即视为送达。

第二十七条　原处理单位应当将复核决定、申诉处理决定书、再申诉处理决定书存入申请人的个人档案。

第五章　执行与监督

第二十八条　处理决定应当在发生效力后三十日内执行。

下列处理决定是发生效力的最终决定：

（一）已过规定期限没有提出申诉的复核决定；

（二）已过规定期限没有提出再申诉的申诉处理决定；

（三）中央和省级事业单位人事综合管理部门作出的申诉处理决定；

（四）再申诉处理决定。

第二十九条　除维持原人事处理外，原处理单位应当在申诉、再申诉决定执行期满后三十日内将执行情况报申诉、再申诉受理单位备案。

原处理单位逾期不执行的，申请人可以向作出发生效力的决定的单位提出执行申请。接到执行申请的单位应当责令原处理单位执行。

第三十条　对事业单位工作人员处理错误的，应当及时予以纠正；造成名誉损害的，应当赔礼道歉、恢复名誉、消除影响；造成经济损失的，应当根据有关规定给予赔偿。

第三十一条　参与复核、申诉、再申诉审理的工作人员有下列情形之一的，应当提出回避申请：

（一）与申请人或者原处理单位主要负责人、承办人员有夫妻关系、直系血亲、三代以内旁系血亲关系或者近姻亲关系的；

（二）与原人事处理及案件有利害关系的；

（三）与申请人或者原处理单位主要负责人、承办人员有其他关系，可能影响案件公正处理的。

有前款规定的情形的，申请人、与原人事处理及案件有利害关系的公民、法人或者其他组织有权要求其回避。

复核案件审理工作人员的回避，由受理复核单位负责人决定。申诉或再申诉案件审理工作组织负责人的回避由受理单位负责人员集体决定；其他工作人员的回避，由申诉或再申诉案件审理工作组织负责人决定。回避决定作出前，相关人员应当暂停参与案件的调查和审理。

第三十二条　因下列情形之一侵害事业单位工作人员合法权益的，对相关责任人员和直接责任人员，应当根据有关规定，视情节轻重，给予批评教育、调离岗位或者处分；涉嫌犯罪的，移送司法机关处理：

（一）对申请复核或者提出申诉、再申诉的事业单位工作人员打击报复的；

（二）超越或者滥用职权的；

（三）适用法律、法规、规章错误或者违反规定程序的；

（四）在复核、申诉、再申诉工作中应当作为而不作为的；

（五）拒不执行发生效力的申诉、再申诉处理决定的；

（六）违反本规定的其他情形。

第三十三条　申请复核、提出申诉的事业单位工作人员弄虚作假、捏造事实、诬陷他人的，根据情节轻重，给予批评教育或者处分；涉嫌犯罪的，移送司法机关处理。

第六章　附则

第三十四条　机关工勤人员申请复核或者提出申诉、再申诉，参照本规定执行。

第三十五条　本规定自2014年7月1日起施行。

最高人民法院关于审理劳动争议案件适用法律若干问题的解释

（2001年3月22日最高人民法院审判委员会第1165次会议通过）

（法释〔2001〕14号）

为正确审理劳动争议案件，根据《中华人民共和国劳动法》（以下简称《劳动法》，和《中华人民共和国民事诉讼法》（以下简称《民事诉讼法》）等相关法律之规定，就适用法律的若干问题，作如下解释。

第一条　劳动者与用人单位之间发生的下列纠纷，属于《劳动法》第二条规定的劳动争议，当事人不服劳动争议仲裁委员会作出的裁决，依法向人民法院起诉的，人民法院应当受理：

（一）劳动者与用人单位在履行劳动合同过程中发生的纠纷；

（二）劳动者与用人单位之间没有订立书面劳动合同，但已形成劳动关系后发生的纠纷；

（三）劳动者退休后，与尚未参加社会保险统筹的原用人单位因追索养老金、医疗费、工伤保险待遇和其他社会保险费而发生的纠纷。

第二条　劳动争议仲裁委员会以当事人申请仲裁的事项不属于劳动争议为由，作出不予受理的书面裁决、决定或者通知，当事人不服，依法向人民法院起诉的，人民法院应当分别情况予以处理：

（一）属于劳动争议案件的，应当受理；

（二）虽不属于劳动争议案件，但属于人民法院主管的其他案件，应当依法受理。

第三条　劳动争议仲裁委员会根据《劳动法》第八十二条之规定，以当事人的仲裁申请超过六十日期限为由，作出不予受理的书面裁决、决定或者通知，当事人不服，依法向人民法院起诉的，人民法院应当受理；对确已超过仲裁申请期限，又无不可抗力或者其他正当理由的，依法驳回其诉讼请求。

第四条　劳动争议仲裁委员会以申请仲裁的主体不适格为由，作出不予受理的书面裁决、决定或者通知，当事人不服，依法向人民法院起诉的，经审查，确属主体不适格的，裁定不予受理或者驳回起诉。

第五条　劳动争议仲裁委员会为纠正原仲裁裁决错误重新作出裁决，当事人不服，依法向人民法院起诉的，人民法院应当受理。

第六条　人民法院受理劳动争议案件后，当事人增加诉讼请求的，如该诉讼请求与讼争的劳动争议具有不可分性，应当合并审理；如属独立的劳动争议，应当告知当事人向劳动争议仲裁委员会申请仲裁。

第七条 劳动争议仲裁委员会仲裁的事项不属于人民法院受理的案件范围，当事人不服，依法向人民法院起诉的，裁定不予受理或者驳回起诉。

第八条 劳动争议案件由用人单位所在地或者劳动合同履行地的基层人民法院管辖。

劳动合同履行地不明确的，由用人单位所在地的基层人民法院管辖。

第九条 当事人双方不服劳动争议仲裁委员会作出的同一仲裁裁决，均向同一人民法院起诉的，先起诉的一方当事人为原告，但对双方的诉讼请求，人民法院应当一并作出裁决。

当事人双方就同一仲裁裁决分别向有管辖权的人民法院起诉的，后受理的人民法院应当将案件移送给先受理的人民法院。

第十条 用人单位与其他单位合并的，合并前发生的劳动争议，由合并后的单位为当事人；用人单位分立为若干单位的，其分立前发生的劳动争议，由分立后的实际用人单位为当事人。

用人单位分立为若干单位后，对承受劳动权利义务的单位不明确的，分立后的单位均为当事人。

第十一条 用人单位招用尚未解除劳动合同的劳动者，原用人单位与劳动者发生的劳动争议，可以列新的用人单位为第三人。

原用人单位以新的用人单位侵权为由向人民法院起诉的，可以列劳动者为第三人。

原用人单位以新的用人单位和劳动者共同侵权为由向人民法院起诉的，新的用人单位和劳动者列为共同被告。

第十二条 劳动者在用人单位与其他平等主体之间的承包经营期间，与发包方和承包方双方或者一方发生劳动争议，依法向人民法院起诉的，应当将承包方和发包方作为当事人。

第十三条 因用人单位作出的开除、除名、辞退、解除劳动合同、减少劳动报酬、计算劳动者工作年限等决定而发生的劳动争议，用人单位负举证责任。

第十四条 劳动合同被确认为无效后，用人单位对劳动者付出的劳动，一般可参照本单位同期、同工种、同岗位的工资标准支付劳动报酬。

根据《劳动法》第九十七条之规定，由于用人单位的原因订立的无效合同，给劳动者造成损害的，应当比照违反和解除劳动合同经济补偿金的支付标准，赔偿劳动者因合同无效所造成的经济损失。

第十五条 用人单位有下列情形之一，迫使劳动者提出解除劳动合同的，用人单位应当支付劳动者的劳动报酬和经济补偿，并可支付赔偿金：

（一）以暴力、威胁或者非法限制人身自由的手段强迫劳动的；

（二）未按照劳动合同约定支付劳动报酬或者提供劳动条件的；

（三）克扣或者无故拖欠劳动者工资的；

（四）拒不支付劳动者延长工作时间工资报酬的；

（五）低于当地最低工资标准支付劳动者工资的。

第十六条　劳动合同期满后，劳动者仍在原用人单位工作，原用人单位未表示异议的，视为双方同意以原条件继续履行劳动合同。一方提出终止劳动关系的，人民法院应当支持。

根据《劳动法》第二十条之规定，用人单位应当与劳动者签订无固定期限劳动合同而未签订的，人民法院可以视为双方之间存在无固定期限劳动合同关系，并以原劳动合同确定双方的权利义务关系。

第十七条　劳动争议仲裁委员会作出仲裁裁决后，当事人对裁决中的部分事项不服，依法向人民法院起诉的，劳动争议仲裁裁决不发生法律效力。

第十八条　劳动争议仲裁委员会对多个劳动者的劳动争议作出仲裁裁决后，部分劳动者对仲裁裁决不服，依法向人民法院起诉的，仲裁裁决对提出起诉的劳动者不发生法律效力；对未提出起诉的部分劳动者，发生法律效力，如其申请执行的，人民法院应当受理。

第十九条　用人单位根据《劳动法》第四条之规定，通过民主程序制定的规章制度，不违反国家法律、行政法规及政策规定，并已向劳动者公示的，可以作为人民法院审理劳动争议案件的依据。

第二十条　用人单位对劳动者作出的开除、除名、辞退等处理，或者因其他原因解除劳动合同确有错误的，人民法院可以依法判决予以撤销。

对于追索劳动报酬、养老金、医疗费以及工伤保险待遇、经济补偿金、培训费及其他相关费用等案件，给付数额不当的，人民法院可以予以变更。

第二十一条　当事人申请人民法院执行劳动争议仲裁机构作出的发生法律效力的裁决书、调解书，被申请人提出证据证明劳动争议仲裁裁决书、调解书有下列情形之一，并经审查核实的，人民法院可以根据《民事诉讼法》第二百一十七条之规定，裁定不予执行：

（一）裁决的事项不属于劳动争议仲裁范围，或者劳动争议仲裁机构无权仲裁的；

（二）适用法律确有错误的；

（三）仲裁员仲裁该案时，有徇私舞弊、枉法裁决行为的；

（四）人民法院认定执行该劳动争议仲裁裁决违背社会公共利益的。

人民法院在不予执行的裁定书中，应当告知当事人在收到裁定书之次日起三十日内，可以就该劳动争议事项向人民法院起诉。

最高人民法院关于审理劳动争议案件适用法律若干问题的解释（二）

（2006年7月10日最高人民法院审判委员会第1393次会议通过）

（法释〔2006〕6号）

为正确审理劳动争议案件，根据《中华人民共和国劳动法》、《中华人民共和国民事诉讼法》等相关法律规定，结合民事审判实践，对人民法院审理劳动争议案件适用法律的若干问题补充解释如下：

第一条　人民法院审理劳动争议案件，对下列情形，视为劳动法第八十二条规定的“劳动争议发生之日”：

（一）在劳动关系存续期间产生的支付工资争议，用人单位能够证明已经书面通知劳动者拒付工资的，书面通知送达之日为劳动争议发生之日。用人单位不能证明的，劳动者主张权利之日为劳动争议发生之日。

（二）因解除或者终止劳动关系产生的争议，用人单位不能证明劳动者收到解除或者终止劳动关系书面通知时间的，劳动者主张权利之日为劳动争议发生之日。

（三）劳动关系解除或者终止后产生的支付工资、经济补偿金、福利待遇等争议，劳动者能够证明用人单位承诺支付的时间为解除或者终止劳动关系后的具体日期的，用人单位承诺支付之日为劳动争议发生之日。劳动者不能证明的，解除或者终止劳动关系之日为劳动争议发生之日。

第二条　拖欠工资争议，劳动者申请仲裁时劳动关系仍然存续，用人单位以劳动者申请仲裁超过六十日为由主张不再支付的，人民法院不予支持。但用人单位能够证明劳动者已经收到拒付工资的书面通知的除外。

第三条　劳动者以用人单位的工资欠条为证据直接向人民法院起诉，诉讼请求不涉及劳动关系其他争议的，视为拖欠劳动报酬争议，按照普通民事纠纷受理。

第四条　用人单位和劳动者因劳动关系是否已经解除或者终止，以及应否支付解除或终止劳动关系经济补偿金产生的争议，经劳动争议仲裁委员会仲裁后，当事人依法起诉的，人民法院应予受理。

第五条　劳动者与用人单位解除或者终止劳动关系后，请求用人单位返还其收取的劳动合同定金、保证金、抵押金、抵押物产生的争议，或者办理劳动者的人事档案、社会保险关系等移转手续产生的争议，经劳动争议仲裁委员会仲裁后，当事人依法起诉的，人民法院应予受理。

第六条　劳动者因为工伤、职业病，请求用人单位依法承担给予工伤保险待遇的争议，经劳动争议仲裁委员会仲裁后，当事人依法起诉的，人民法院应予受理。

第七条　下列纠纷不属于劳动争议：

（一）劳动者请求社会保险经办机构发放社会保险金的纠纷；

（二）劳动者与用人单位因住房制度改革产生的公有住房转让纠纷；

（三）劳动者对劳动能力鉴定委员会的伤残等级鉴定结论或者对职业病诊断鉴定委员会的职业病诊断鉴定结论的异议纠纷；

（四）家庭或者个人与家政服务人员之间的纠纷；

（五）个体工匠与帮工、学徒之间的纠纷；

（六）农村承包经营户与受雇人之间的纠纷。

第八条　当事人不服劳动争议仲裁委员会作出的预先支付劳动者部分工资或者医疗费用的裁决，向人民法院起诉的，人民法院不予受理。

用人单位不履行上述裁决中的给付义务，劳动者依法向人民法院申请强制执行的，人民法院应予受理。

第九条　劳动者与起有字号的个体工商户产生的劳动争议诉讼，人民法院应当以营业执照上登记的字号为当事人，但应同时注明该字号业主的自然情况。

第十条　劳动者因履行劳动力派遣合同产生劳动争议而起诉，以派遣单位为被告；争议内容涉及接受单位的，以派遣单位和接受单位为共同被告。

第十一条　劳动者和用人单位均不服劳动争议仲裁委员会的同一裁决，向同一人民法院起诉的，人民法院应当并案审理，双方当事人互为原告和被告。在诉讼过程中，一方当事人撤诉的，人民法院应当根据另一方当事人的诉讼请求继续审理。

第十二条　当事人能够证明在申请仲裁期间内因不可抗力或者其他客观原因无法申请仲裁的，人民法院应当认定申请仲裁期间中止，从中止的原因消灭之次日起，申请仲裁期间连续计算。

第十三条　当事人能够证明在申请仲裁期间内具有下列情形之一的，人民法院应当认定申请仲裁期间中断：

（一）向对方当事人主张权利；

（二）向有关部门请求权利救济；

（三）对方当事人同意履行义务。

申请仲裁期间中断的，从对方当事人明确拒绝履行义务，或者有关部门作出处理决定或明确表示不予处理时起，申请仲裁期间重新计算。

第十四条　在诉讼过程中，劳动者向人民法院申请采取财产保全措施，人民法院经审查认为申请人经济确有困难，或有证据证明用人单位存在欠薪逃匿可能的，应当减轻或者免除劳动者提供担保的义务，及时采取保全措施。

第十五条　人民法院作出的财产保全裁定中，应当告知当事人在劳动仲裁机构的裁决书或者在人民法院的裁判文书生效后三个月内申请强制执行。逾期不申请的，人民法院应当裁定解除保全措施。

第十六条　用人单位制定的内部规章制度与集体合同或者劳动合同约定的内容不一致，劳动者请求优先适用合同约定的，人民法院应予支持。

第十七条　当事人在劳动争议调解委员会主持下达成的具有劳动权利义务内容的调解协议，具有劳动合同的约束力，可以作为人民法院裁判的根据。

当事人在劳动争议调解委员会主持下仅就劳动报酬争议达成调解协议，用人单位不履行调解协议确定的给付义务，劳动者直接向人民法院起诉的，人民法院可以按照普通民事纠纷受理。

第十八条　本解释自二〇〇六年十月一日起施行。本解释施行前本院颁布的有关司法解释与本解释规定不一致的，以本解释的规定为准。

本解释施行后，人民法院尚未审结的一审、二审案件适用本解释。本解释施行前已经审结的案件，不得适用本解释的规定进行再审。

最高人民法院关于审理劳动争议案件适用法律若干问题的解释（三）

（2010年7月12日最高人民法院审判委员会第1489次会议通过）
（法释〔2010〕第12号）

为正确审理劳动争议案件，根据《中华人民共和国劳动法》、《中华人民共和国劳动合同法》、《中华人民共和国劳动争议调解仲裁法》、《中华人民共和国民事诉讼法》等相关法律规定，结合民事审判实践，特作如下解释。

第一条　劳动者以用人单位未为其办理社会保险手续，且社会保险经办机构不能补办导致其无法享受社会保险待遇为由，要求用人单位赔偿损失而发生争议的，人民法院应予受理。

第二条　因企业自主进行改制引发的争议，人民法院应予受理。

第三条　劳动者依据劳动合同法第八十五条规定，向人民法院提起诉讼，要求用人单位支付加付赔偿金的，人民法院应予受理。

第四条　劳动者与未办理营业执照、营业执照被吊销或者营业期限届满仍继续经营的用人单位发生争议的，应当将用人单位或者其出资人列为当事人。

第五条　未办理营业执照、营业执照被吊销或者营业期限届满仍继续经营的用人单位，以挂靠等方式借用他人营业执照经营的，应当将用人单位和营业执照出借方列为当事人。

第六条　当事人不服劳动人事争议仲裁委员会作出的仲裁裁决，依法向人民法院提起诉讼，人民法院审查认为仲裁裁决遗漏了必须共同参加仲裁的当事人的，应当依法追加遗漏的人为诉讼当事人。

被追加的当事人应当承担责任的，人民法院应当一并处理。

第七条　用人单位与其招用的已经依法享受养老保险待遇或领取退休金的人员发生用工争议，向人民法院提起诉讼的，人民法院应当按劳务关系处理。

第八条　企业停薪留职人员、未达到法定退休年龄的内退人员、下岗待岗人员以及企业经营性停产放长假人员，因与新的用人单位发生用工争议，依法向人民法院提起诉讼的，人民法院应当按劳动关系处理。

第九条　劳动者主张加班费的，应当就加班事实的存在承担举证责任。但劳动者有证据证明用人单位掌握加班事实存在的证据，用人单位不提供的，由用人单位承担不利后果。

第十条　劳动者与用人单位就解除或者终止劳动合同办理相关手续、支付工资报酬、加班费、经济补偿或者赔偿金等达成的协议，不违反法律、行政法规的强制性规定，且不存在欺诈、胁迫或者乘人之危情形的，应当认定有效。

前款协议存在重大误解或者显失公平情形，当事人请求撤销的，人民法院应予支持。

第十一条 劳动人事争议仲裁委员会作出的调解书已经发生法律效力，一方当事人反悔提起诉讼的，人民法院不予受理；已经受理的，裁定驳回起诉。

第十二条 劳动人事争议仲裁委员会逾期未作出受理决定或仲裁裁决，当事人直接提起诉讼的，人民法院应予受理，但申请仲裁的案件存在下列事由的除外：

（一）移送管辖的；

（二）正在送达或送达延误的；

（三）等待另案诉讼结果、评残结论的；

（四）正在等待劳动人事争议仲裁委员会开庭的；

（五）启动鉴定程序或者委托其他部门调查取证的；

（六）其他正当事由。

当事人以劳动人事争议仲裁委员会逾期未作出仲裁裁决为由提起诉讼的，应当提交劳动人事争议仲裁委员会出具的受理通知书或者其他已接受仲裁申请的凭证或证明。

第十三条 劳动者依据调解仲裁法第四十七条第（一）项规定，追索劳动报酬、工伤医疗费、经济补偿或者赔偿金，如果仲裁裁决涉及数项，每项确定的数额均不超过当地月最低工资标准十二个月金额的，应当按照终局裁决处理。

第十四条 劳动人事争议仲裁委员会作出的同一仲裁裁决同时包含终局裁决事项和非终局裁决事项，当事人不服该仲裁裁决向人民法院提起诉讼的，应当按照非终局裁决处理。

第十五条 劳动者依据调解仲裁法第四十八条规定向基层人民法院提起诉讼，用人单位依据调解仲裁法第四十九条规定向劳动人事争议仲裁委员会所在地的中级人民法院申请撤销仲裁裁决的，中级人民法院应不予受理；已经受理的，应当裁定驳回申请。

被人民法院驳回起诉或者劳动者撤诉的，用人单位可以自收到裁定书之日起三十日内，向劳动人事争议仲裁委员会所在地的中级人民法院申请撤销仲裁裁决。

第十六条 用人单位依照调解仲裁法第四十九条规定向中级人民法院申请撤销仲裁裁决，中级人民法院作出的驳回申请或者撤销仲裁裁决的裁定为终审裁定。

第十七条 劳动者依据劳动合同法第三十条第二款和调解仲裁法第十六条规定向人民法院申请支付令，符合民事诉讼法第十七章督促程序规定的，人民法院应予受理。

依据劳动合同法第三十条第二款规定申请支付令被人民法院裁定终结督促程序后，劳动者就劳动争议事项直接向人民法院起诉的，人民法院应当告知其先向劳动人事争议仲裁委员会申请仲裁。

依据调解仲裁法第十六条规定申请支付令被人民法院裁定终结督促程序后，劳动者依据调解协议直接向人民法院提起诉讼的，人民法院应予受理。

第十八条　劳动人事争议仲裁委员会作出终局裁决，劳动者向人民法院申请执行，用人单位向劳动人事争议仲裁委员会所在地的中级人民法院申请撤销的，人民法院应当裁定中止执行。

用人单位撤回撤销终局裁决申请或者其申请被驳回的，人民法院应当裁定恢复执行。仲裁裁决被撤销的，人民法院应当裁定终结执行。

用人单位向人民法院申请撤销仲裁裁决被驳回后，又在执行程序中以相同理由提出不予执行抗辩的，人民法院不予支持。

最高人民法院关于审理劳动争议案件适用法律若干问题的解释（四）

（2012年12月31日由最高人民法院审判委员会第1566次会议通过）
（法释〔2013〕第4号）

为正确审理劳动争议案件，根据《中华人民共和国劳动法》《中华人民共和国劳动合同法》《中华人民共和国劳动争议调解仲裁法》《中华人民共和国民事诉讼法》等相关法律规定，结合民事审判实践，就适用法律的若干问题，作如下解释：

第一条　劳动人事争议仲裁委员会以无管辖权为由对劳动争议案件不予受理，当事人提起诉讼的，人民法院按照以下情形分别处理：

（一）经审查认为该劳动人事争议仲裁委员会对案件确无管辖权的，应当告知当事人向有管辖权的劳动人事争议仲裁委员会申请仲裁；

（二）经审查认为该劳动人事争议仲裁委员会有管辖权的，应当告知当事人申请仲裁，并将审查意见书面通知该劳动人事争议仲裁委员会，劳动人事争议仲裁委员会仍不受理，当事人就该劳动争议事项提起诉讼的，应予受理。

第二条　仲裁裁决的类型以仲裁裁决书确定为准。

仲裁裁决书未载明该裁决为终局裁决或非终局裁决，用人单位不服该仲裁裁决向基层人民法院提起诉讼的，应当按照以下情形分别处理：

（一）经审查认为该仲裁裁决为非终局裁决的，基层人民法院应予受理；

（二）经审查认为该仲裁裁决为终局裁决的，基层人民法院不予受理，但应告知用人单位可以自收到不予受理裁定书之日起三十日内向劳动人事争议仲裁委员会所在地的中级人民法院申请撤销该仲裁裁决；已经受理的，裁定驳回起诉。

第三条　中级人民法院审理用人单位申请撤销终局裁决的案件，应当组成合议庭开庭审理。经过阅卷、调查和询问当事人，对没有新的事实、证据或者理由，合议庭认为不需要开庭审理的，可以不开庭审理。

中级人民法院可以组织双方当事人调解。达成调解协议的，可以制作调解书。一方当事人逾期不履行调解协议的，另一方可以申请人民法院强制执行。

第四条　当事人在人民调解委员会主持下仅就给付义务达成的调解协议，双方认为有必要的，可以共同向人民调解委员会所在地的基层人民法院申请司法确认。

第五条　劳动者非因本人原因从原用人单位被安排到新用人单位工作，原用人单位未支付经济补偿，劳动者依照劳动合同法第三十八条规定与新用人单位解除劳动合同，或者新用人单位向劳动者提出解除、终止劳动合同，在计算支付经济补偿或赔偿金的工作年限时，劳动者请求把在原用人单位的工作年限合并计算为新用人单位工作年限的，人民法院应予支持。

用人单位符合下列情形之一的，应当认定属于“劳动者非因本人原因从原用人单位被安排到新用人单位工作”：

（一）劳动者仍在原工作场所、工作岗位工作，劳动合同主体由原用人单位变更为新用人单位；

（二）用人单位以组织委派或任命形式对劳动者进行工作调动；

（三）因用人单位合并、分立等原因导致劳动者工作调动；

（四）用人单位及其关联企业与劳动者轮流订立劳动合同；

（五）其他合理情形。

第六条　当事人在劳动合同或者保密协议中约定了竞业限制，但未约定解除或者终止劳动合同后给予劳动者经济补偿，劳动者履行了竞业限制义务，要求用人单位按照劳动者在劳动合同解除或者终止前十二个月平均工资的30%按月支付经济补偿的，人民法院应予支持。

前款规定的月平均工资的30%低于劳动合同履行地最低工资标准的，按照劳动合同履行地最低工资标准支付。

第七条　当事人在劳动合同或者保密协议中约定了竞业限制和经济补偿，当事人解除劳动合同时，除另有约定外，用人单位要求劳动者履行竞业限制义务，或者劳动者履行了竞业限制义务后要求用人单位支付经济补偿的，人民法院应予支持。

第八条　当事人在劳动合同或者保密协议中约定了竞业限制和经济补偿，劳动合同解除或者终止后，因用人单位的原因导致三个月未支付经济补偿，劳动者请求解除竞业限制约定的，人民法院应予支持。

第九条　在竞业限制期限内，用人单位请求解除竞业限制协议时，人民法院应予支持。

在解除竞业限制协议时，劳动者请求用人单位额外支付劳动者三个月的竞业限制经济补偿的，人民法院应予支持。

第十条　劳动者违反竞业限制约定，向用人单位支付违约金后，用人单位要求劳动者按照约定继续履行竞业限制义务的，人民法院应予支持。

第十一条　变更劳动合同未采用书面形式，但已经实际履行了口头变更的劳动合同超过一个月，且变更后的劳动合同内容不违反法律、行政法规、国家政策以及公序良俗，当事人以未采用书面形式为由主张劳动合同变更无效的，人民法院不予支持。

第十二条　建立了工会组织的用人单位解除劳动合同符合劳动合同法第三十

九条、第四十条规定，但未按照劳动合同法第四十三条规定事先通知工会，劳动者以用人单位违法解除劳动合同为由请求用人单位支付赔偿金的，人民法院应予支持，但起诉前用人单位已经补正有关程序的除外。

第十三条　劳动合同法施行后，因用人单位经营期限届满不再继续经营导致劳动合同不能继续履行，劳动者请求用人单位支付经济补偿的，人民法院应予支持。

第十四条　外国人、无国籍人未依法取得就业证件即与中国境内的用人单位签订劳动合同，以及香港特别行政区、澳门特别行政区和台湾地区居民未依法取得就业证件即与内地用人单位签订劳动合同，当事人请求确认与用人单位存在劳动关系的，人民法院不予支持。

持有《外国专家证》并取得《外国专家来华工作许可证》的外国人，与中国境内的用人单位建立用工关系的，可以认定为劳动关系。

第十五条　本解释施行前本院颁布的有关司法解释与本解释抵触的，自本解释施行之日起不再适用。

本解释施行后尚未终审的劳动争议纠纷案件，适用本解释；本解释施行前已经终审，当事人申请再审或者按照审判监督程序决定再审的，不适用本解释。

主要参考文献

[1] 王振麒. 劳动人事争议处理 [M]. 上海：复旦大学出版社，2011.

[2] 唐鑛，杨振彬. 人力资源与劳动关系管理 [M]. 北京：清华大学出版社，2017.

[3] 杨志明. 劳动人事争议调解仲裁 [M]. 北京：中国劳动社会保障出版社，2012.

[4] 最高人民法院民事审判第一庭. 最高人民法院劳动争议司法解释的理解与适用 [M]. 北京：人民法院出版社，2015.

[5] 程延园. 劳动法与劳动争议处理 [M]. 北京：中国人民大学出版社，2013.

[6] 姜颖. 劳动争议处理 [M]. 北京：中国劳动社会保障出版社，2009.

[7] 王远东，赵学昌. 劳动争议处理实务 [M]. 2版. 北京：北京大学出版社，2018.

[8] 刘焱白. 劳动争议仲裁实验教程 [M]. 北京：经济科学出版社，2010.

[9] 董保华. 劳动争议处理法律制度研究 [M]. 北京：中国劳动社会保障出版社，2008.

[10] 周宵. 中外劳动争议调解仲裁机构比较研究 [M]. 北京：中国劳动社会保障出版社，2013.

[11] 谭玲. 劳动争议审判前沿问题研究 [M]. 北京：中国民主法制出版社，2013.

[12] 兰仁讯. 劳动争议解决机制研究 [M]. 北京：知识产权出版社，2012.

[13] 侯海军. 劳动争议调解、仲裁和审判制度改革研究 [M]. 北京：法律出版社，2011.

[14] 石先广. 企业人力资源管理法律风险防范和操作实务［M］. 北京：中国法制出版社，2012.

[15] 夏桂颖，杨春岭. HR专项法律顾问实务操作与案例精解［M］. 北京：中国法制出版社，2014.

[16] 王勤伟. 劳动争议实务操作与案例精解［M］. 增订4版. 北京：中国法制出版社，2018.

[17] 于丽萍. HR劳动争议经典管理案例［M］. 北京：中国法制出版社，2018.

[18] 郝云峰. HR劳动争议案例精选与实务操作［M］. 北京：中国法制出版社，2018.

[19] 葛明涛，杜元文. 劳动争议处理流程图示与范例［M］. 北京：中国工人出版社，2013.

[20] 陆胤. 劳动争议律师实务［M］. 北京：法律出版社，2014.

[21] 阎谦逊. 劳动争议案件审判参考［M］. 北京：人民法院出版社，2018.

[22] 王蓓. 我国劳动争议处理制度分析：基于法经济学的视角［M］. 北京：法律出版社，2013.

[23] 哈晓斯，王瑞. 美国的劳动争议处理制度［J］. 中国劳动保障，2006（3）.

[24] 刘志军，沈长月. 劳动法治论：以劳动争议处理为中心［M］. 北京：对外经济贸易大学出版社，2013.

[25] 王伟杰. 典型劳动争议案例处理实务［M］. 北京：经济管理出版社，2012.

[26] 梁睿. 德国劳动争议案件的处理及对我国的启示［J］. 山东审判，2006（1）.

[27] 贺佳莹子. 浅谈日本劳动争议的处理［J］. 现代妇女，2013（10）.

[28] 江必新，何东宁，王莉. 最高人民法院指导性案例裁判规则理解与适用·劳动争议卷［M］. 北京：中国法制出版社，2013.

[29] 陈枝辉. 劳动争议疑难案件仲裁审判要点与依据［M］. 3版. 北京：法律出版社，2013.

[30] 王旭光. 劳动争议纠纷诉讼指引与实务解答［M］. 北京：法律出版社，2013.

[31] 张钢成. 劳动争议纠纷诉讼指引与实务解答［M］. 北京：法律出版社，2014.

[32] 姜俊禄. 劳动人事争议典型案例评析（第3辑）［M］. 北京：中国劳动社会保障出版社，2017.

[33] 李军锋. 转型背景下高校人事、劳动争议判解研究［M］. 北京：法律出版社，2011.

[34] 王琦. 劳动争议非诉法律制度研究 [M]. 合肥：合肥工业大学出版社，2015.

[35] 范跃如. 劳动争议诉讼特别程序原理 [M]. 北京：法律出版社，2008.

[36] 冯喜良，等. 灵活用工——人才为我所有到为我所用 [M]. 北京：中国人民大学出版社，2018.